O MELHOR DA MÚSICA POPULAR BRASILEIRA

Versão Compacta

Mário Mascarenhas

VOL. I

300 canções cifradas para violão

Nº Cat: 270 - A

Irmãos Vitale S/A Indústria e Comércio

© Copyright 2000 by Irmãos Vitale S.A. Ind. e Com. - São Paulo - Brasil
Todos os direitos autorais reservados para todos os países. *All rights reserved.*

Dados Internacionais de Catalogação na Publicação (CIP)
(Câmara Brasileira do Livro, SP, Brasil)

Mascarenhas, Mário
  O melhor da música popular brasileira : versão compacta, vol. 1 : 300 canções cifradas para violão / Mário Mascarenhas. -- São Paulo : Irmãos Vitale, 1999.

1. Música - Estudo e ensino 2. Música popular (canções etc.) - Brasil 3. Violão - Estudo e ensino I. Título.

99-2070   ISBN nº 85-7407-069-6   CDD-787.8707
                 ISBN nº 978-85-7407-069-8

Índices para catálogo sitemático:
1. Violão : Estudo e ensino : Música 787.8707

CRÉDITOS

Concepção musical *Mário Mascarenhas*

Revisão musical e sumário de acordes *Claudio Hodnik*

Projeto gráfico e capa *Marcia Fialho*

Ilustrações da capa *Lan*

Editoração eletrônica *Joana Martins e Marcia Fialho*

Revisão de texto *Claudia Mascarenhas*

Coordenação de projeto *Denise Borges*

Produção executiva *Fernando Vitale*

Sumário

Nota do Editor *11*

Músicas

A cor da esperança – *Cartola e Roberto Nascimento* 186
A distância – *Roberto Carlos e Erasmo Carlos* 363
A montanha – *Roberto Carlos e Erasmo Carlos* 188
A noite do meu bem – *Dolores Duran* 36
A paz – *João Donato e Gilberto Gil* 115
A Rita – *Chico Buarque* 392
Açaí – *Djavan* 193
Acontece – *Cartola* 183
Admirável gado novo – *Zé Ramalho* 140
Agora é cinza – *Bide e Marçal* 314
Água de beber – *Antonio Carlos Jobim e Vinicius de Moraes* ... 341
Águas de março – *Antonio Carlos Jobim* 112
Alegria, alegria – *Caetano Veloso* 72
Alma – *Sueli Costa e Abel Silva* 410
Amada amante – *Roberto Carlos e Erasmo Carlos* 384
Amor de índio – *Beto Guedes e Ronaldo Bastos* 138
Aos nossos filhos – *Ivan Lins e Vitor Martins* 148
Apelo – *Baden Powell e Vinicius de Moraes* 34
Aquarela do Brasil – *Ary Barroso* 64
Aquele abraço – *Gilberto Gil* 318
Arrombou a festa – *Rita Lee e Paulo Coelho* 62
Assum preto – *Humberto Teixeira e Luiz Gonzaga* 406
Até pensei – *Chico Buarque* 198
Atiraste uma pedra – *Herivelto Martins e David Nasser* 337
Atrás da porta – *Chico Buarque e Francis Hime* 88
Atrás do trio elétrico – *Caetano Veloso* 232
Baião - *Luiz Gonzaga e Humberto Teixeira* 50
Baila comigo – *Rita Lee e Roberto de Carvalho* 176
Banho de espuma – *Rita Lee e Roberto de Carvalho* 129
Barracão – *Luiz Antonio e Oldemar Magalhães* 367
Batida diferente – *Durval Ferreira e Maurício Einhorn* 229
Berimbau – *Baden Powell e Vinicius de Moraes* 344
Bloco da solidão – *Ewaldo Gouveia e Jair Amorim* 241

Boa noite, amor! – *José Maria de Abreu e Francisco Mattoso* 110
Boato – *João Roberto Kelly* 52
Bodas de prata – *Roberto Martins e Mário Rossi* 393
Boiadeiro – *Armando Cavalcante e Klecius Caldas* 366
Bom dia, tristeza – *Adoniran Barbosa e Vinicius de Moraes* 133
Boneca – *Benedito Lacerda e Aldo Cabral* 200
Botões de laranjeira – *Pedro Caetano* 296
Brigas nunca mais – *Antonio Carlos Jobim e Vinicius de Moraes* 137
Brincar de viver – *Guilherme Arantes e Jon Lucien* 162
Caçador de mim – *Luiz Carlos de Sá e Sergio Magrão* 108
Cálice – *Chico Buarque e Gilberto Gil* 160
Caminhemos – *Herivelto Martins* 297
Canção do amanhecer – *Edu Lobo e Vinicius de Moraes* 251
Canção que morre no ar – *Carlos Lyra e Ronaldo Bôscoli* 111
Cansei de ilusões – *Tito Madi* 368
Canta, Brasil - *Alcyr Pires Vermelho e David Nasser* 244
Canto de Ossanha – *Baden Powell e Vinicius de Moraes* 220
Caprichos de amor – *Mário Mascarenhas, Jairo Aguiar e Oswaldo Rieli* 298
Carcará – *João do Vale e José Cândido* 98
Carinhoso – *Pixinguinha e João de Barro* 96
Carolina – *Chico Buarque* 46
Casa de caboclo – *Hekel Tavares e Luiz Peixoto* 364
Casinha branca – *Gilson e Joram* 124
Caso comum de trânsito - *Belchior* 146
Chão de estrelas – *Silvio Caldas e Orestes Barbosa* 24
Cheiro de saudade – *Djalma Ferreira e Luiz Antonio* 246
Chica da Silva – *Anescar e Noel Rosa de Oliveira* 224
Chora tua tristeza – *Oscar Castro Neves e Luvercy Fiorini* 310
Chove chuva – *Jorge Ben* 243
Chuva, suor e cerveja – *Caetano Veloso* 210
Chuvas de verão – *Fernando Lobo* 218
Cidade maravilhosa – *André Filho* 22
Com açúcar, com afeto – *Chico Buarque* 380
Com que roupa – *Noel Rosa* 302
Começaria tudo outra vez - *Gonzaga Junior* 172
Começo, meio e fim – *Tavito, Ney Azambuja e Paulo Sergio Valle* 144
Como uma onda – *Lulu Santos e Nelson Motta* 414
Conceição – *Dunga e Jair Amorim* 49
Conselho – *Denis Brean e Oswaldo Guilherme* 345

Coração aprendiz – *Sueli Costa e Abel Silva*	418
Coração leviano – *Paulinho da Viola*	116
Cotidiano - *Chico Buarque*	420
De conversa em conversa – *Lucio Alves e Haroldo Barbosa*	107
De onde vens – *Nelson Motta e Dori Caymmi*	187
Debaixo dos caracóis dos seus cabelos – *Roberto Carlos e Erasmo Carlos*	342
Deusa da minha rua – *Newton Teixeira e Jorge Faraj*	13
Dindi – *Antonio Carlos Jobim e Aloisio de Oliveira*	274
Disse-me-disse – *Pedro Caetano e Claudionor Cruz*	79
Dois pra lá, dois pra cá – *João Bosco e Aldir Blanc*	300
Domingo no parque – *Gilberto Gil*	256
Duas contas – *Garoto*	53
É com esse que eu vou – *Pedro Caetano*	379
É luxo só – *Ary Barroso e Luiz Peixoto*	407
E nada mais – *Durval Ferreira e Lula Freire*	128
Ela disse-me assim – *Lupicínio Rodrigues*	294
Ela é carioca - *A. C. Jobim e Vinicius de Moraes*	262
Esmeralda – *Filadelfo Nunes e Fernando Barreto*	106
Espelhos d'água – *Dalto e Claudio Rabello*	131
Espere por mim, morena – *Gonzaga Junior*	114
Estão voltando as flores – *Paulo Soledade*	17
Estrada da solidão – *Mário Mascarenhas*	42
Estranha loucura – *Michael Sullivan e Paulo Massadas*	168
Estrela-do-mar (Um pequenino grão de areia) – *M. Pinto e P. Soledade*	378
Eu apenas queria que você soubesse - *Gonzaga Junior*	150
Eu disse adeus – *Roberto Carlos e Erasmo Carlos*	403
Eu e a brisa – *Johnny Alf*	377
Exaltação à Bahia – *Vicente Paiva e Chianca de Garcia*	286
Exaltação à Mangueira – *Enéas B. da Silva e Aloísio A. da Costa*	369
Exaltação a Tiradentes – *Mano Décio, Penteado e Estanislau Silva*	240
Fala, Mangueira – *Mirabeau e Milton de Oliveira*	323
Favela – *Roberto Martins e Waldemar Silva*	376
Faz parte do meu show – *Cazuza e Renato Ladeira*	170
Fé cega, faca amolada – *Milton Nascimento e Ronaldo Bastos*	117
Feitiço da Vila – *Noel Rosa e Vadico*	236
Festa do interior – *Moraes Moreira e Abel Silva*	44
Fim de noite – *Chico Feitosa e Ronaldo Bôscoli*	118
Fim de semana em Paquetá – *João de Barro e Alberto Ribeiro*	23
Fio Maravilha – *Jorge Ben*	20

Flor amorosa – *Catulo da Paixão Cearense e J.A.S. Callado*	104
Foi a noite – *Antonio Carlos Jobim e Newton Mendonça*	249
Folhetim – *Chico Buarque*	347
Força estranha – *Caetano Veloso*	290
Fotografia – *Antonio Carlos Jobim*	154
Galos, noites e quintais – *Belchior*	259
Garota de Ipanema – *Antonio Carlos Jobim e Vinicius de Moraes*	61
Gente humilde – *Chico Buarque, Vinicius de Moraes e Garoto*	82
General da banda – *Satyro de Melo, Tancredo Silva e José Alcides*	404
Grito de alerta – *Gonzaga Junior*	372
Guardei minha viola – *Paulinho da Viola*	127
Hoje – *Taiguara*	206
Ideologia – *Cazuza e Frejat*	174
Iluminados – *Ivan Lins e Vitor Martins*	132
Influência do jazz – *Carlos Lyra*	14
Inútil paisagem – *Antonio Carlos Jobim e Aloisio de Oliveira*	271
Januária – *Chico Buarque*	43
Jesus Cristo – *Roberto Carlos e Erasmo Carlos*	197
Lágrimas de virgem – *Luiz Americano e Milton Amaral*	28
Lamento no morro – *Antonio Carlos Jobim e Vinicius de Moraes*	130
Lamentos – *Pixinguinha e Vinicius de Moraes*	252
Lígia – *Antonio Carlos Jobim*	90
Lindo balão azul – *Guilherme Arantes*	119
Linha de passe – *João Bosco, Paulo Emilio e Aldir Blanc*	142
Louvação – *Gilberto Gil e Torquato Neto*	400
Lobo bobo – *Carlos Lyra e Ronaldo Bôscoli*	422
Luiza – *Antonio Carlos Jobim*	94
Maluco beleza – *Raul Seixas e Claudio Roberto*	157
Manhãs de setembro – *Vanusa e Mário Campanha*	135
Mania de você – *Rita Lee e Roberto de Carvalho*	126
Manias – *Celso e Flávio Cavalcanti*	350
Maninha – *Chico Buarque*	424
Maria Ninguém – *Carlos Lyra*	269
Marina – *Dorival Caymmi*	219
Mas que nada – *Jorge Ben*	264
Me deixe em paz – *Ivan Lins e Ronaldo Monteiro de Souza*	362
Meditação – *Antonio Carlos Jobim e Newton Mendonça*	182
Menino do Rio – *Caetano Veloso*	409
Meu bem, meu mal – *Caetano Veloso*	312

Meu bem-querer – *Djavan*	89
Meu mundo caiu – *Maysa Matarazzo*	395
Meu pequeno Cachoeiro (Meu Cachoeiro) – *Raul Sampaio*	278
Meu refrão – *Chico Buarque*	282
Minha namorada – *Carlos Lyra e Vinicius de Moraes*	178
Mocinho bonito – *Billy Blanco*	311
Molambo – *Jayme Florence e Augusto Mesquita*	284
Morena flor – *Toquinho e Vinicius de Moraes*	383
Mormaço – *João Roberto Kelly*	223
Morro velho – *Milton Nascimento*	308
Na Baixa do Sapateiro – *Ary Barroso*	396
Na rua, na chuva, na fazenda (Casinha de sapê) – *Hyldon*	307
Não dá mais pra segurar (Explode, coração) – *Gonzaga Junior*	80
Não existe pecado ao sul do equador – *Chico Buarque e Ruy Guerra*	100
Não identificado – *Caetano Veloso*	102
Não tenho lágrimas – *Max Bulhões e Milton de Oliveira*	399
Nem eu – *Dorival Caymmi*	394
Neste mesmo lugar – *Armando Cavalcanti e Klecius Caldas*	299
Noite cheia de estrelas – *Cândido das Neves (Índio)*	398
Noite dos mascarados – *Chico Buarque*	254
Nossa canção – *Luiz Ayrão*	346
Nossos momentos – *Luiz Reis e Haroldo Barbosa*	48
Nostradamus – *Eduardo Dusek*	122
Nova ilusão – *Pedro Caetano e Claudionor Cruz*	230
Ó abre alas – *Chiquinha Gonzaga*	95
O amor em paz – *Antonio Carlos Jobim e Vinicius de Moraes*	358
O barquinho – *Roberto Menescal e Ronaldo Bôscoli*	419
O bêbado e a equilibrista – *João Bosco e Aldir Blanc*	86
O menino de Braçanã – *Arnaldo Passos e Luiz Vieira*	238
O moço velho – *Silvio Cesar*	343
O morro não tem vez – *Antonio Carlos Jobim e Vinicius de Moraes*	281
O mundo é um moinho – *Cartola*	265
O orvalho vem caindo – *Noel Rosa e Kid Pepe*	268
O pequeno burguês – *Martinho da Vila*	370
O portão – *Roberto Carlos e Erasmo Carlos*	390
O que é amar – *Johnny Alf*	248
O trem das sete – *Raul Seixas*	158
Obsessão – *Mirabeau e Milton de Oliveira*	258
Olhos nos olhos – *Chico Buarque*	429

Olhos verdes – *Vicente Paiva* ... 201
Onde anda você – *Ernando Silva e Vinicius de Moraes* ... 37
Onde estão os tamborins – *Pedro Caetano* ... 211
Opinião – *Zé Keti* ... 382
Os alquimistas estão chegando – *Jorge Ben* ... 316
País tropical – *Jorge Ben* ... 266
Paralelas – *Belchior* ... 92
Pastorinhas – *João de Barro e Noel Rosa* ... 250
Paz do meu amor (Prelúdio nº 2) – *Luiz Vieira* ... 359
Pedaço de mim – *Chico Buarque* ... 164
Pega rapaz – *Rita Lee e Roberto de Carvalho* ... 416
Pela luz dos olhos teus – *Vinicius de Moraes* ... 405
Pelo telefone – *Dunga e Mauro de Almeida* ... 74
Pérola negra – *Luiz Melodia* ... 428
Pétala – *Djavan* ... 78
Pierrot apaixonado – *Noel Rosa e Heitor dos Prazeres* ... 217
Pisa na fulô – *João do Vale, Ernesto Pires e Silveira Junior* ... 194
Pivete – *Francis Hime e Chico Buarque* ... 338
Ponteio – *Edu Lobo e Capinan* ... 324
Por causa de você, menina – *Jorge Ben* ... 295
Pra dizer adeus – *Edu Lobo e Torquato Neto* ... 247
Pra que mentir – *Noel Rosa e Vadico* ... 222
Pra seu governo – *Haroldo Lobo e Milton de Oliveira* ... 228
Prelúdio pra ninar gente grande – *Luiz Vieira* ... 77
Primavera – *Carlos Lyra e Vinicius de Moraes* ... 356
Primavera (Vai, chuva) – *Cassiano e Silvio Rochael* ... 280
Primavera no Rio – *João de Barro* ... 361
Pro dia nascer feliz – *Frejat e Cazuza* ... 184
Procissão – *Gilberto Gil* ... 374
Proposta – *Roberto Carlos e Erasmo Carlos* ... 272
Qualquer coisa - *Caetano Veloso* ... 156
Quando – *Roberto Carlos* ... 426
Quando eu me chamar saudade – *Nelson Cavaquinho e Guilherme de Brito* ... 261
Quando vim de Minas – *Xangô* ... 38
Quase – *Mirabeau e Jorge Gonçalves* ... 275
Que pena – *Jorge Ben* ... 354
Que será – *Marino Pinto e Mário Rossi* ... 336
Quem te viu, quem te vê – *Chico Buarque* ... 352
Querem acabar comigo – *Roberto Carlos* ... 270

Rancho da Praça Onze – *João Roberto Kelly e Francisco Anízio*	192
Realejo – *Chico Buarque*	386
Recado – *Paulinho da Viola e Casquinha*	335
Refém da solidão – *Baden Powell e Paulo César Pinheiro*	40
Regra três – *Toquinho e Vinicius de Moraes*	103
Retalhos de cetim – *Benito di Paula*	204
Retrato em branco e preto – *Antonio Carlos Jobim e Chico Buarque*	202
Reza – *Edu Lobo e Ruy Guerra*	321
Rio – *Roberto Menescal e Ronaldo Bôscoli*	120
Roda viva – *Chico Buarque*	226
Romaria – *Renato Teixeira*	18
Rosa – *Pixinguinha*	330
Rosa de maio – *Custódio Mesquita e Ewaldo Ruy*	334
Rosa-dos-ventos – *Chico Buarque*	388
Sá Marina – *Antonio Adolfo e Tibério Gaspar*	267
Sábado em Copacabana – *Dorival Caymmi e Carlos Guinle*	213
Samba de Orfeu – *Luiz Bonfá e Antonio Maria*	253
Samba do avião – *Antonio Carlos Jobim*	328
Samba do teleco-teco – *João Roberto Kelly*	329
Samba em prelúdio – *Baden Powell e Vinicius de Moraes*	84
Samurai – *Djavan*	332
Saudade da Bahia – *Dorival Caymmi*	306
Saudade de Itapoan – *Dorival Caymmi*	412
Saudosa maloca – *Adoniran Barbosa*	234
Se acaso você chegasse – *Lupicínio Rodrigues e Felisberto Martins*	242
Se ela perguntar – *Dilermando Reis e Jair Amorim*	16
Se é tarde, me perdoa – *Carlos Lyra e Ronaldo Bôscoli*	413
Se não for amor – *Benito di Paula*	320
Se todos fossem iguais a você – *A C. Jobim e Vinicius de Moraes*	21
Se você jurar – *Francisco Alves, Ismael Silva e Nilton Bastos*	322
Segredo – *Herivelto Martins e Marino Pinto*	239
Sei lá, Mangueira – *Paulinho da Viola e Hermínio Bello de Carvalho*	70
Sem fantasia – *Chico Buarque*	292
Sem pecado e sem juízo – *Baby Consuelo e Pepeu Gomes*	125
Separação – *José Augusto e Paulo Sergio Valle*	152
Sereia – *Lulu Santos e Nelson Motta*	136
Serra da Boa Esperança – *Lamartine Babo*	26
Sertaneja – *Renê Bittencourt*	32
Só danço samba – *Antonio Carlos Jobim e Vinicius de Moraes*	45

Só louco – *Dorival Caymmi*	313
Sol de primavera – *Beto Guedes e Ronaldo Bastos*	134
Somos iguais – *Evaldo Gouveia e Jair Amorim*	121
Sonhos – *Peninha*	166
Tarde em Itapoan – *Toquinho e Vinicius de Moraes*	190
Tatuagem – *Chico Buarque e Ruy Guerra*	212
Tem mais samba – *Chico Buarque*	360
Terra seca – *Ary Barroso*	196
Testamento – *Toquinho e Vinicius de Moraes*	214
Tico-tico no fubá – *Zequinha Abreu e Eurico Barreiros*	58
Toda forma de amor – *Lulu Santos*	180
Toró de lágrimas – *Antonio Carlos, Jocafi e Zé do Maranhão*	260
Travessia – *Milton Nascimento e Fernando Brant*	56
Tristeza – *Haroldo Lobo e Niltinho*	263
Tristezas não pagam dívidas – *Manoel Silva*	205
Tristezas do jeca – *Angelino de Oliveira*	326
Trocando em miúdos – *Francis Hime e Chico Buarque*	68
Tudo acabado – *J. Piedade e Herivelto Martins*	67
Tudo é magnífico – *Haroldo Barbosa e Luiz Reis*	408
Última forma – *Baden Powell e Paulo César Pinheiro*	276
Último desejo – *Noel Rosa*	66
Último pau-de-arara – *Venâncio, Corumba e J. Guimarães*	31
Upa, neguinho – *Edu Lobo e Gianfrancesco Guarnieri*	430
Vai levando – *Chico Buarque e Caetano Veloso*	208
Valsinha – *Chico Buarque e Vinicius de Moraes*	30
Vamos dar as mãos e cantar – *Silvio César*	288
Vera Cruz – *Milton Nascimento e Marcio Borges*	76
Viagem – *João de Aquino e Paulo César Pinheiro*	54
Vingança – *Lupicínio Rodrigues*	304
Vivo sonhando – *Antonio Carlos Jobim*	233
Você – *Roberto Menescal e Ronaldo Bôscoli*	349
Você não sabe amar – *Carlos Guinle, Dorival Caymmi e Hugo Lima*	415
Zelão – *Sérgio Ricardo*	348

SUMÁRIO DE CIFRAS *430*

NOTA DO EDITOR

Este livro, o primeiro de uma série de três volumes, inicia uma versão compacta da coleção O Melhor da Música Popular Brasileira, de autoria do Prof. Mário Mascarenhas, editada por Irmãos Vitale em oito volumes, até a presente data, reunindo 800 das mais importantes obras de compositores brasileiros.

Os arranjos originais da coleção, feitos para piano, foram revisados para sua melhor adequação ao canto e à execução das músicas por cifras. Além disso, foram incluídas algumas obras inéditas na coleção e que foram transcritas seguindo-se as mesmas métricas musicais do falecido autor, conforme autorização de seus herdeiros.

Fernando Vitale

Deusa da minha rua

Valsa - Sib Maior **Newton Teixeira e Jorge Faraj**

Introdução: Cm D7 Gm7 Em7(5-) A7(5+) D7 Gm Cm7 F7(13)

Bb   Bb7M(9)
A deusa da minha rua
            Cm/Eb   Cm7
Tem uns olhos onde a lua
F7   Bb7M   F7
Costuma se embriagar...
            Bb   Gm7
Nos seus olhos, eu suponho
       C7   F7M   Dm7
Que o sol, num dourado sonho,
Gm   C7   F7
Vai claridade buscar!
          Bb   Bb7M
Minha rua é sem graça,
         Cm/Eb   Cm7
Mas quando por ela passa
     F7   Bb   Bb7(13)
Seu vulto que me seduz,
Eb6   Ebm6
A ruazinha modesta
        Bb   G7   Cm7   F7(9-)   Bb6
É uma paisagem de festa, é uma cascata de luz!
         Gm7   Gm7/F
Na rua, uma poça d'água
       A7/E   Cm/Eb
Espelho da minha mágoa,
         D7   Gm
Transporta o céu para o chão,
D7   Gm   A7(5+)
Tal qual, no chão da minha vida,
                   D7
A minha alma comovida,
Em7   A7(9)   Eb7 D7(9-)
O meu pobre coração...
        Gm7   Gm7/F
Espelhos da minha mágoa,
        A7/E   Cm/Eb
Meus olhos são poças d'água
         D7   Gm7   G7
Sonhando com seu olhar...
Cm   D7   Gm
Ela é tão rica e eu tão pobre...
           Gm   A7
Eu sou plebeu e ela é nobre...
            D7   Gm   Eb/F F7(13)
Não vale a pena sonhar...

Copyright 1944 by Irmãos Vitale S.A. Ind. e Com.

Influência do jazz

Samba-bossa - Fá Maior   *Carlos Lyra*

Introdução: Gm7 C7 F7M C7

Gm7   C7   F7M
Pobre samba meu
Dm7   Gm7
Foi se misturando
              C7
Se modernizando
         F7M
E se perdeu
F   F7M   Cm7
E o rebolado
              F7
Cadê, não tem mais
              Bb7M
Cadê o tal gingado
              Eb7
Que mexe com a gente
                F/A
Coitado do meu samba
Ab°   Gm7
Mudou de repente
Bb/C   F   D7(9+)
Influência do jazz
Gm7   C7   F7M
Quase que morreu
Dm7   Gm7
E acaba morrendo
              C7
Está quase morrendo
         F7M
Não percebeu
F   F7M   Cm7
Que o samba balança
                F7
De um lado pro outro
              Bb7M
O jazz é diferente
              Eb7
Pra frente e pra trás
                F/A
E o samba meio morto
Ab°   Gm7
Ficou meio torto
    Bb/C   F   Bm7(5-) E7 Bm7(5-) E7
Influência do jazz

Influência do jazz (continuação)

[Am]
O afro-cubano
[E7]
Vai complicando
[Am7]
Vai pelo cano
[F#m7(5-)]
Vai
[Bm7(5-)]
Vai entortando
[E7]
Vai sem descanso
[Am7] [Ab°] [Gm7]
Vai, sai, cai
[C7]
Do balanço
[Gm7] [C7] [F7M]
Pobre samba meu
[Dm7] [Gm7]
Volta lá pro morro
[C7]
E pede socorro
[F7M]
Onde nasceu
[F] [F7M] [Cm7]
Pra não ser um samba
[F7]
Com notas demais
[Bb7M]
Não ser um samba torto
[Eb7]
Pra frente e pra trás
[F/A]
Vai ter que se virar
[Ab°] [Gm7]
Pra poder se livrar
[Bb/C] [F7M(9)]
Da influência do jazz.

Se ela perguntar

Valsa - Mi menor   **Dilermando Reis e Jair Amorim**

    Em   Am6
Se ela um dia, por acaso, perguntar por mim
Am7   B7   Em
Diga, por favor, que eu sou feliz...
B7   Em   Bm7
É preciso a própria mágoa disfarçar assim,
             Gm6 F#7   C7   B7
Dissimulando a dor   a sombra de um sorri___so...
 Em   Am6
Coração talvez não tenha aquela por quem dei
Am7   B7   Em
Tudo o que sofri e que   sonhei
E7   Am7   Em
Estrela solitária que no céu do meu amor
                       C#°
Eternamente, desde que brilhou,
C°   Em
Nunca se apagou!
B7   Em
Esperança de revê-la ainda
E7   Am7   Am
Amargura de poder somen__te
F#m5-   Am/C   Em7
Suplicar por ela, assim, alucinadamente
F#7
Na paixão
        C7
Que é perdição

No amor
             B7
Que é somente dor
                F#°
Feliz porque não diz

As lágrimas que
B7   Em
Sempre, sempre, esconderei sorrindo
E7   Am7
Desfolhando apenas malmequeres,
F#m7(5-)   Am/C   B7   Em7
Pois ferir o coração é próprio das mulheres
    C#°   C°   Em
E sofrer, mesmo assim, é viver!

Estão voltando as flores

Marcha-rancho - Ré Maior   ***Paulo Soledade***

Introdução: D7M Em A7 D7M Bm Em A7(13)

D7M   A7(5+) D7M   Am7   B7
Vê,   estão voltando as flo__res
Em7   B7   Em   Gm6   A7
Vê,   nessa manhã lin__da
D7   Am7   D7   G7M   G6
Vê,   como é bonita a vi__da
Bm7   E7   Em7   A7(13)
Vê,   há esperança ain__da
D7M   A7(5+) D7M   Am7   B7
Vê,   as nuvens vão passan____do
Em7   B7   Em   Gm6   A7
Vê,   um novo céu se abrin__do
D7   Am7   D7   G7M   G6
Vê,   o sol iluminan__do
Em   A7   D6
Por onde nós vamos indo.

Romaria

Fá Maior *Renato Teixeira*

Introdução: F Bb F Bb

F   Bb
É de sonho e de pó
F   Bb
O destino de um só
        F
Feito eu
             Bb
Perdido em pensamentos
        A7
Sobre o meu cavalo
Dm   Gm7
E de laço e de nó
   Dm   Gm   Dm
De gibeira o jiló dessa vida
   A7   Dm
Cumprida a sol

Refrão:
F7   Bb
Sou caipira pirapora
C7   C7(9)   F   A7   Dm
Nossa   Senhora de Aparecida   BIS
Bb   C7
Ilumina a mina escura e funda
           F
O trem da minha vida

F   Bb
O meu pai foi peão
F   Bb
Minha mãe, solidão
       F   Bb
Meus irmãos perderam-se na vida
         A7
A custa de aventuras
   Dm   Gm7
Descasei, joguei
   Dm   Gm7
Investi, desisti
     Dm   A7
Se há sorte, não sei
        Dm
Nunca vi

repete refrão

Romaria (continuação)

   F   Bb
Me disseram porém
F   Bb
Que eu viesse aqui
       F
pra pedir
               Bb
De romaria e prece
           A7
Paz nos desaventos
Dm   Gm7
Como eu não sei rezar
        Dm   Gm7
Só queria mostrar
       Dm   A7   Dm
Meu olhar, meu olhar, meu olhar.

repete refrão

Fio Maravilha

Samba-pop - Mi menor *Jorge Ben*

Introdução: Em C D Em C D

Em   C   D   Em C D
E novamente ele chegou com inspiração
Em   C   D   Em C D
Com muito amor, com emoção, com explosão e gol
Em
Sacudindo a torcida
    C   D   Em   C D
Aos trinta e três minutos do segundo tempo
Em   C   D   Em C D
Depois de fazer uma jogada   celestial em gol
Em   C   D
Tabelou, driblou dois zagueiros
         Em   C   D
Deu um toque, driblou o goleiro
Em   C
Só não entrou com bola e tudo
  D   Em   C   D
Porque teve humildade em gol
Em
Foi um gol de classe
  C   D   Em   C   D
Onde ele mostrou sua malícia e sua raça

Em
Foi um gol de anjo
       C   D
Um verdadeiro gol de placa   **BIS**
Em   C   D
Que a galera agradecida assim cantava:

Em   C   D   Em C D
Fio Maravilha, nós gostamos de você   **BIS**
Em   C   D   Em C D
Fio Maravilha, faz mais um pra gente ver.

Copyright 1972 by Musisom Editora Musical Ltda.

Se todos fossem iguais a você

Samba-canção - Sib Maior

*Antonio Carlos Jobim
e Vinicius de Moraes*

Introdução: Em7(5-) A7(5+) A7(9-) Dm7 Dm7(9) G7(13) Cm7

F7M
Vai, tua vida
F7M   G/F
Teu caminho é de paz e amor;
F7M
A tua vida
F7M   Gm/F
É uma linda canção de amor;
A7(13)   A7(13-) D7(9-)   Gm7
Abre teus braços e canta a última esperança
            Bbm7   Eb7   Ab7M
A esperança   divina
        Am7(5-) D7 G7M G#° Cm7 F7
De amar em paz.

Bb7M   Am7(5-) D7(9-) Gm7   Fm Bb7
Se todos fossem iguais a você
Eb7M   Dm7(5-) G7 Cm   Cm7
Que maravilha viver!
F7   Eb/F
Uma canção pelo ar
Bb/F
Uma mulher a cantar
Em7   A7
Uma cidade a cantar
       Dm7   G7   Cm7
A sorrir, a cantar, a pedir
   F7   Bb7M
A beleza de amar
      Am7(5-) D7   Gm7   Fm7 Bb7
Como o sol, como a flor, como a luz
Eb7M   Dm7(5-) G7   Eb7M
Amar sem mentir nem sofrer
Em7(5-)   Ebm7 Bb/D
Existiria a verdade
Bb6   Gm7   Db7(13)
Verdade que ninguém vê
Cm7   Eb/F   F7(9-) Bb6
Se todos fossem no mundo iguais a você.

Cidade maravilhosa

Marcha - Dó Maior *André Filho*

Introdução: C Dm F F#º C Dm C Dm G7 C G7

Coro:

C   Dm
Cidade maravilhosa
G7   C
Cheia de encantos mil...
          Dm
Cidade maravilhosa
G7   C
Coração do meu Brasil
C   Dm
Cidade maravilhosa
G7   C
Cheia de encantos mil...
Fm   C
Cidade maravilhosa
G7   C
Coração do meu Brasil!

Cm   G7
Berço do samba e das lindas canções
          Cm
Que vivem n'alma da gente...
Fm   Cm
És o altar dos nossos corações
G7   Cm   Ab7 G7
Que cantam alegremente!

repete coro

Cm   G7
Jardim florido de amor e saudade,
          Cm
Terra que a todos seduz...
Fm   Cm
Que Deus te cubra de felicidade
G7   Cm   Ab7 G7
Ninho de sonho e de luz!

Fim de semana em Paquetá

Samba-canção - Ré Maior

João de Barro
e Alberto Ribeiro

Introdução: G Gm⁶ D7M B7 Em A7 D F#m7 Em7 A7

A7 D9⁶   Bm7   Em
Esquece por momentos teus cuidados
A7 D9⁶   Bm7   C#m7(5-)
E passa teu domingo em Paquetá
F#7 Bm7   Am7   D7(9-) G7M
Aonde vão casais de namorados
       Bm7   E7   Em7(9)
Buscar a paz que a natureza dá

A7 D9⁶   Bm7   Em
O povo invade a barca e lentamente
A7 D9⁶   Bm7   C#m7(5-)
A velha barca deixa o velho cais
F#7 Bm7   Am7   D7(9-) G7M
Fim de semana que transforma a gente
       Bm7   E7   Em7(9)
Em bando alegre de colegiais

A7   D7M Bm7   Em7   A7
Em Paquetá se a lua cheia
   Em7   A7   D7M
Faz rendas de luz por sobre o mar
F#7 Bm7   C#7   F#m7
A alma da gente se incendeia
                    G#m7(5-)
E há ternura sobre a areia
    C#7   F#m7 Bm7 Em7
E romances ao luar
A7   D7M   Bm7   Em7 A7
E quando rompe a madrugada
    Em7   A7   Am7 D7
Da mais feiticeira das manhãs
G7M   Gm6   D7M
Agarradinhos descuidados
       Bm7   E7
Inda dormem namorados
           A7   D   Gm6   D9⁶
Sob um céu de flamboyants.

Chão de estrelas

Silvio Caldas e Orestes Barbosa

Valsa-canção - Ré menor

Introdução: Am7(5-) D7 Cm/Bb Gm6 A7(5+) Bb7M E7 A7 Dm7(9) A7(5+)

```
  Dm            A7/C#
Minha vida
              A7(5+)/C#  Dm/C
era um palco ilumi_nado
Bb6  A7/4        A7       Dm    Cm/Eb
Eu vivia vestido de dourado
   D7         D7(9-)     Gm
Palhaço das perdidas ilusões...
 Em7(5-)         A7(5+)    Dm
Cheio de guizos falsos de alegria
Dm7(9)       Dm7(9)/C   E7/B
Andei cantando a minha fantasia,
 E7              A7   Em7(5-)  A7(5+)
Entre palmas febris dos corações!
Dm7(9)       A7           Dm/C    Bb6
Meu barracão no morro do Salgueiro
 A7/4              A7       D7(9-)
Tinha o cantar alegre de um viveiro,
Cm/Eb D7               Gm
Foste a sonoridade que acabou...
  Gm
E hoje,
Em7(5-)          A7     Dm
Quando do sol a claridade
Dm7(9)/C              Eb7/Bb
Forra o meu coração, sinto saudade
   A7                D     G/A
Da mulher pomba-rola que voou!...

D6/9         G/A          F#m7/A
Nossas roupas comuns, dependuradas
                        G7M
Na corda, qual bandeiras agitadas,
 G7              F#m7  C#m7(5-)
Pareciam um estranho festival!
A/B          B7         E7
Festa dos nossos trapos coloridos,
  E7                       Em7
A mostrar que nos morros mal vestidos
 A7(9)            D7M
É sempre feriado nacional!
D6/9       G/A        F#m7
A porta do barraco era sem trinco
```

Chão de estrelas (continuação)

               G7M
Mas a lua, furando nosso zinco,
  G7   F#m7 C#m7(5-)
Salpicava de estrelas nosso chão...
A/B   B7   E7/B
Tu pisavas nos astros, distraída,
     E7   Em7
Sem saber que a ventura desta vida,
   A7(9)   D/A Gm/Bb D7(9)/A D7M(9)
É a cabrocha, o luar, o violão...

Serra da Boa Esperança

Samba-canção - Lá menor **Lamartine Babo**

Am7
Serra da Boa Esperança
E7
Esperança que encerra...
Am7
No coração do Brasil
E7
um punhado de terra!
Dm7   **G7**
No coração de quem vai...
C7M   **A7**
No coração de quem vem.
Dm7   **G7**
Serra da Boa Esperança
             C7M E7
Meu último bem!
Am7
Parto levando saudades
E7
Saudades deixando
F   **Dm**
murchas, caídas na serra
          E7
lá perto de Deus!
Dm
Ó minha serra, é a hora
                Am
Do adeus... vou-me embora...
Bm7(5-)
Deixo a luz do olhar
        E7
no teu luar
Am
Adeus!
Am
Levo na minha cantiga
          E7
a imagem da serra...

Sei que Jesus não castiga
          E7
um poeta que erra...
Dm7   **G7**
Nós, os poetas, erramos

Serra da Boa Esperança (continuação)

C7M   **A7**
porque rimamos também
Dm7   **G7**
os nossos olhos
           C7M   **E7**
nos olhos de alguém
Am7
que não vem!...
       E7
Serra da Boa Esperança
F   **Dm**
Não tenhas receio!
                   E7
Hei de guardar tua imagem
Dm
com a graça de Deus...
                 Am
Ó minha serra, eis a hora
Bm7(5-)
do adeus... vou-me embora
      E7
Deixo a luz do olhar

no teu luar...
   Am
Adeus!

Lágrimas de virgem

Valsa - Lá menor   **Luiz Americano e Milton Amaral**

   Am E7 Am
Meiga flor
A7   Dm A7(5+) Dm
Na luz do teu olhar nasceu
Dm/C Bm7(5-)   E7   Am
Um lacrimário de dor
               B7
Porque teu coração
           Dm6/F
De pesar reviveu...
E7 Am E7 Am
O amor...
A7   Dm A7(5+) Dm
Que alucinou teu meigo ser
Dm/C Bm7(5-)   E7   Am
Num róseo sonho em flor
           B7   E7 Am
Deixando-te no mundo sofrer

               Bm7(5-)
Em fráguas doloridas a rolar
E7   Am
As lágrimas sentidas vão levar
          Bm7(5-)
Cheias de suavidade
       E7
Um alívio imenso
       Am
Ao pobre coração

Que sofre de paixão
          Bm7(5-) E7
Um pranto torturado a correr
       Am
Dos olhos macerados
   Am/G
De sofrer
       Dm6/F
Cheios de poesia
     E7
Dão alívio ao ser
        Am
Que morre de agonia

Lágrimas de virgem (continuação)

[E7]   [A]   [D7M]
Da imensidão do céu a rir
            [A]   [D7M]
Suprema luz bendita vi
            [A]
Entrelaçar teus olhos
[F#m]   [Bm7] [E7]
Perdidos de afeto...
        [Bm7]
E os anjos liriais, meu bem
[E7]   [Bm7]
Em cantos divinais no além
[E7]   [Bm7]
Glorificando a dor
       [E7]   [Bm7]
Do teu sonho dileto
[E7]   [A]   [D7M]
O teu olhar porém chorou
          [A]   [D7M]
Serena a luz enfim ficou
         [Em]
Rebrilhando
    [A7]   [D6]
Em ditosa ternura
[Dm]   [D#°]   [A/E]
Teu coração sossegou
       [F#m]
Doce amor
    [Bm7] [E7]   [A]
Bem feliz de ventura.

Valsinha

*Chico Buarque de Holanda
e Vinicius de Moraes*

Mi menor

Introdução: C7 B7 Em

  B7
Um dia ele chegou tão diferente
     Em
Do seu jeito de sempre chegar
  B7
Olhou-a de um jeito muito mais quente
    Em
Do que sempre costumava olhar
  E7
E não maldisse a vida
 E7(9-)   Am
Tanto quanto era seu jeito de sempre falar
 F#7
E nem deixou-a só num canto
           B7
Pra seu grande espanto convidou-a pra rodar...

Então ela se fez bonita
        Em
Como há muito tempo não queria ousar
  B7
Com seu vestido decotado
      Em
Cheirando a guardado de tanto esperar
 E7   E7(9-)
Depois os dois deram-se os braços
         Am
Como há muito tempo não se usava dar
 F#7   B7
E cheios de ternura e graça foram para a praça

E começaram a se abraçar...
 B7
E ali dançaram tanta dança
      Em
Que a vizinhança toda despertou
 B7   Em
E foi tanta felicidade que toda a cidade se iluminou
 E7   E7(9-)
E foram tantos beijos loucos
    Am
Tantos gritos roucos como não se ouviam mais
 Em   B7   Em
Que o mundo compreendeu e o dia amanheceu em paz.

Último pau-de-arara

Baião - Ré menor **Venâncio, Curumba e J. Guimarães**

Introdução: D7 Gm C7 F Bb7M Bb7 Em7(5-) A7 Dm

     Dm   A7
A vida aqui só é ruim
                  Dm
Quando não chove no chão
D7   Gm
Mas se chovê dá de tudo
 A7   Dm
Fartura tem de porção
          Dm   Em7(5-)
Tomara que chova logo
         A7   Dm
Tomara, meu Deus, tomara
               Em7(5-)
Só deixo o meu cariri
  A7   Dm
No último pau-de-arara.

                 A7
Enquanto a minha vaquinha
          Dm
Tivé o couro e o osso

E podé com um chucaio
 A7   D7
Pendurado no pescoço
         Gm
Vou ficando por aqui
  A7   Dm
Que Deus do céu me ajuda
             Em7(5-)
Quem foge a terra natá
 A7   Dm
Em outro canto não pára

Dm   Em7(5-)
So deixo o meu cariri | **BIS**
 A7   Dm
No último pau-de-arara.

Copyright 1956 by Ricordi Brasileira Ltda.

Sertaneja

Canção - Mi menor   **Renê Bittencourt**

Introdução: Am B7 Em F#m7(5-) B7 Em

           Em
Sertaneja, se eu pudesse

Se Nosso Senhor me desse
        B7
O espaço pra voar,

Eu corria a natureza

Acabava com a tristeza
             Em
Só pra não te ver chorar.
Em
  Na ilusão deste poema

Eu roubava um diadema
   E7   Am   Am/G
Lá do céu pra te ofertar,
F#m7(5-)   B7   Em
E onde a fonte rumoreja
          B7
Eu erguia tua igreja,
           Em
Dentro dela o teu altar.

Em
  Sertaneja,
              B7
Por que choras quando eu canto?

Sertaneja,
           Em
Se este canto é todo teu...

Sertaneja,
E7   Am
Pra secar os teus olhinhos
  B7   Em
Vai ouvir os passarinhos
B7   Em
Que cantam mais do que eu...

        Em
A tristeza do seu pranto

Copyright 1941 by Irmãos Vitale S.A. Ind. e Com.

Sertaneja (continuação)

É mais triste quando eu c[Em]anto
A canção que eu te escr[B7]evi
E os teus olhos neste instante
Brilham mais que a mais brilhante
Das estrelas que eu já v[Em]i.

Sertaneja, vou-me embora
A saudade vem agora
A al[E7]egria vem dep[Am]ois,[Am/G]
[F#m7(5-)]Vou sub[B7]ir por essas s[Em]erras
Construir lá noutras t[B7]erras
Um ranchinho pra nós d[Em]o[Am]i[Em]s.

Apelo

Samba-canção - Lá menor

**Baden Powell
e Vinicius de Moraes**

Am7   E/G#
Ah! meu amor, não vás embora
           Gm6
Vê a vida como chora
     A7(9-)   Dm7
Vê que triste esta canção
Bm7(5-)   E7(9-)   Am7
Não, eu te peço, não te ausentes
      Am/G   F
Pois a dor que agora sentes
     Bb   Bm7
Só se esquece no perdão
E7 Am7   E/G#
Ah! meu amado, me perdoa
          Gm6
Pois embora ainda te doa
     A7(9-)   Dm7
A tristeza que causei
A7 Dm7   D#°   Am7/E
Eu te suplico, não destruas
      F7M   Bm7(5-)
Tantas coisas que são tuas
      E7(9-)   Am7 Bm7(5-) E7
Por um mal que já paguei...

  Am7   E/G#
Ah! meu amado, se soubesses
         Gm6
Da tristeza que há nas preces
      A7(9-)   Dm7 A7(5+)
Que a chorar te faço eu
Dm   Bm7(5-) E7(9-)   Am7
Se tu soubesses um momento
Am   Am/G   Dm/F
Todo o arrependimento
      E7   Am Bm7(5-)   E7
Como tudo entristeceu
Am7   E/G#
Se tu soubesses como é triste
          Gm6
Eu saber que tu partiste
     A7(9-)   Dm7 A7(5+)
Sem sequer dizer adeus
Dm   D#°   Am/E
Ah! meu amor, tu voltarias

Copyright 1974 by Tonga Editora Musical Ltda.

Apelo (continuação)

     F7M   Bm7(5-)
E de novo cairias
  E7(9-)   Am Em7(5-) A7
A chorar nos braços meus
Dm7   D#°   Am/E
Ah! meu amor, tu voltarias
     F7M   Bm7(5-)
E de novo cairias
  E7(9-)   Am7
A chorar nos braços meus...

A noite do meu bem

Samba-canção - Dó menor **Dolores Duran**

Introdução: Cm Cm7M Cm7 Fm7(9) Ab7M Fm G7(5+)

Cm7   Bbm7   Eb7/Bb   F/A
Hoje eu quero a rosa mais linda que houver
     Fm/Ab   G7   Ab7M
E a primeira estrela que vier
      Ebm7   Ab7   F6/G G7(9-)
Para enfeitar a noite do meu bem
Cm7   Bbm7   Eb7/G   F/A
Hoje eu quero a paz de criança dormindo
     Fm/Ab   G7   Ab7M
E o abandono das flores se abrindo
      Ebm7   Ab7   F/G   G7(5+)
Para enfeitar a noite do meu bem
Ab7M   Bb/Ab   Bb7(13)   Gm7
Quero a alegria de um barco voltando
         C7(13)   C7   Fm7
Quero a ternura de mãos se encontrando
      Bb7(13)   Eb7M(5+) Dm7(9) G7(9-)
Para enfeitar a noite do meu bem
Cm7   Bbm7   Eb7/Bb   F/A
Ah! eu quero o amor, o amor mais profundo
        Dm7   G7   Ab7M
Eu quero toda a beleza do mundo
      Fm6/D   G7(9-)   Cm Cm7(9) Ab7M G7(5+)
Para enfeitar a noite do meu bem
Cm7   Bbm7   F/A
Ah! como este bem demorou a chegar
        Dm7   G7   Ab7M
Eu já nem sei se terei no olhar
      Fm6/D   G7(9-)   Cm Cm7 Cm7M Eb7M F7(13)
Toda a ternura que eu quero lhe dar.   Ab7M Cm7(9)

Onde anda você

Bolero - Fá Maior **Ernando Silva e Vinicius de Moraes**

Introdução: **D7(9-) Gm7 C7(13) F6**

    D7(9+)   **G7**   **Gm7**
E por falar em saudade, onde anda você
  C7(13)   **Am7**
Onde andam seus olhos
  Bb7   **Am7**
Que a gente não vê
  Dm7(9)   **Gm7**
Onde anda este corpo
      C7(9)   **F6** **Bb7(9)**
Que me deixou morto de tanto prazer?
F **D7(9+)**   **G7**
E por falar em beleza
       Gm7
Onde anda a canção
  C7(13)   **Am7**
Que se ouvia na noite
  Bb7   **Am7**
Dos bares de então
  Dm7   **Gm7**
Onde a gente ficava
        C7   **Cm7**
Onde a gente se amava em tal solidão?
F7 **Bb7M**   **Bbm7**
Hoje eu saio na noite vazia
Bbm6 **Am7**   **D7**
Numa boemia sem razão de ser
      Gm7
Na rotina dos bares
    C7(13)   **Bb7M** **A7(13) A7(13-)**
Que apesar dos pesares me trazem você.
D7(9+)   **Gm7**
E por falar em paixão
  Bbm
Em razão de viver
  Eb7   **Am7(5-)**   **D7**
Você bem que podia me aparecer
     Gm7
Nesses mesmos lugares
  C7(13)
Na noite, nos bares
  F6
Onde anda você?

Quando vim de Minas

Partido alto - Dó Maior   *Xangô*

Introdução: F7M   C   Am7   Em7   G7   Dm7   G7   C   G7   C   G7

                C
Quando eu vim de Minas
Am7   **G7**
Trouxe ouro em pó

Quando eu vim
               G7
Quando eu vim de Minas
Dm7   **G7**   **C**
Trouxe ouro em pó, quando vim.

              C
Trabalhava lá em Minas
     Am7   **G7**
Juntei dinheiro numa sacola
Dm7   **G7**   **Dm7**
Por causa de uma mineira quase
G7   **C**
Quase que eu peço esmola

       G7
Quando eu vim, etc.

   G7   **C**
Você diz que é esperto
Am   **G7**   **Dm7**
Mas esperto foi eu só
          G7
Porque eu trabalhei na mina
Dm7   **G7**   **C**
E juntei meu ouro em pó.

   G7   **C**
Trabalhava noite e dia
       G7   **Dm**
Trabalhava com chuva e sol
         G7
Mas assim eu consegui
Dm7   **G7**   **C**
Vim trazer meu ouro em pó.

G7 C
Sou mineiro, sou de fato
Am7 G7
Sou mineiro requintado
Dm G7
Só não volto lá pra Minas
Dm7 G7 C
Porque tenho meu corpo cansado.

Refém da solidão

Sol menor   *Baden Powell e Paulo César Pinheiro*

Introdução: Am7(5-)   D7   Gm   Gm/F   A7   D7   Gm   Am7(5-)   D7

   Gm7   Cm7   D7(9-)   Gm7   C7(9)
Quem   da solidão faz seu bem
Fm7   Bb7(9)   Eb7M
Vai terminar seu refém
Am7(5-)   D7   Gm7
E a vida pára também
       Eb7   Ab7M
Não vai, não vem
D7   Gm7
Virá uma certa paz
Cm7   D7(9-)   Gm7   C7(9)
E não faz, nem desfaz
Fm7   Bb7(9)   Eb7M   Am7(5-)
Tornando as coisas banais
        D7   Gm
E o ser humano incapaz
   Eb7   Ab7M
De prosseguir
D7   Dm7(5-)
Sem ter para onde ir
G7   C7
Infelizmente eu nada fiz
Cm7   F7   Bb7   Eb7M D7
Não fui feliz nem infe__liz
Gm   Gm7 Gm/F   Em7(5-) A7
Eu fui somente um aprendiz
D7   Gm   Gm7
Daquilo que eu não quis
Am7(5-)   D7   Gm C7(9)
Aprendiz de morrer
Fm7   Bb7   Eb7M
Mas para aprender a morrer
Am7(5-)   D7   Gm
Foi necessário viver
   Eb7   Ab7M
E eu vivi
D7   Dm7(5-)
Mas nunca descobri
G7 Cm7   D7
Se esta vida existe
         Gm   Gm/F
Ou se esta gente é que insiste
Em7(5-)   A7(9-)   Am7(5-)
Em dizer que é triste, ou que é feliz
D7   Gm
Vendo a vida passar

Refém da solidão (continuação)

  Cm7   D7   Gm C7(9)
E essa vida é uma atriz
Fm7   Bb7(9)   Eb7M
Que corta o bem na raiz
Am7(5-)   D7   Gm
E faz do mal cicatriz
       Eb7 Am7(5-) D7   Gm
Vai ver até que esta vida é morte
     A7   D7   Gm
E a morte é a vida que quer.

Estrada da solidão

Samba-canção - Mi menor   *Mário Mascarenhas*

Introdução: F#m7(5-) B7 Em C7(9) B7 Em

  F#7   B7   Em7
Tristonho vou caminhando
Bm7(5-) E7   Am
Na estrada da solidão
  C/D   D7   Em
Sofrendo esta saudade
     F#7   F#m7(5-)
E a dor de uma paixão.
B7 C7   B7   Em
As ondas do mar profundo,
   E7   Am7 Am/G
O sol com o seu calor
    F#m7(5-)   Em7
E as estrelas no firmamento
       C7 B7   Em
Não são maiores que o meu amor

    Am7 D7   G7M
Não posso viver em paz
C7M F#7 B7   Em7
Tão longe do teu carinho
Bm7(5-)   E7   Am7(9)
Oh! volta, amor, para os meus braços
   D7   G   C7M
Qual ave que volta ao ninho

  F#7 B7   Em7
Saudade, palavra doce
Bm7(5-)   E7   Am
Pra quem tem o amor presente
 C/D D7   Em
Saudade, palavra amarga
  F#7   F#m7
Pra quem tem o amor ausente
B7 C7   B7   Em
Eu guardo entre os meus lábios
 E7   Am7 Am/G
De teus beijos o sabor
  F#m7(5-)   Em7
E apaixonadamente
   C7 B7   Am   Em
Eu te suplico: Volta, amor!

Januária

Samba - Fá Maior   **Chico Buarque de Hollanda**

Introdução: F Dm7 Gm7 C7

F7M
Toda gente homenageia
        Gm7
Januária na janela
  C7   Gm7
Até o mar faz maré cheia
    C7   Gm7
Pra chegar mais perto dela
    C7   Gm7
O pessoal desce na areia
  A7   Dm7
E batuca por aquela
    D7   Gm7
Que malvada se penteia
Gm7   C7   F6
E não escuta quem apela

    F7M
Quem madruga sempre encontra
       Gm7
Januária na janela
    C7   Gm7
Mesmo o sol quando desponta
  C7   Gm7 C7
Logo aponta os lábios dela
  F7M   Gm7
Ela faz que não dá conta
  A7   Dm7
De sua graça tão singela
       Gm7
O pessoal se desaponta
  C7   F6
Vai pro mar, levanta a vela
 F   Dm7
Cum dá tá tá, cum dá tá tá
 G7   Gm7
Cum dá tá tá, cum dá tá tá
 C7   F
Cum dá tá tá, cum dá tá tá...

Festa do interior

Samba - Sib Maior *Moraes Moreira e Abel Silva*

Bb
Fagulhas, pontas de agulhas
Dm7 Dbm7 Cm7
Brilham estrelas de São Jo__ão
Cm
Babados, xotes e xaxados,
F7   **Bb   F7**
Segura as pontas, meu coração
Bb
Bombas na guerra-magia
Fm7   **Bb7**   **Eb**
Ninguém matava, ninguém morria
Eb   **Bb**
Nas trincheiras da alegria
Cm7 **F7**   **Bb Bb7**
O que explodia era o amor
Eb   **Bb**
Nas trincheiras da alegria
Cm **F7**   **Bb**
O que explodia era o amor

BIS

D7
E ardia aquela fogueira
Gm7
Que me esquenta a vida inteira
Cm7
Eterna noite, sempre a primeira
F7   **Bb**
Festa do interior.

BIS

Copyright 1981 by Warner Chappell Edições Musicais Ltda (50%) e Edições Musicais Tapajós Ltda (50%)

Só danço samba

Fá Maior   *Antonio Carlos Jobim e Vinicius de Moraes*

    F7M
Só danço samba, só danço samba,
G7
Vai, vai, vai, vai, vai   **BIS**
    Gm7   **C7(9)**
Só danço samba, só danço samba,
F6
Vai

                         F6   **F7M**
2ª vez, para terminar: Vai

Cm7   **F7**   **Bb7M** **Bb6**
Já dancei twist até demais
Dm7   **G7(13)**   **Gm7**   **C7(9)**
Já dancei e me cansei do calipso e do tchá-tchá-tchá
    F7M
Só danço samba, só danço samba,
G7
Vai, vai, vai, vai, vai
    Gm7   **C7(9)**
Só danço samba, só danço samba,
F6
Vai.

repetir ad libitum

Carolina

Samba - Sib Maior *Chico Buarque de Hollanda*

  F7(5+)   Bb7M
Carolina
                Am7
Nos seus olhos fundos
D7   Gm7
Guarda tanta dor
  Dm7   G7   Cm7   G7(5+)
A dor de todo este mundo
  Cm7   F7
Eu já lhe expliquei que não vai dar
  Bb
Seu pranto não vai nada ajudar
  Gm7   C7
Eu já convidei para dançar
  Cm7   F7
É hora, já sei, de aproveitar
  Bb
Lá fora, amor
Bb7M   Am7
Uma rosa nasceu
D7(9-)   Gm7
Todo mundo sambou
              Fm Bb7
Uma estrela caiu
  Eb7M   Ab7   Bb7M
Eu bem que mostrei sorrindo
Dm7   Gm7   C7
Pela janela, oi, que lindo
Gm7   C7   Cm7 Eb/F F7(5+)
Mas Carolina não viu

  Bb7M
Carolina
                Am7
Nos seus olhos tristes
D7   Gm7
Guarda tanto amor
  Dm7   G7   Cm7   G7(5+)
O amor que já não existe
  Cm7   F7
Eu bem que avisei: vai acabar
  Bb
De tudo lhe dei para aceitar
  Gm7   C7
Mil versos cantei pra lhe agradar

Carolina (continuação)

Cm7   **F7**
Agora não sei como explicar
Bb   **Bb7M**   **Am7**
Lá fora, amor, uma rosa morreu
D7(9-)   **Gm7**   **Fm** **Bb7**
Uma festa acabou, nosso barco partiu
Eb7M   **Ab7** **Bb7M**
Eu bem que mostrei a ela
Dm7 **Gm7**   **C7**
O tempo passou na janela   **BIS**
Cm7 **F7**   **Bb7**
E só Carolina não viu.

Nossos momentos

Samba - Mib Maior *Luiz Reis e Haroldo Barbosa*

Bb7(13)   Eb6   E°   Ab Gm6 Fm7(9)
Momentos são iguais a estes em que eu te amei,
  Fm6   Bb7   Eb7M Ab/Bb
Palavras são iguais a estas que eu te dediquei
Bb7(9) Eb Eb7M A°   Fm/Ab Fm7 G7
Eu escrevi, na fina areia, um nome para amar
      Cm   F7
Mar chegou, tudo apagou
 Fm   Bb7
Palavras leva o mar...
    Eb6   E°   Fm/Ab   Gm6
Teu coração, praia distante, em meu perdido olhar
Fm7(9) Fm6   Bb7   A°
Teu coração, mais inconstante que a incerteza do mar.
Gm7 Bbm6   C7/G   Fm/Ab Abm
Teu castelo de carinhos eu nem pude terminar
Eb7M   Fm7
Momentos meus
    Bb/Ab
Que foram teus,
Bb7   Eb   Eb7M
Agora é recordar!...

Conceição

Samba-canção - Mib Maior   **Dunga e Jair Amorim**

Introdução: Cm7 Fm7 Bb7 Eb

    Fm
Conceição
      Bb7   Eb7M   Ab7M
(Eu me lembro muito bem)
  Gm7   Cm7   Fm
Vivia no morro a sonhar
   Bb7   Gm7
Com coisas que o morro não tem...
C7(9-)   Fm7
Foi então
          Ab/Bb Bb7 Eb7M
Que lá em cima apareceu
Cm7   D7   Gm
Alguém que lhe disse a sorrir
    Gm7   A7   D7   Fm7 Bb7(13)
Que, descendo à cidade, ela iria subir...
Bb7   Fm7
Se subiu
      Bb7   Eb7M   Ab7(13)
Ninguém sabe, ninguém viu
  Gm   Cm7   Fm
Pois hoje o seu nome mudou
  Bb7   Bb7(9)   Bbm7   Eb7
E estranhos caminhos pisou...
  Ab7M
Só eu sei
      Ab7   Db7   Eb7M
Que, tentando a subida, desceu,
Ab7M Gm   Cm   Fm7
E agora daria um milhão
Bb7   Eb Bbm6 C7(5+)
Para ser outra vez Conceição.

                              Eb Ab7M Eb7M(9)
2ª vez, para terminar: Conceição...

Baião

Dó Maior

*Luiz Gonzaga
e Humberto Teixeira*

Introdução: Gm7 C7 Gm7 C7 Gm G7 C

      C7
Eu vou mostrar pra vocês
  Gm   C7
Como se dança o baião
       Gm   C7
Oi, quem quiser aprender
            F7
É favor prestar atenção
  Cm7   F7
Morena chega pra cá
       Cm7   F7
Bem junto ao meu coração
          Bb7
Agora é só me seguir
  Eb   G7   C Bb
Pois eu vou dançar baião

C   F   Bb F
Eu já dancei balancê

Chamêgo, samba e xerém
    Bb   F
Mas o baião tem um quê
               F7
Que as outras danças não têm
      Cm7   F7
Oi, quem quiser é só dizer
      Cm7 F7 Bb
Pois eu com satisfação
       G7   C Bb
Vou dançar cantando o baião

      F   Bb F
Eu já cantei no Pará

Toquei sanfona em Belém
  Bb   F
Cantei lá no Ceará
        F7
E sei o que me convém

Copyright 1946 by Editora Musical Brasileira Ltda.

Baião (continuação)

Por isso eu quero a**Cm7**firmar **F7**
Com toda con**Cm7**vic**F7 Bb**ção
Que sou doido **G7**pelo bai**C**ão.**D7 C**

Boato

Samba - Fá menor   *João Roberto Kelly*

Fm7   **Fm/Ab**   **G7**   **Db7**
Você foi um boato,   só agora eu sei
C7   **Fm7**
Em quem acreditei
Cm7(5-)   **F7**   **Bbm7**
Andou de boca em boca no meu coração
Eb7   **Bbm7 Bbm6**   **Ab**   **Db7 C7**
Até que um dia desmentiu minha ilusão
Fm7   **Bbm7**   **Bbm6**
Você foi a mentira que deixou saudade
Gm7(5-) C7(9)   **Fm7**   **G7**   **C7**   **Fm**   **C7**
Todo o boato tem um fundo de verdade

F   **D7**   **Gm7**   **Bb/C**   **Bb7M**
Haja o que houver, custe o que custar
F7   **Bb6**
Hoje de você eu quero paz
Bb   **C7**   **Fm7**   **Db7M**
Sei que vou chorar todo o meu sofrer
Gb7M   **G6/9**   **Gb7**   **Gm7(5-)**   **C7(9-)**
Boato só o tempo desfaz
Fm7   **Bbm7**
Você foi a mentira que deixou saudade
Gm7(5-) C7   **Fm**   **G7**   **C7**   **Fm**
Todo o boato tem um fundo de verdade
Fm7   **Fm/Eb Dm7(5-) Bbm7**
Você foi a mentira que deixou saudade
C7(9-)   **Fm**   **G7**   **C7**   **Fm**
Todo o boato tem um fundo de verdade.

Copyright 1961 by Irmãos Vitale S/A Ind. e Com.

Duas contas

Samba-canção   **Anibal Augusto Sardinha (Garoto)**

  Am7   D7(9)
Teus olhos
Am   D7(9)   Gm7 C7(9)
São duas contas pequeninas
Gm7   C7(9)   F7M
Qual duas pedras preciosas
Am7   Ab°   Gm7 C7 Bm7 E7
Que brilham mais que o luar
     Am7   D7(9)
São   eles
Am7   D7(9)   Gm7 C7(9)
Guias do caminho escuro
Gm7   C7(9)   Am7(5-)
Cheio de desilusão
  D7(9)
E dor
  Gm7   Bbm6
Quisera que eles soubessem
  Am7   Ab°
O que representam pra mim
Gm7 C7 Bb/C   Am7(5-)
Fazendo   que eu prossiga feliz
D7   Gm7
Ai, amor
C7(13)   F6   F7M Bbm6 F7M(9)
A luz dos teus olhos.

Viagem

Sol Maior

João de Aquino e
Paulo César Pinheiro

[G]
Ó tristeza, me desculpe
[A/G]
Estou de malas prontas
Hoje a poesia
[F#°/G]
Veio ao meu encontro
[D7]
Já raiou o dia
[G] [G7]
Vamos viajar
[C]   [C#°]
Vamos indo de carona
[G/D]
Na garupa leve
[D#°] [Em7]
Do vento macio
[Am7]
Que vem caminhando
[D7]
Desde muito tempo
[G]
Lá do fim do mar
[G]
Vamos visitar a estrela
Da manhã raiada
Que pensei perdida
[F#°/G]
Pela madrugada
[D7]
Mas que vai escondida
[G] [G7]
Querendo brincar
[C]   [C#°]
Senta nesta nuvem clara
[G/D]
Minha poesia
[D#°] [Em7]
Anda, se prepara
[Am7]
Traz uma cantiga
[D7]
Vamos espalhando

Viagem (continuação)

Música no ar [G]
Olha quantas aves brancas [G]
Minha poesia
Dançam nossa valsa
Pelo céu que um dia [F#°/G]
Fez todo bordado [D7]
De raios de sol [G] [G7]
Ó poesia, me ajude [C] [C#°]
Vou colher avencas [G/D]
Lírios, rosas, dálias [D#°] [Em7]
Pelos campos verdes [Am7]
Que você batiza [D7]
De jardins do céu [G]
Mas pode ficar tranqüila [G]
Minha poesia
Pois nós voltaremos
Numa estrela guia [F#°/G]
Num clarão de lua [D7]
Quando serenar [G] [G7]
Ou talvez até quem sabe [C] [C#°]
Nós só voltaremos [G/D]
No cavalo baio [D#°] [Em7]
O alazão da noite [Am7]
Cujo nome é raio [D7]
Raio de luar. [G6]

Travessia

Lá Maior

Milton Nascimento e Fernando Brant

    A   D#m7(5-) E/D
Quando você foi embo____ra
  A7M   E4susp7   A7M
Fez-se noite em meu viver
  A   Em
Forte sou, mas não tem jeito
  Em7/A   A7   D7M
Hoje eu tenho o que chorar
G7M/D   D7M   G7M G#m7 C#7
Minha casa não é minha
       F#m   F#m/E   D#m7(5-)
E nem é meu este lugar
D/E   A7M Bm7/E A7M F#m7
Estou só e não resisto
      Bm7/E E7(9) A   D/E E7(9) A D/E
Muito tenho pra falar

     A   Em7
Solto a voz nas estradas
  F#m   C#m
Já não quero parar
    D7M   E4susp7
Meu caminho é de pedra
  F#m   Bm7 Em
Como posso sonhar | Refrão
E4susp7   A   Em7
Sonho feito de brisa
  F#m   C#m
Vento vem terminar
  D7M   E4susp7
Vou fechar o meu pranto
  Bm7/E   A
Vou querer me matar

D/E   A   D#m7(5-) E/D
Vou seguindo pela vi____da
  A7M   E4susp7 A7M
Me esquecendo de você
     A   Em7(9)
Eu não quero mais a morte
  Em7/A   A7   D7M
Tenho muito que viver
G7M/D   D7M G7M   G#m7 C#7
Vou querer amar de novo

Copyright 1967 by Editora Musical Arlequim Ltda.

Travessia (continuação)

      F#m F#m/E   D#m7(5-)
E se não der, não vou sofrer
D/E   A7M   Bm7/E A7M   F#m7
Já não sonho, hoje faço
        Bm7/E   E7(9)   A
Com meu braço o meu viver.

Refrão

Tico-tico no fubá

Choro sapeca - Lá menor   **Zequinha Abreu e Eurico Barreiros**

Introdução: E7 (4 compassos de ritmo)

1ª parte

Um tico-tico só *(Am)*
Um tico-tico lá *(E7)*

Já está comendo
Todo, todo o meu fubá *(Am)*
Olha, seu Nicolau *(Dm)*
Que o fubá, se vai *(Am)*
Pego no meu pica-pau *(B7)*
E um tiro sai, *(E7)*

Coitado...

Então eu tenho pena *(Am)*
Do susto que levou *(E7)*

E uma cuia cheia
Mais fubá eu dou *(Am)*
Alegre já *(Dm)*

Voando, piando
Meu fubá, meu fubá *(Am)*
Saltando de lá pra cá *(E7   Am E7 Am)*

2ª parte (declamando)

Tico-tico engraçadinho

Tico-tico no fubá (continuação)

Que está sempre a piar
Vá fazer o teu ninho
E terás assim um lar
Procure
uma companheira
Que eu te garanto o fubá
De papada sempre cheia
Não acharás a vida má

3ª parte
Houve um dia lá
C
Que ele não voltou
G7
E seu gostoso fubá
O vento levou
C
Triste fiquei
Quase chorei
Mas então vi
G7
Logo depois
Já não era um
Mas, sim, já dois
C
Quero contar baixinho
A vida dos dois
G7
Tiveram seu ninho
E filhinho depois
C
Todos agora
Dm/F

Tico-tico no fubá (continuação)

Pulam ali
^{F#°}   ^{C/G}
Saltam aqui
         ^{G7}
Comendo sempre o fubá
         ^{C G7 C}
Saltando de lá pra cá.

Garota de Ipanema

Fá Maior   *Antonio Carlos Jobim e Vinicius de Moraes*

Introdução: F7M C7(9) F7M C7(9)

F7M
Olha que coisa mais linda
        G7
Mais cheia de graça
               Gm7
É ela menina que vem e que passa
    C7(9)   **F7M C7(9)**
Num doce balanço, caminho do mar...
F7M   **G7**
Moça do corpo dourado, do sol de Ipanema
              Gm7
O seu balançado é mais que um poema
   C7(9)   **F7M** **F7M(9)**
É a coisa mais linda que eu já vi passar...
Gb7M   **Cb7(9)**
Ah! Por que estou tão sozinho
F#m7   **D7(9)**
Ah! Por que tudo é tão triste
Gm7   **Eb7(9)**
Ah! A beleza que existe
    Am7   **D7(9)**
A beleza que não é só minha
Gm7   **C7(9)**
Que também passa sozinha
F7M   **G7**
Ah! Se ela soubesse que quando ela passa

O mundo sorrindo
   Gm7
Se enche de graça
      C7(9)
E fica mais lindo
       F7M
Por causa do amor
C7(9)   **F7M**
Por causa do amor
C7(9)   **F7M**
Por causa do amor.

Arrombou a festa

Fá Maior   *Rita Lee e Paulo Coelho*

Introdução: Bb7 C7

Refrão

[F] Ai, ai, meu Deus
O que foi que aconteceu
[G] Com a música popular [Gm] brasileira [F] [C]
[F] Todos falam sério, todos eles levam a sério
[G] Mas esse sério me [Gm] parece brincadeira [F]

[Bb7] Benito lá de Paula com o amigo Charlie Brown
[C7] Revivem nossos tempos do velho chato Simonal
[Bb7] Martinho vem da Vila lá do fundo do quintal
[C7] Tornando diferente aquela coisa sempre igual
[Bb7] Um tal de Raul Seixas vem de disco voador
[C7] E Gil vai refazendo seu xodó com muito amor
[Bb7] Dez anos de Roberto não mudou de profissão
[C7] Na festa de arromba ainda está com o seu carrão
[C7] Parei [Bb/C] para pesquisar. [F]

repete refrão

[Bb7] O Odair José é o terror das empregadas
[C7] Distribuindo beijos, arranjando namoradas
[Bb7] Até o Chico Anísio já bateu pra tu batê
[C7] Pois faturar em música é mais fácil que TV
[Bb7] Celi Campello quase foi parar na rua

Arrombou a festa (continuação)

    C7
Pois esperavam dela mais que um banho de lua
  Bb7
E o mano Caetano tá pra lá de Teerã
     C7
De olho no sucesso da boutique da irmã.

F
Bilú, bilú, fá fá

Faró, faró, tetéia
G   Gm7   F
Severina e o fio da véia
G   Gm7 C7 F
A música popular brasileira
G   Gm
A música popular
F
Sou a garota papo-firme

Que o Roberto falou
 G   Bb/C
da música popular
    Fm   C7
O Tico-tico.. o Tico-tico o tico tá...
 G   C7(9)
Da música popular
F
Olha que coisa mais linda mais cheia de
G   Bb7
Música Popular
    F   F   F/A   D7
Mamãe eu quero, mamãe eu quero, mamãe eu quero
 G   C7   F
Música popular brasileira
F
Pega, mata e come.

Aquarela do Brasil

Samba estilizado - Fá Maior **Ary Barroso**

Introdução: Gm7 E7 F7M F#° C7

F6
Brasil
       Fm6
Meu Brasil brasileiro
      F6
Meu mulato inzoneiro
                 D7(9-)
Vou cantar-te nos meus versos
Gm7
Ô Brasil, samba que dá

Bomboleio, que faz gingá

Ô Brasil do meu amor
     C7(9-)   F7M
Terra de Nosso Senhor
Gm7 C7(9) F7M
Brasil! Brasil!
   Gm7 C7(9)   F7M
Pra mim... Pra mim...

F7M   Gm
Ô abre a cortina do passado
              C7   Gm C7
Tira a mãe preta do cerrado
        C7(9)   F7M
Bota o rei gongo no congado
   Gm C7(9)   F7M F7(9) E7(9) Eb7(9)
Brasil!   Brasil!
D7(9) Am7(5-) D7   Am7(5-)
Deixa... cantar de novo o trovador
D7   Am7(5-)
A merencória luz da lua
        D7   Gm Gm5+ Gm6 Gm5+
Toda a canção do meu amor
D7 Gm7 Bbm6   C7(9)   F7M
Quero ver a "sá dona" caminhando
F7M Dm7   Gm7
Pelos salões arrastando
        C7   F7M
O seu vestido rendado
  Gm7 C7(9)   F7M Dm7(9)
Brasil!   Brasil!
   Gm7 C7(9)   F7M
Pra mim... Pra mim...

Aquarela do Brasil (continuação)

Brasil! [F6]
Terra boa e gostosa [Fm6]
A moreninha sestrosa [F6]
De olhar indiscreto [D7(9-)]
[Gm7] Ô Brasil, verde que dá

Para o mundo se admirá

Ô Brasil do meu amor
Terra de [C7(9-)] Nosso Senhor [F7M]
[Gm7] Brasil! [C7(9)] Brasil! [F7M]
[Gm7] Pra mim... [C7(9)] Pra mim... [F7M]

[F7M] Ô esse coqueiro que dá [Gm] côco

Oi, onde amarro a minha rede
Nas noites claras de [C7(9)] luar [F7M]
[Gm7] Brasil! [C7(9)] Brasil! [F7M] [F7(9)] [E7(9)] [Eb7(9)]
[D7] Ô... [Am7(5-)] [D7] oi, estas fontes murmurantes [Am7(5-)]
[D7] Oi, onde eu mato minha sede [Am7(5-)]
E onde a [D7] lua vem brincar [Gm] [Gm5+] [Gm6] [Gm5+]
[D7] Oi, [Gm7] [Bbm6] esse Brasil lindo e [C7(9)] trigueiro [F7M]
[F7M] É o meu Brasil [Dm7] brasileiro [Gm7]
Terra de [C7(9)] samba e pandeiro [F7M]
[Gm7] Brasil! [C7(9)] Brasil! [F7M] [Dm7(9)]
[Gm7] Pra mim... [C7(9)] Pra mim... [F7M]

Último desejo

Samba - Sol menor **Noel Rosa**

     Gm   **Cm7**
Nosso amor que eu não esqueço
 Cm/Bb   **D7/A**
E que teve seu começo
   D7   **Gm** **A7** **D7**
Numa festa de São João
Gm   **Gm/F**   **Cm6/Eb**
Morre hoje sem foguete
   D7   **Eb7**
Sem retrato e sem bilhete
          D7/A **D7** **G7/B**
Sem luar, sem violão
  G7   **Cm/Eb**
Perto de você me calo
  Cm   **D7/A**
Tudo penso, nada falo
  D7   **Fm6/Ab** **G7**
Tenho medo de chorar
Cm7   **Gm7**
Nunca mais quero seu beijo
     Ab7
Mas meu último desejo
D7   **Gm** **E7** **A7** **D7** **G**
Você não pode negar
G7M **Em**   **A7**
Se alguma pessoa amiga
D7   **Am7**
Pedir que você lhe diga
  D7   **G** **Am7(5-)** **D7**
Se você me quer ou não
Gm7   **Cm**
Diga que você me adora
  D7   **Cm**   **Eb7/Bb**   **D7/A** **D7**
Que você lamenta e chora a nossa separação
G7M **Em**   **A7**
Às pessoas que eu detesto
  D7   **Am7**
Diga sempre que eu não presto
   D7   **Fm6/Ab** **G7**
Que o meu lar é um botequim
C/E   **Cm/Eb** **G/D**
Que eu arruinei sua vida
E7   **A7(13)**
Que eu não mereço a comida   **BIS**
  D7   **G6**
Que você pagou pra mim.

Tudo acabado

Samba - Dó menor

J.Piedade e
Herivelto Martins

Cm
Tudo acabado

Entre nós
         Dm7(5-) G7
Já não há mais nada
Cm
Tudo acabado
               Ab7(13) G7
Entre nós, hoje de madrugada...
Gm7   **C7**   **Fm7**
Você chorou, eu chorei!
Bb7   **Eb7M**
Você partiu, eu fiquei
Fm   **Fm/Eb**   **Dm7(5-)**
Se você volta outra vez
 G7   **Cm**
Eu não sei
       Fm7
Nosso apartamento agora
Bb7   **Eb7M**
Vive à meia luz
Dm7(5-) **G7**   **Cm**
Nosso apartamento agora
Gm7 **C7(9-)** **Fm**
Já não me seduz
Fm/Eb   **Dm7(5-)**
Todo o egoísmo
G7   **Cm**
Veio de nós dois
Ab7   **Db**
Destruímos hoje
  G7   **Cm**
O que podia ser depois.

Trocando em miúdos

Dó Maior *Francis Hime e Chico Buarque de Hollanda*

C7M A   Bb/C   C7   F7M
Eu vou lhe deixar a medida do Bonfim
  Fm6
Não me valeu
C7M   Bb/C   C7   F7M
Mas fico com o disco do Pixinguinha, sim?
  Fm6
O resto é seu
Cm   Cm/Bb   A°
Trocando em miúdos pode guardar
     G#m6   Cm
As sobras de tudo que chamam lar
    Cm/Bb   D7(9)
As sombras de tudo que fomos nós
   D7   G7M
As marcas do amor nos nossos lençóis
     G7(9-)   C7M
As nossas melhores lembranças
   Bb/C   C7   F7M
Aquela esperança de tudo se ajeitar
  Fm6
Pode esquecer
C7M   Bb/C   C7   F7M
Aquela aliança você pode empenhar
 Fm6
Ou derreter
Cm   Cm/Bb   A°
Mas devo dizer que não vou lhe dar
    G#m6   Cm
O enorme prazer de me ver chorar
    Cm/Bb   Am7   D7(9)
Nem vou lhe cobrar pelo seu estrago
  Am7 D7   Dm7 G7 Dm7 G7
Meu peito   tão dila__ cerado
C7M   Bb/C C7   F7M
Aliás aceite uma ajuda do seu futuro amor
Fm6
Pro aluguel
C7M   Bb/C   C7   F7M
Devolva o Neruda que você me tomou
 Fm6
E nunca leu
Cm   Cm/Bb   A°
Eu bato o portão sem fazer alarde

Copyright 1977 by Cara Nova Editora Musical Ltda.

Trocando em miúdos (continuação)

Eu levo a carteira de identi*G#m6*da*Cm*de
Uma sai*Cm/Bb*deira, muita sau*A°*dade
E a leve impres*G#m6*são de que já vou tar*Cm*de.

Sei lá, Mangueira

Paulinho da Viola e Hermínio Bello de Carvalho

Samba - Fá Maior

Introdução: F   G/F   (fazer 4 compassos de ritmo, antes da melodia)

[F] Vista assim do alto
[Dm7] Mais parece o céu no [Gm7] chão
[D7] Sei [Gm] lá [D7(9-)] [Gm]
Em [C7] Mangueira a poesia [F7M]
Feito um [D7] mar se alastrou [Gm]
E a [C7] beleza do [F] lugar [Bb/C]
Pra se [F] entender
Tem que se [Gm] achar [C7]
[F7M] Que a vida [D7] não é só isso que se vê [Gm]
[Bb/C] É um [F] pouco mais
Que os [F] olhos não [Gm7] conseguem [C7] perceber [F7M]
E as [D7] mãos [Gm] não [D7] ousam tocar [Gm]
[C7] E os pés [F7M] recusam [C7(13)] pisar [F] [C7]
[F] Sei lá, não sei
Sei lá, não [D7] sei
Não sei se [Gm7] toda beleza [C7]
De que [Gm] lhes falo [C7]
[F7M] Sai tão [C7] somente do meu [F] coração [C7(13)] [F]
Em Mangueira a [Dm] poesia [Gm]
[D7] Num sobe [Gm7] desce constante [C7]
[Gm] Anda [C7] descalço ensinan__[Gm7] do [C7]
[Gm] Um modo [C7] novo da gente [F] viver [C7]

Sei lá, Mangueira (continuação)

     F7M   **Gm7/C** **C7**   **F**
De pensar, de sonhar, de sofrer
C7   **F7M**
Sei lá, não sei
     D7   **Gm7**
Sei lá, não sei
              Dm   **Gm7** **C7**
A Mangueira é tão grande
Gm7   **Bb/C**   **F**
Que nem cabe explicação
 F7M   **C7(13)**
Sei lá, não sei
 F7M   **C7**
Sei lá, não sei.

Alegria, alegria

Sol Maior *Caetano Veloso*

Introdução: F Bb D (2 vezes)

G   C
Caminhando contra o vento
       D7   G
Sem lenço, sem documento
                   C
No sol de quase dezembro
F   D7
Eu vou.

G   C
O sol se reparte em crimes,
        D7   G
Espaçonaves, guerrilhas
              C
Em Cardinales bonitas
F   D7
Eu vou

G   C   G
Em caras de presidentes,
       C   G
Em grandes beijos de amor,
   C   G
Em dentes, pernas, bandeiras,
      C   D G
Bomba e Brigitte Bardot
G   Dm7 G Em
O sol nas bancas de revista
             A7   Em
Me enche de alegria e preguiça,
     Em7   F
Quem lê tanta notícia?
C
Eu vou
            Am   Dm7
Por entre fotos e nomes
        G7   C
Os olhos cheios de cores
       C7   F   D7
O peito cheio de amores vãos
G
Eu vou
     C   G
Por que não? Por que não?
G   C
Ela pensa em casamento,
          D7   G
E eu nunca mais fui à escola

Alegria, alegria (continuação)

Sem lenço, sem docu[C]mento
Eu [F]vou, [D7]
Eu tomo [G]uma coca-[C]cola
Ela pensa [D7]em casa[G]mento
E uma canção me con[C]sola,
Eu [F]vou. [D7]
[G]Por entre [C]fotos e [G]nomes,
Sem livros [C]e sem fu[G]zil.
Sem fome, [C]sem tele[G]fone
No cora[C]ção do Bra[G]sil
[G]Ela nem sabe - a[Dm7]té [G]pen[Em]sei
Em cantar na tele[A7]vi[Em]são
O [Em7]sol é tão bo[F]nito
Eu [C]vou
Sem lenço, [Am]sem docu[Dm7]mento,
Nada no [G7]bolso ou nas [C]mãos,
Eu quero [C7]seguir vi[F]vendo,
A[D7]mor.
Eu [G]vou
Por que [C]não? Por que [G]não?

Pelo telefone

Samba - Sol Maior **Donga e Mário de Almeida**

Introdução: G Am D7 G

G
O Chefe de Polícia pelo telefone
      Am
Mandou me avisar
         D7
Que na Carioca tem uma roleta   BIS
    G7M
Para se jogar
          G
2ª vez: jogar

G   Am7
Ai, ai, ai, deixa as mágoas para trás, ô rapaz
D7   G   BIS
Ai, ai, ai, fica triste se és capaz e verás

 G   Am7
Tomara que tu apanhes
D7   G
Pra nunca mais fazer isso
Em   Am
Roubar amor dos outros
D7   G
E depois fazer feitiço.

     Am7   D7
Olha a rolinha, sinhô, sinhô
    G   Em
Se embaraçou, sinhô, sinhô
   Am   D7
Caiu no laço, sinhô, sinhô
    G
Do nosso amor, sinhô, sinhô
     Am7   D7
Porque este samba, sinhô, sinhô
     G
É de arrepiar, sinhô, sinhô
   Am   D7
Põe perna bamba, sinhô, sinhô
 G
Mas faz gozar.

Copyright 1974 by BMG Music Publishing Brasil Ltda.

Pelo telefone (continuação)

O peru me disse
                    Am
Se você dormisse, não fazer tolice
                           D7
Que eu não saísse dessa esquisitice
   G7M

Do disse-me-disse
G   **Am**

D7   **G**
Ai, ai, ai, deixa as mágoas para trás, ô rapaz

Ai, ai, ai, fica triste se és capaz e verás
            Am   **D7**

   G   **Em7**
Queres ou não, sinhô, sinhô
  Am7   **D7**
Ir pro cordão, sinhô, sinhô
    G
Ser folião, sinhô, sinhô
          Am
De coração, sinhô, sinhô
   G   **D7**
Porque este samba, sinhô, sinhô
     Am   **D7**
É de arrepiar, sinhô, sinhô
  G
Põe perna bamba, sinhô, sinhô

Me faz gozar.

BIS (primeira estrofe)
BIS (segunda estrofe)

Vera Cruz

Milton Nascimento e Marcio Borges

Sol menor

Introdução: Gm Bbm7(9) Am7 Abm7 Gm F#m7 D7

Gm7
Hoje foi que a perdi
                Bbm7(9)
Mais longe já nem sei
         Am7
Me levam para o mar
         Abm7
Gm7   F#m7
Em vela me larguei
         D/C
E deito nesta dor
      G/F   Cm7/G Gm A7 Dm7
Meu corpo sem lugar
Gm7   Gm6   Gm7M
La la la la la la iê
Gm7   Eb
La la la la la iá
Dm7(9)   Cm7   Bm7
La la la la la iá, la la la iá la iê
Bb7   Eb7M
La la la iá la iê
Dm7   F/G C/G Cm/G C/G
La la la la la rá
Gm7   Bbm7(9)
Quero em outra mansidão
        Am7
Um dia ancorar
               Abm7
E aos ventos me esquecer
Gm7   F#m7
Que ao vento me amarrei
        D/C
E nele vou partir
        G/F Cm/G Gm A7 Dm7
Atrás de Vera Cruz
Gm7   Gm6   Gm7M
Ah!... quisera encontrar
Gm7   Eb
A moça que se foi
Dm7(9)   Cm7
No mar de Vera Cruz
            Bm7
E o pranto que ficou
Bb7   Eb7M
No Norte... me perdi
Dm7   F/G
Nas coisas de um olhar.

Prelúdio pra ninar gente grande

Luiz Vieira

Dó Maior

Introdução: F G/F C/E Am7 Dm C Fm6/G

C   G#º   Am
Quando estou nos braços seus
       Dm7   G7   C   Bm7(5-)
Sinto o mundo bocejar
Em
Quando estás nos braços meus
      F#m7(5-) B7(9-) Em   C7
Sinto a vida descansar
F   Em Dm   G7
No calor do teu carinho
C7M   Bb7   Em7(5-)   A7
Sou menino passarinho
       Dm7   G7 C7
Com vontade de voar
F   G/F   C/E   Am7
Sou menino passarinho
       Dm   G7   C   Fm6/G
Com vontade de voar.

para terminar:
      Dm7/G   G7   C
Com vontade de voar.

Pétala

Djavan

Lá Maior

Introdução: A C#m7 D D/E

A   C#m7 D   D/E
O seu amor
A   C#m7
Reluz
         D
Que nem riqueza
      G7(5-)   A
Asa do meu destino
   C#m7   D
Clareza do tino
  D/E
Pétala
A   C#m7
De estrela caindo
   D   D/E
Bem devagar
A   C#m7   D D/E
Ó meu amor
A   C#m7
Viver
       D
É todo sacrifício
   G7(5-)
Feito em seu nome
A   C#m7
Quanto mais desejo
D   D/E
Um beijo seu
A   C#m7
Muito mais eu vejo
   D   Dm6
Gosto em viver... viver
A   C#m7
Por ser exato
D   Dm6
O amor não cabe em si
A   C#m7
Por ser encantado
D   Dm6
O amor revela-se
  C#m
Por ser amor
  Dm6 E7(13) A   D/E A
Invade e fim.

Disse-me-disse

Pedro Caetano e
Claudionor Cruz

Samba - Ré menor

Introdução: A7 Dm Gm6 Dm A7 Dm

A7
Chega
       Dm
Eu já sei o que vens me dizer
D7
Chega
      D7(9-)   Gm
Eu não quero saber
    A7
Se ela é falsa
          Dm
Deixa a tristeza comigo
C   Gm
Quem fala dela
    A7   Dm Em7(5-) A7(9-)
Não pode ser meu amigo

A7
Disse-me-disse
           Dm
É sempre uma fonte de dor
D7
Acreditar em tolice
      Gm
É matar um amor
Gm7
Sou feliz, muito feliz
      Dm
Porque não ligo
     Gm
Quem fala dela
   A7   Dm
Não pode ser meu amigo.

Não dá mais pra segurar (Explode, coração)

Canção - Ré menor *Gonzaga Junior*

Dm   Dm7M   Dm7
Chega de tentar dissimular
                    Dm6
E disfarçar, e me esconder
         Gm   Gm7M
O que não dá mais pra ocultar
         Gm7   Em7(5-)
E eu não quero mais calar
         Eb7M
Já que o brilho desse olhar
         C7   F7M
Foi traidor e me entregou
         Bb7M   Em7(5-)
O que você tentou conter
Bm7(5-)   E7(9+)   A7
O que você não quis desabafar

Dm   Dm7M
Chega de temer, chorar
Dm7   Dm6
Sofrer, sorrir, se dar
                    Gm
E se perder, e se achar
       Gm7M   Em7(5-)
E tudo aquilo que é viver
                    Eb7M
Eu quero mais é me abrir
            C7
Que essa vida entre assim
         F7M
Como se fosse o sol
         Bb7M   Bm7(5-)
Desvirginando a madrugada
         E7(9+)   A7
Quero sentir a dor dessa manhã
Dm   Dm7+   Dm7
Nascendo, rompendo, rasgando
             Dm6
Meu corpo e então
         Gm7   Gm7M
Eu chorando, gostando, sofrendo
Gm7   Gm6
Adorando, gritando

Não dá mais pra segurar (continuação)

     Eb7M   **C7**
Feito louca, alucinada e criança
  F7M   **Bb7M**
Eu quero o meu amor se derramando
                E7(9-)
Não dá mais pra segurar
A7(9-)   **Dm**
Explode coração.

Gente humilde

Vinicius de Moraes,
Garoto e Chico Buarque de Hollanda

Canção - Sol Maior

     G6
Tem certos dias
  Bb°   **Am7**
Em que eu penso em minha gente
     C/D
E sinto assim
   D7(13)   **G7M**
Todo o meu peito se apertar
        Bb°
Porque parece que acontece
 Am7
De repente
           D7
Como um desejo de eu viver
 G7M
Sem se notar
 G6   **Bb°**
Igual a como, quando eu passo
 Am7
No subúrbio
  C/D   **D7**
Eu muito bem, vindo de trem
    Dm **G7(13)**
De algum lugar
  C7M   **Cm**
E aí me dá como uma inveja
 Bm7
Dessa gente
Bb°   **Am7**
Que vai em frente
  D7(13)   **G6**
Sem nem ter com quem contar

São casas simples
  Bb°   **Am7**
Com cadeiras na calçada
 C/D   **D7(13)**
E na fachada, escrito em cima
 G7M
Que é um lar.
 G6   **Bb°**
Pela varanda, flores tristes
 Am7
E baldias

Gente humilde (continuação)

Como a alegria, que não tem [D7]
Onde encostar [G7M]
E aí me dá uma tristeza [G6] [Bbº]
No meu peito [Am7]
Feito um despeito de eu não ter [C/D] [D7]
Como lutar [Dm7] [G7(13)]
E eu que não creio [C7M]
Peço a Deus por minha gente [Cm] [Bm7]
É gente humilde [Bbº] [Am7]
Que vontade de chorar. [D7(13)] [G6]

Samba em prelúdio

Sol menor *Baden Powell e Vinicius de Moraes*

Gm   Eb/G
Eu sem você
　　F#º
Não tenho porquê
　　Fº　　　G7(13-)
Porque sem você
　　Cm　　　　Cm/Bb
Não sei nem chorar
　　Am7(5-)　　D7(9-)
Sou chama sem luz
　　Gm　　　Gm/F
Jardim sem luar
　Eº
Luar sem amor
　Cm6/Eb　　　D7(9-)
Amor sem se dar

Gm   Eb/G
Eu sem você
　　F#º
Sou só desamor
　　Fº　　　G7(13-)
Um barco sem mar
　　Cm　　　　Cm/Bb
Um campo sem flor
　　Am7(5-)　　D7(9-)
Tristeza que vai
　　Gm　　　Gm/F
Tristeza que vem
　Eb7(9)　　　　　　　　D7 D7(9-)　Gm　Am7(5-) D7(9-)
Sem você, meu amor, eu não sou   ninguém

Gm　　　Am7(5-)　Aº
Ai, que sauda__de
　　G#º　　　　G7(13-)　　　Cm Cm/Bb
Que vontade de ver renascer nossa vida
Am7(5-)　Aº　　Aº/G Gm
Vol__ta, queri__do
　　Eº
Os meus braços precisam dos teus
　Cm/Eb　　　　　　　D7
Teus abraços precisam dos meus
Gm　　　Am7(5-)　Aº
Estou tão sozi__nha

Samba em prelúdio (continuação)

         G#°   **G7(13-)**   **Cm** **Cm/Bb**
Tenho os olhos cansados de olhar para o além
Am7(5-) A°   A°/G Gm
Vem ver a vi__da
  Eb7   **Am7(5-) D7(9-) Gm**
Sem você, meu amor, eu não sou   ninguém
  Eb7   **Am7(5-) D7(9-) Gm**
Sem você, meu amor, eu não sou   ninguém.

O bêbado e a equilibrista

Lá Maior   João Bosco e Aldir Blanc

Introdução: A6

[A6]
Caía

[A7M]
A tarde feito um viaduto

E um bêbado trajando luto
[C#m7(5-)] [F#7] [Bm7] [Bm6]
Me lembrou Carli__tos

A lua
[A6]
Tal qual a dona do bordel
[A7M] [D7(9)] [C#m7(5-)]
Pedia a cada estrela fria
[Bm7] [Esusp 4] [E7] [A7M] [Bm7] [E7]
Um brilho de aluguel
[A6]
E nuvens
[A7M]
Lá no mata-borrão do céu
[A7M] [C#m7(5-)] [F#7]
Chupavam manchas torturadas
[C#m7(5-)] [F#7] [Bm7]
Que su_foco
[Dm7]
Louco
[G7] [Bm7(5-)] [E7] [A6/9]
O bêbado com chapéu-coco
[C#m7(5-)] [F#m7] [Bm7]
Fazia irreverências mil
[Bm7(9)] [D/E] [E7] [A] [E7]
Pra noite do Brasil

Meu Brasil...
[A6]
Que sonha
[A7M]
Com a volta do irmão do Henfil

Com tanta gente que partiu
[C#m7(5-)] [F#7] [Bm7] [Bm6]
Num rabo de foguete

Chora
[A7M]
A nossa Pátria-mãe gentil

O bêbado e a equilibrista (continuação)

                  C#m7(5-)
Choram Marias e Clarisses
Bm7   Esusp4 E7 A7M Bm7 E7
No solo do Brasil
   A6
Mas sei
                        A7M
Que uma dor assim pungente
A7M   C#m7(5-) F#7
Não há de ser inutilmente
C#m7(5-) F#7 Bm7 A7(13) D7 Dm7
A esperança   dança
G7(13)   G7   A9(6) Bm7
Na corda bamba de sombrinha
C#m7(5-)   F#m7   Bm7
Em cada passo dessa linha
Bm7(9)   D/E E7 A6
Pode se machucar
 D9(6)   Dm
Azar
G7(13)   G7   A9(6)   Bm7
A esperança equilibrista
C#m7(5-)   F#m7   Bm7
Sabe que o show de todo artista
Bm7(9)   D/E E7 A6
Tem que continuar.

Atrás da porta

Samba-canção - Dó menor **Chico Buarque de Hollanda e Francis Hime**

Introdução: F/G G7(13) G7(5+) Cm7(9)

                 Fm7   **Fm/Eb** **Dm7(5-)**
Quando olhaste bem nos olhos meus
     Ab7 G7   **Cm7**
E o teu olhar era de adeus
   Cm/Bb   **Ab7**
Juro que não acreditei
      G7
Eu te estranhei,
    Gm4   **Gb7**   **Fm7M** **Fm7**
Me debrucei sobre o teu corpo e duvidei
Am7(5-)   **Ab7**   **F/G**
E me arrastei, e te arranhei,
     G7   **Ab7M**
E me agarrei nos teus cabelos
   Fm7 **Fm/Eb** **Dm7(5-)**   **G7(5+)**
No teu peito, teu pijama, nos teus pés
 C7M
Ao pé da cama
 F7M   **Bm7**
Sem carinho, sem coberta,
 E7(9-)   **Am**   **Ab7** **F/G G7(13)**
No tapete atrás da porta, reclamei baixinho
Gm4   **Gb7**   **Fm7M Fm7**
Dei pra maldizer o nosso lar,
Am7(5-)   **Ab7**   **F/G**
Pra sujar teu nome, te humilhar,
     G7   **Ab7M**
E me vingar a qualquer preço
 Fm7(9)   **Dm7(5-)**
Te adorando pelo avesso
G7(5+)   **Cm7**   **Ab7(13)**
Pra mostrar que inda sou tu__a...
F/G   **G7(13)**   **G7(5+)**   **Cm7 Cm7(9) Ab7(11+)**
Até provar que inda sou tu____a
F/G   **G7(13)**   **G7(5+)**   **Cm7M(9)**
Hum hum hum hum hum hum hum hum.

Meu bem-querer

Fá Maior   *Djavan*

Introdução: FM7   Bb/C   (2 vezes)

[F7M] Meu bem-querer [Bb/C]
É segredo, é sagrado [F7M]
Está sacramentado [Bb/C]
Em meu coração [F7M] [Bb/C]
[F7M] Meu bem-querer [Bb/C]
Tem um quê de pecado [F7M]
Acariciado [Bb/C] pela emoção [F7M] [C/E]
[Dm] Meu bem-querer, meu encanto [Am] [Gm7]
[Bb7M] Tô sofrendo [C7(9-)] tanto
[Am7] Amor
E o que é o [Bb°] sofrer [A°]
Para mim, [G/B] que [Bbm6] estou [F7M]
[Bb/C] Jurado pra morrer de amor. [F6]

Lígia

Samba-canção - Dó Maior   ***Antonio Carlos Jobim***

   Dm7   Gm7
Eu nunca sonhei com você
         Em7
Nunca fui ao cinema
     Eb°
Não gosto de samba
        Dm7
Não vou a Ipanema
      G7
Não gosto de chuva
   Bm7 Bb7
Nem gosto de sol
 F7M   F#°
E quando eu lhe telefonei
       C/G
Desliguei, foi engano
       Am7(9)
Seu nome não sei
      F#m7(5-)
Esqueci no piano
        B7
As bobagens de amor
    E7M
Que eu iria dizer
A7(13-) Dm7(9) Db7
Não, Lígia, Lígia
 Dm7   Gm7
Eu nunca quis tê-la a meu lado
    Em7
Num fim de semana
   Eb°   Dm7
Um chope gelado em Copacabana
   G7   Bm7 Bb7
Andar pela praia até o Leblon
 F7M   F#°
E quando me apaixonei
     C/G   Am7(9)
Não passou de ilusão, o seu nome rasguei
        F#m7(5-)
Fiz um samba-canção
    B7
Das mentiras de amor
      E7M
Que aprendi com você
A7(13-) Dm7   Db7
É, Lígia, Lígia

Lígia (continuação)

   F7M   **F#º**
E quando você me envolver
          C/G   **Am7(9)**
Nos seus braços serenos eu vou me render
Am7   **F#m7(5-)**   **B7**
Mas seus olhos morenos me metem mais medo
          E7M   **A7(13-)**
Que um raio de sol
  Dm7 **Db7(9)** **C7M(9)**
Lígia, Lígia...

Paralelas

Pop lento - Ré Maior **Belchior**

Introdução: D C/D G D

D   C/D
Dentro do carro

Sobre o trevo
    G
A cem por hora, oh! meu amor
  C/D
Só tens agora
  D7   G
Os carinhos do motor
         D7
E no escritório onde eu trabalho
    G
Eu fico rico
              Em7(5-)
Quanto mais eu multiplico
      D
Diminui o meu amor

            D°
Em cada luz de mercúrio
        D
Vejo a luz do teu olhar
        D°
Passa praças, viadutos
        D C/D D7
Nem te lembras de voltar

   G
No Corcovado
          Gm   A7
Quem abre os braços sou eu
 D
Copacabana
            D/F#
Esta semana o mar sou eu
    D/E   E7
E as borboletas do que fui
   Gm6 A7   D   Eb
Pousam demais   por entre as flores do asfalto
   D
Em que tu vais
  C/D   G
E as paralelas dos pneus na água das ruas

Copyright 1976 by Fortaleza Editora Musical Ltda.

Paralelas (continuação)

São duas estradas nuas
                C/D
Em que foges do que é teu
  D7   G
No apartamento, oitavo andar, abro a vidraça
 D7   G
E grito quando o carro passa
              Em7(5-)
Teu infinito sou eu, sou eu, sou eu, sou eu.
    Eb   D   C/D   D7   G

Luiza

Valsa-canção - Ré menor *Antonio Carlos Jobim*

Introdução: Gm7 A7 Dm7(9) A7(5+)

Dm7   G7(11+)
Rua espada nua
  Gm7   A7
Bóia no céu imensa e amarela
    Dm7M(9)   G7(11+)
Tão redonda, a lua, como flutua,
   Gm7   D7(9-)
Vem navegando o azul do firmamento
     Gm7
E, no silêncio, lento
  C7(11+)   5+ F7M F7
        F7M
Um trovador, cheio de estre____las
 Bb7M   A7
Escuta, agora, a canção que eu fiz
     D7M(9)
Pra te esquecer, Luiza
 D7(9-)   Gm7
Eu sou apenas um pobre amador apaixonado
   4
  Fsusp
Um aprendiz do teu amor
 Bm7(5-)   E7(9-)
Acorda, amor, que eu sei que embaixo
  G7M   F#7M A7
Dessa neve mora um coração
  Dm7M(9)   G7(11+)
Vem cá, Luiza, me dá tua mão
 Gm7   A7
O teu desejo é sempre o meu desejo
  Dm7M(9)   G7(11+)
Vem, me exorciza, me dá tua boca
  Gm7   D7(9-)
E a rosa louca vem me dar um beijo
   Gm7   C7(11+)
E um raio de sol, nos teus cabelos
  Cm7   F7
Como um brilhante, que, partindo a luz
   Bb7M(5+)
Explode em sete cores
 A7   Ab7(13)
Revelando, então, os sete mil amores
  A7
Que eu guardei, somente, pra te dar,
Bb7M Gm7(9) Dm7
Luiza.

Ó abre alas

Marcha-rancho - Lá menor **Chiquinha Gonzaga**

Introdução: Am E7 Am E7 Am

^{E7} Ó ^{Am} abre alas!
^{E7} Que eu quero ^{Am} passar
^{E7} Ó ^{Am} abre alas!
^{E7} Que eu quero ^{Am} passar
Eu sou da ^{Dm} Lira
Não posso ^{Am} negar
Eu sou da ^{Dm} Lira
^{E7} Não posso ^{Am} negar
^{E7} Ó ^{Am} abre alas!
^{E7} Que eu quero ^{Am} passar
^{E7} Ó ^{Am} abre alas!
^{E7} Que eu quero ^{Am} passar
Rosa de ^{Dm} Ouro
É quem vai ^{Am} ganhar
Rosa de ^{Dm} Ouro
^{E7} É quem vai ^{Am} ganhar.

Carinhoso

Choro-canção - Fá Maior

*Pixinguinha
e João de Barro*

Introdução: F F5+ F6 F5+

        F   F5+ F6
Meu coração
F5+   F7M F5+ F6
Não sei por que,
F7   Am Am5+ Am6
Bate feliz
Am5+   Am Am5+ Am6
Quando te vê
Am7   Dm7
E os meus olhos
G7   C7M
Ficam sorrindo
F7   Bb7M
E pelas ruas
D7(9-)   G7
Vão te seguindo
          G7(13) G7(13-) Gm7
Mas mesmo assim
C7(9)   F   Bbm7 F
Foges de mim

      C7(9-)   F/C
repetir: Meu coração...

E7   Am
Ah! Se tu soubesses
     Am/G   F7
Como eu sou tão carinhoso
         E7
E o muito e muito
    Am
Que te quero
Dm7   G7   C/G
E como é sincero
    C7M
O meu amor
    Dm7
Eu sei que tu não
  G7   C7
Fugirias mais de mim
Db7 Gm7 C7   F7M
Vem, vem, vem, vem,
F7M   E7
Vem sentir o calor

Copyright 1936 by Mangione, Filhos e Cia. Ltda.

Carinhoso (continuação)

Dos lábios **Gm** **C7** meus
À procura dos **F7M** **Em7(5-)** teus
A7 Vem matar **Dm** esta **A7/C#** paixão **Dm**
Am7 Que me devora **Bb** o **D7(9-)** cora **Gm7** ção
E só assim, **Bbm6** então, **F**
Serei feliz, **C7(13) C7** bem feliz. **F** **F5+** **F6**

para terminar: **F7M** Meu coração...

Carcará

Samba - Ré menor

João do Vale e
José Cândido

Introdução: Dm Dm/C G7 Dm G7

I

Dm
Carcará
Gm7
Pega a matá e come
Dm
Carcará
Gm
Não vai morrê de fome
Dm
Carcará
Gm
Mais coragem do que fome
Dm
Carcará
Gm7
Pega a matá e come
Dm
Carcará...

II

F
Lá no sertão
Dm
É um bicho
G7
Que avoa que nem avião
Dm   **G7**
Ou é um pássaro malvado
Dm   **G7**
Que tem o bico volteado

Que nem gavião
Dm
Carcará
G7
Quando vê roça queimada
Dm   **G7**
Vai voando e cantando
Dm
Carcará
Gm
Vai fazê sua caçada

Copyright by Warner Chappell Edições Musicais Ltda.

Carcará (continuação)

[Dm]Carcará
[Gm]Come inté cobra queimada
[Dm]Mas quando [G7]chega o [Dm]tempo da invernada[G7]
[Dm]No ser[G7]tão
Não tem mais [Dm]roça quei[G7]mada
[Dm]Carcará
Mesmo as[G7]sim não passa fome
[Dm]Os borrégo que [G7]nasce na baixada

(volta ao I)

III

[Dm]Carcará
É mal[G7]vado, é valentão
[Dm]É a água de [G7]lá
Do meu sertão
[Dm]Os borrégo no[G7]vinho
Não pode andá
[Dm]Ele pega no [G7]umbigo
Inté matá
[Dm]Carcará [G7] [Dm]Carcará[G7]
[Dm]Carcará[G] [G7] [Dm]

(Volta ao I)

Não existe pecado ao sul do equador

Chico Buarque e Ruy Guerra

Marcha - Dó Maior

Introdução: F#° C/G A7 Dm7 G7 C

        C7M   A7   Dm A7 Dm
Não existe pecado do lado debaixo do equador
  A7   Dm   G7   Dm7   C7M
Vamos fazer um pecado, rasgado, suado a todo o vapor
C   Gm7   C7
Me deixa ser teu escracho, capacho, teu cacho
         F7M
Um riacho de amor
  F7   Em7   Dm7
Quando é lição de esculacho, olha aí, sai debaixo
 G7   C
Que eu sou professor

              Dm7   G7   C
Deixa a tristeza pra lá, vem comer, me jantar
 Am7   Dm7   G7   C
Sarapatel, carurú, tucupi, tacacá
Bb7   A7   Dm
Vê se me usa, me abusa, lambuza
 F/G   Em7
Que a tua cafuza
Dm7   G7 C
Não pode esperar

              Dm7   G7   C
Deixa a tristeza pra lá, vem comer, me jantar
 Am7   Dm7   G7   C
Sarapatel, carurú, tucupi, tacacá
Bb7   A7   Dm
Vê se me esgota, me bota na mesa
 G7   C
Que a tua holandesa
 G7   C
Não pode esperar

        C7M   A7   Dm A7 Dm
Não existe pecado do lado debaixo do equador
  A7   Dm   G7   Dm7   G7   C7M
Vamos fazer um pecado, rasgado, suado a todo vapor

Não existe pecado ao sul do equador
(continuação)

  C   Gm7   C7
Me deixa ser teu escracho, capacho, teu cacho
      F7M
Um riacho de amor
              Fm   C   Dm7
Quando é lição de esculacho, olha aí, sai debaixo
 G7   C
Eu sou professor.

Não identificado

Fá Maior   **Caetano Veloso**

Introdução: F Bb/C F Gm7 C7 F Gm7 C7

F   Bb   Gm7   F
Eu vou fazer uma canção pra ela
Bb7M   Am7 Gm7   F
Uma canção singela,   brasileira
Bb   C7(9)   F
Para lançar depois do Carnaval.
F   Bb   F
Eu vou fazer um iê-iê-iê romântico
       Dm   Gm   C7   F
Um anticomputador sentimental
Cm7   Eb/F   Gm   Cm7
Eu vou fazer uma canção de amor
Gm   Cm7   Gm   Cm7
Para gravar num disco voador
Gm   Cm7   Gm   Cm7
Eu vou fazer uma canção de amor
Gm   Cm7   Gm   Cm7
Para gravar num disco voador
Gm7   Cm7   Gm   Cm7
Uma canção dizendo tudo a ela
Gm   Cm7   Gm   Cm7
Que ainda estou sozinho, apaixonado
Gm   Cm7   Gm
Para lançar no espaço sideral
Fm7   Bb7   Eb7M
Minha paixão há de brilhar na noite
Cm7   Eb/F   Gm   Cm7
No céu de uma cidade do interior
Gm   Eb7M
Como um objeto não identificado
Bb/D   Gm   Eb7M   Cm7
Como um objeto não identificado
Gm   Eb7M   Dm7
Que ainda estou sozinho, apaixonado
Cm7   Eb/F   Gm   Gm/F
Como um objeto não identificado
Eb   Cm7   Gm   Cm7
Para gravar num disco voador
Gm   Bb7(13)   Eb7M   Cm7
Eu vou fazer uma canção de amor
Gm   Bb7(13)   Eb7M
Como um objeto não identificado.

Copyright 1971 by GAPA - Guilherme Araújo Produções Artísticas Ltda.

Regra três

Samba - Dó menor

Toquinho e
Vinicius de Moraes

Introdução: Fm7 Bb7 Eb7M Ab7M Dm7(5-) G7 Cm Dm7(5-) G7

   Cm   D7   Gm7
Tantas você fez
     G7   C7
Que ela cansou
             Fm7
Porque você, rapaz
Fm   Bb7   Eb7M
Abusou da regra três
Ab7(5-) Dm7(5-) G7
Onde menos vale mais...
 Cm   D7   Gm7
Da primeira vez
G7   C7   Fm
Ela chorou mas resolveu ficar
                        Bb7
É que os momentos felizes
Eb7M   Ab7M
Tinham deixado raízes
    Ab7(5-) Dm7(5-) G7   C7
No seu   pe__nar
Fm   Fm7   Bb7
Depois perdeu a esperança
Eb7M   Ab7M
Porque o perdão também cansa
      Ab7 G7 Cm7
De perdo__ar
Cm7   Dm7(5-) G7   Cm7
Tem sempre o dia   em que a casa cai
C7   C7(9-) Fm7
Pois vai curtir seu deserto, vai
Fm   Bb7
Mas deixa a lâmpada acesa
Eb7M   Ab7M
Se algum dia a tristeza
      Ab7 G7 C7
Quiser entrar
Fm7   Bb7
E uma bebida por perto
Eb7M   Ab7M
Porque você pode estar certo
     Ab7 G7 Cm7
Que vai chorar.

Flor amorosa

Catulo da Paixão Cearense e Joaquim Antonio S. Callado

Samba-choro - Fá Maior

      Gm7   C7   F
Flor amorosa, compassiva, sensitiva, oh vê!
Gm7   C7   F7 Bb Bbm7   F
Por quê? oh! uma rosa   orgulhosa
Dm7   Gm7 C7   F
Presunçosa, tão vaidosa!
               Gm7   C7   F
Pois olha: a rosa tem prazer em ser beijada... é flor
Gm7   Cm7 F7   Bb   Bbm7   F
É flor! Oh! dei-te um beijo,   mas perdoa
Dm7   Gm7 C7   F
Foi à toa, meu amor.
A7   Dm   D7   Gm
Em uma taça perfumada de coral
       A7   Dm7
Um beijo dar, não vejo mal
     Dm   D7   Gm
É um sinal de que por ti me apaixonei
      Em7(5-)   A7   Dm
Talvez em sonhos foi que te beijei.
     Dm   D7   Gm
Se tu puderes extirpar dos lábios meus
     A7   Dm
O beijo teu, tira-o, por Deus
   Dm   D7   Gm
Vê se me arrancas este odor de resedá
      Em7(5-)   A7   Dm
Sangra-me a boca... é um favor... vem cá.
     Gm7   C7   F
Eu fiquei triste após depor um doce beijo em ti
Gm7   Cm7   F7   Bb
Em ti!... Mas quem resiste?
Bbm6   F   Dm7   Gm7 C7   F
Tens quebranto! Nem um santo   pode tanto
      Gm7   C7   F
Depois de te beijar, senti vontade de chorar!
Gm7   Cm7 F7   Bb   Bbm6   F
Chorei! Sim,   eu te juro,   te asseguro
Dm7   Gm7 C7   F
Eu te juro que pequei.
F7 Bb7M   B°   Cm7
Não deves mais fazer questão
F7
Já pedi, queres mais?
    Bb6
Toma o coração

Flor amorosa (continuação)

Bb7M   **B°**   **Cm7**
Oh! Tem dó dos meus ais, perdão
Em7(5-)   **A7**
Sim ou não? Sim ou não?
Dm7   **F7**   **Bb**
Olha que eu estou ajoelhado
       B°   **Cm7**
A te beijar, a te oscular os pés
Cm6   **F7**   **Bb**
Sob os teus... sob os teus olhos tão cruéis
Bb **Bb7**   **Eb**   **Db°**
Se tu não me quiseres perdoar
     Dm   **Cm7**   **F7**   **Bb6**
Beijo algum em mais ninguém eu hei de dar.
      Gm7   **C7**   **F**
Se ontem beijavas um jasmim do teu jardim
      Gm7
A mim, a mim
Cm   **F7**   **Bb**   **Bbm6**   **F**
Oh,   por que juras   mil torturas
Dm7   **Gm7** **C7**   **F**
Mil agruras, por que juras?
        Gm7   **C7**   **F**
Meu coração delito algum por te beijar
       Gm7
Não vê, não vê
Gm7 **F7**   **Bb**   **Bbm6**   **F**
Só por um beijo,   um gracejo
Dm7   **Gm7**
Tanto pejo
C7   **F**
Mas por quê?

Esmeralda

Samba-canção - Fá Maior

**Filadelfo Nunes
e Fernando Barreto**

Vestida de noiva com véu e grinalda [F D7 Gm]
Lá vai Esmeralda casar na igreja [C7 F]
Deus queira que os anjos não cantem pra ela [F Dm7 G7 C7M]
E lá na capela seu vigário não esteja [Am7 Dm7 G7 Gm7 C7]
Deus queira que à noite na hora da festa [F D7 Gm]
Não tenha orquestra, não venha ninguém [C7 F7(13)]
Pra ver Esmeralda com véu e grinalda [Bb Bbm6 F]
Nos braços de outro que não é seu bem. [D7 Gm7 C7 F]
Quem devia casar com ela era eu [C7 F C7]
Sim, senhor. [F7M]
Quem devia casar com ela era eu [C7 F C7]
Seu amor. [F]

para terminar: Seu amor [C7 F]

De conversa em conversa

Samba - Dó Maior   **Lucio Alves e Haroldo Barbosa**

Introdução: F G7 C G7(13)

[G7(13)] De conversa em [C] conversa
Você vai arranjando [A7] um modo de brigar [Dm]
De palavra em palavra [Dm]
Você está querendo [G7] é nos separar [C7M]
Parece até que o destino [F#m7(5-)]
[B7] Uniu-se [Em7] com você, só pra me [Am7] maltratar [Dm7]
Cada dia que passa, mais uma tormenta [G7]
Que eu deixei passar [C7M]
[G7(13)] Nosso viver não [C] adianta

É melhor juntarmos nossos trapos
Arrume [A7] tudo que é seu [Dm]
Que eu vou separando os meus [E7] farrapos.
[Am7] Vivendo [C7] desta [F7M] maneira
Continuar é besteira [Fm7]
Não adianta, não [Em]
[C7M] O que passou [A7] é poeira [Dm7]
Deixa de asneira [G7]
Que eu não sou limão [C6]
[Dm7(5-)] Não sou limão, [G7] não, [C7M] não
[Fm7] Não sou limão, [G7(5+)] não, [C7M] não. [G7(13)]

2ª vez, para terminar: Não sou [Fm7] limão, não , [G7(5+)] não [C6/9] [Fm7(9)] [C6/9]

Caçador de mim

Toada-canção - Fá Maior **Luiz Carlos de Sá e Sergio Magrão**

Introdução: Am7　Gm7　F7M　Dm7　Gm7　F　Bb

F　　　　　　　　　　**C/E**
Por tanto amor, por tanta emoção
Bb/D　　　　**C7**　　**F**
A vida me fez assim
Gm7　　　　　　　**C7**
Doce ou atroz, manso ou feroz
Gm　　**Bb/C**　　**F**　　**Bb**
Eu, caçador de mim...
F
Preso a canções
　　　C/E　　　　　　**Bb/D**　　**C7**　　　**F**
Entregue a paixões que nunca tiveram fim
Gm7　　　　　　　　　**C7**
Vou me encontrar longe do meu lugar
Bb　　**Bb/C**　　**F**　　**Bb/C**
Eu, caçador de mim...

F
Nada a temer
　　Am　　　　　　　**Bb7M**
Senão o correr da luta
Gm
Nada a fazer
　　Bb/C　　　　　**F**　　**Bb**　**Bb/C**
Senão esquecer o medo
F　　　　　　　　**Am**
Abrir o peito à força
　　　　Bb7M
Numa procura
Gm7
Fugir às armadilhas
Bb/C　　　**F**　　**Gm7/C**
Da mata escura

F　　　　　　　　　**C/E**
Longe se vai sonhando demais
　Bb/D　　**C7**　　**F**
Mas onde se chega assim
Gm7　　　　　　　　**C7**
Vou descobrir o que me faz sentir
Bb　　**Bb/C**　　**F**　　**Bb**
Eu, caçador de mim...

Caçador de mim (continuação)

F
Nada a temer
Am   **Bb7M**
Senão o correr da luta
Gm7
Nada a fazer
Bb/C   **F** **Bb/C**
Senão esquecer o medo
F   **Am**
Abrir o peito à força
              Bb7M
Numa procura
Gm7
Fugir às armadilhas
Bb/C   **F**
Da mata escura
Am7   **Gm**   **F7M**   **Dm7**
Vou descobrir o que me faz sentir
Bb   **Bb/C**   **F**   **Bb** **F**
Eu, caçador de mim...

Boa noite, amor!

Valsa - Fá Maior   *José Maria de Abreu e Francisco Mattoso*

Introdução: Bb7M   Eb7(9)   F7M   D7   Gm7   C7   F

Gm7   C7   F7M
Quando a noite descer
Dm7   Gm   C7   F7M   D7(9-)
Insinuando um triste adeus
Gm7   C7   F7M
Olhando nos olhos teus
F#°   C   Am7   Dm   G7   Gm   C7
Hei de, beijando teus dedos, dizer:

Refrão:

        Gm7
Boa noite, amor
    C7(9-)
Meu grande amor
   F7M   Gm7   D7
Contigo eu sonharei
   C7   A7   Dm7
E a minha dor esquecerei
   G7(9)   G7
Se eu souber que o sonho teu
  C7(5+)   C7
Foi o mesmo sonho meu...

        Gm7
Boa noite, amor,
   C7(9-)
E sonha, enfim,
   F7M   F7   Bb
Pensando sempre em mim
F7(13)   Bb7M   Eb7(9)
Na carícia de um beijo
   F7M   D7
Que ficou no desejo...
      Gm7   C7   F   Bbm7   F7M(9)
Boa noite, meu grande amor!

Copyright 1936 by Irmãos Vitale S.A. Ind. e Com.

Canção que morre no ar

Canção - Ré Maior   **Carlos Lyra e Ronaldo Bôscoli**

Introdução: F#7M   Em7   A7   D7+   G7M   G#m7   C#7(9)

F#7M   F#6
Brinca no ar
Em7   A7(9-)   D7M
Um resto de canção
G#m7   C#7   F#7M F#6
Um rosto tão sereno
Em7   A7(9-)   D7M   G#7 C#7
Tão quieto de paixão
F#7M   F#6
Morre no ar
Em7   A7(9-)   D7M   G#m7
O sempre mesmo adeus
         C#7(9+)   F#7M
Meus olhos são teus olhos
            G#m7   E7
Para nós...
A6
Vem...
Cm7   F7(13)   Bb7M
O mundo é sempre amor
F/A   Gm7
O pranto me desliza
Bb/C   C7   F7M   F6
No seio de uma flor
Em7   A7   D7M
Terra, luz... anjo sol
A   C#m7 F#7   Bm7 E7
Mil carícias   você traz
          Em7   A7   D7M
Beijo, manso, luz e paz.

Copyright 1974 by Irmãos Vitale S.A. Ind. e Com.

Águas de março

Ré Maior *Antonio Carlos Jobim*

Introdução: D/C (4 compassos)

    D/C   Bm6
É pau, é pedra, é o fim do caminho
    Gm6/Bb   D7M/A
É um resto de toco, é um pouco sozinho
    Ab7(11+)   G7M
É um caco de vidro, é a vida, é o sol
    Gm6   D7M/A
É a noite, é a morte, é o laço, é o anzol
    Am7   D7   E/G#
É peroba do campo, é o nó da madeira
    Gm6   D7M/A
Caingá, Candeia, é o matita-pereira
    Am7   D7   E/G#
É madeira de vento, tombo de ribanceira
    Gm6   D7M/A
É o mistério profundo, é o queira ou não queira
    Am7   D7   E/G#
É o vento ventando, é o fim da ladeira
    Gm6   D7M/A
É a viga, é o vão, festa da cumeeira
    Am7   D7   E/G#
É a chuva chovendo, é conversa ribeira
    Gm6   D7M/A
Das águas de março, é o fim da canseira
    D/C   Bm6
É o pé, é o chão, é a marcha estradeira
    Gm6/Bb   D7M/A
Passarinho na mão, pedra de atiradeira
    Ab7(11+)   G7M
É uma ave no céu, uma ave no chão
    Gm6   D7M/A
É um regato, é uma fonte, é um pedaço de pão
    Am7   D7   E7/G#
É o fundo do poço, é o fim do caminho
    Gm6/Bb   D7M/A
No rosto o desgosto, é um pouco sozinho
    D/C   Bm6
É um estrepe, é um prego, é uma ponta, é um ponto
    Gm6/Bb   D7M/A
É um pingo pingando, é uma conta, é um conto
    Ab7(11+)   G7M
É um peixe, é um gesto, é uma prata brilhando
    Gm6   D7M/A
É a luz da manhã, é o tijolo chegando
    Am7   D7   E7/G#
É a lenha, é o dia, é o fim da picada

Copyright by Jobim Music Ltda.

Águas de março (continuação)

      Gm6   D7M/A
É a garrafa de cana, o estilhaço na estrada
    Am7   D7   E7/G#
É o projeto da casa, é o corpo na cama
     Gm6   D7M/A
É o carro enguiçado, é a lama, é a lama
    D/C   Bm6
É um passo, é uma ponte, é um sapo, é uma rã
     Gm6/Bb   D7M/A
É um resto de mato na luz da manhã
     Ab7(11+)   G7M
São as águas de março fechando o verão
    Gm6   D7M/A
É a promessa de vida no teu coração
   D/C   Bm6
É pau, é pedra, é o fim do caminho
    Gm6/B   D7M/A
É um resto de toco, é um pouco sozinho
    Am7   D7   E7/G#
É uma cobra, é um pau, é João, é José
    Gm6   D7M/A
É um espinho na mão, é um corte no pé
    Am7   D7   E7/G#
São as águas de março fechando o verão
    Gm6   D7M/A
É a promessa de vida no teu coração
  D/C   Bm6
É pau, é pedra, é o fim do caminho
    Gm6/Bb   D7M/A
É um resto de toco, é um pouco sozinho
   Dm7   E/D
É um passo, é uma ponte, é um sapo, é uma rã
   Gm6/D   D7M
É um Belo Horizonte, é a febre terçã
  Dm7   E/D
São as águas de março fechando o verão
   Eb/D   D7M
É a promessa de vida no teu coração
  D/C   Bm6
É pau, é pedra, é o fim do caminho
    Gm6/Bb   D7M/A
É um resto de toco, é um pouco sozinho
   Ab7(#11)   G7M
É um caco de vidro, é a vida, é o sol
    Gm6   D7M/A
É a noite, é a morte, é o laço, é o anzol
    Am7   D7   E7/G#
São as águas de março fechando o verão
    Gm6   D7M/A
É a promessa de vida no teu coração.

Espere por mim, morena

Toada - Fá Maior *Gonzaga Junior*

Introdução: Bb F/A Gm C7 F

Bb 　　　　　　　Am
Espere por mim, morena
Gm　　　　　　　F7M
Espere que eu chego já
　　　　　Eb　　　Dm7
O amor por você, morena
　　Cm7　　　　　　F
Faz a saudade me apressar

　　　Bb　　　　F/A
Tire um sono na rede
　　　Gm7　　　C7 F
Deixe a porta encostada
　　F7　　　　　　Bb
Que o vento da madrugada
Dm　　G7　　C7sus4 C7
Já me leva pra você
　　Gm7　　C7　F
E antes de acontecer
　　Bb/C　　　　　F
Do sol a barra vir quebrar
Eb　　　　　Dm
Estarei nos teus braços
　Cm7　　　　F
Pra nunca mais voar

　　Bb　　　　F
E nas noites de frio
　　Gm7　　　F
Serei o teu cobertor
　　F7　　　Bb
Esquentarei teu corpo
Dm7　　G7　C7sus4 C7
Com meu calor
　　Gm7　　C7 F
Minha santa, te juro
　　Bb/C　　　　　F
Por Deus, Nosso Senhor
　　Eb　　　　　　　Dm
Nunca mais, minha morena
　　Cm7　　　　F
Vou fugir do teu amor.

Copyright 1979 by Edições Musicais Moleque Ltda.

A paz

Si Bemol   *João Donato e Gilberto Gil*

Introdução: Eb/F F7

```
  Bb6(9)                        Cm7
A paz invadiu o meu coração
    Eb/F             F7        Bb6(9)
De repente me encheu de paz
                              Cm7
Como se o vento de um tufão
    Eb/F                   Db7M
Arrancasse os meus pés do chão
                       Cm7    Eb/F
Onde eu já não me enterro mais
   Bb6(9)                Cm7
A paz fez o mar da revolução
   Eb/F        F7        Bb6(9)
Invadir o meu destino, a paz
                            Cm7
Como aquela grande explosão
      Eb/F              Db7M
De uma bomba sobre o Japão
                    Cm7   F7   Ab7(13)
Fez renascer o Japão na paz


    Db7M
Eu pensei em mim
    Bbm7
Eu pensei em ti
     Ebm7      Ab7(13)
Eu chorei por nós
  Db7M
Que contradição,
    Bbm7           Eb/F        F/Eb
Só a guerra faz nosso amor em paz


   Bb6(9)                     Cm7
Eu vim, vim parar na beira do cais
     Eb/F        F7      Bb6(9)
Onde a estrada chegou ao fim
                        Cm7
Onde o fim da tarde é lilás
        Eb/F              Db7M
Onde o mar arrebenta em mim
                   Cm7    Eb/F
O lamento de tantos ais.
```

Coração leviano

Samba - Fá Maior   ***Paulinho da Viola***

Introdução: F6 ...

```
  F           A°           F        Gm7  C7
Trama em segredo teus planos
  F         D7      Gm   Eb7 D7
Parte sem dizer adeus
  Gm                          Bbm6   C7
Nem lembra dos meus desenga___nos
  G7        Gm           C7
Fere quem tudo perdeu
  Gm7   C7         F
Ah! coração leviano
          D7           Gm  C7 F
Não sabe o que fez do meu
  Gm7   C7          F
Este pobre navegante
  F6            Gm7 G7 Ab7 A7 Bb7
Meu coração amante
          Bb7           A7
Enfrentou a tempestade
  Dm          C7         F
No mar da paixão e da loucura
  Dm                G7
Fruto da minha aventura
                   Gm    C7
Em busca da felicida___de
  Gm7   C7       F    Bb7
Ah! coração, teu engano
           Eb7(9)      D7
Foi esperar por um bem
  Gm7     Bbm6     F
De um coração leviano
  D7           G7  C7    F6
(Que nunca será de ninguém)
    C7
Mas trama...
```

Bis

Fé cega, faca amolada

Ré Maior *Milton Nascimento e Ronaldo Bastos*

Introdução: (D G/D C/D G/D D) obs: Prosseguir com o ostinato a música toda.

Agora não pergunto mais aonde vai a estrada

Agora não espero mais aquela madrugada

Vai ser, vai ser, vai ter de ser, vai ser

Faca amolada

O brilho cego da paixão, a fé

Faca amolada

Deixar a sua luz brilhar e ser muito tranqüilo

Deixar o seu amor crescer e ser muito tranqüilo

Brilhar, brilhar, acontecer, brilhar

Faca amolada

Irmão, irmã, irmã, irmão de fé

Faca amolada

Plantar o trigo e refazer o pão de cada dia

Beber o vinho e renascer na luz de todo dia

A fé, a fé, paixão e fé, a fé

Faca amolada

O chão, o chão, o sal da terra, o chão

Faca amolada

Deixar a sua luz brilhar ao pão de todo dia

Deixar o seu amor crescer na luz de cada dia

Vai ser, vai ser, vai ter de ser, vai ser muito tranqüilo

O brilho cego da paixão, a fé,

Faca amolada.

Copyright 1982 by Três Pontas Edições Musicais Ltda. (50%) e Nascimento Edições Musicais Ltda. (50%)

Fim de noite

Chico Feitosa e
Ronaldo Bôscoli

Samba-canção - Dó Maior

Introdução: C7M(9) Am7 Fm7(9) Dm7(5-) C7M/G Bb°

       Dm7/A F/G
É fim de noite
    G7(9)   B/C C7M
Nossa estrela foi-se embo__ra
 Am7   Dm7 C/D
Seu olhar me diz agora
       D7   F/G G/A
Que eu vá embora também
 Bbdim Dm7/A F/G
Num fim de noite
    G7(9)   B/C C7M
Nossas mãos se separa__ram
 Am7   Dm7 G7(13)
Nossos rumos se trocaram
   G7   Bb/C C7(9)
Nunca mais eu vi você
 C7(9-) F7M(9) F6(9) Fm7 Dm7(5-) C7M/G C7M
E cada   dia, toda noi__te eu sofri
     Am7   Dm7 F/G
Numa estrela da manhã
  G7(9-) C6(9)   G/A Bb°
Eu me perdi.

Copyright 1965 by Edições Euterpe Ltda.

Lindo balão azul

Lá menor   **Guilherme Arantes**

Introdução: C F/C C F/C C G G7sus4 G

Am   Am7M   Am7 Am6
Eu vivo sempre no mundo da lua
  F
Porque sou um cientista
  F7
O meu papo é futurista
 E7sus4 E7 Am
É lunático
  Am   C   Em
Eu vivo sempre no mundo da lua
  Dm
Tenho alma de artista
  F7
Sou um gênio
    Dm7/E Dm6/E E7 Am
Sonhador e romântico
    Am7M   Am7 Am6
Eu vivo sempre no mundo da lua
  F
Porque sou aventureiro
  F7
Desde o meu primeiro passo
 E7sus4 E7 Am
Pro infinito
     C   Em
Eu vivo sempre no mundo da lua
  Dm
Porque sou inteligente
  F/G
Se você quer vir com a gente
 G7sus4   G C
Venha que será um barato

       F
Pegar carona nessa cauda de cometa
G
Ver a Via Láctea
 Em   Am
Estrada tão bonita   **Refrão**
      Bm7(5-)   Am/C
Brincar de esconde-esconde numa nebulosa **BIS**

Voltar pra casa
  Dm7 Gsus4
Em nosso lindo balão azul.

Rio

Samba - Sol menor

Roberto Menescal e Ronaldo Bôscoli

Introdução: Gm7 C7(9) Gm7 C7(9)

Gm7   C7
Rio, que mora no mar
         Gm7   C7
Sorrio do meu Rio, que tem no seu mar,
   F7M   Bb7
Lindas flores que nascem morenas
            Am7   D7
Num jardim de sol...
Gm7   C7
Rio, serras de veludo
         Gm7   C7
Sorrio do meu Rio, que sorri de tudo
     F7M   Bb7
Que é adorado quase todo dia
            Am7   D7
E alegre como a luz
G7M   F#7M
Rio é mar, é terno se fazer amar,
       F7M
O meu Rio é lua...,
           E7₄⁷   E7
Amiga branca e nua
Em7   A7(13)
É sol, é sal, é sul,
          Ebm7   Ab7
São mãos, se descobrindo em tanto azul
          Gm7
Por isso que meu Rio,

Da mulher beleza,
        Bbm7
Acaba num instante
        Eb7
Com qualquer tristeza,
       Am7
Meu Rio que não dorme,
      D7(9-)
Porque não se cansa,
        Gm7
Meu Rio que balança,
   C7(9)   F7M⁹
Sorrio, sorrio, sorrio.

Somos iguais

Bolero - Dó Maior *Ewaldo Gouveia e Jair Amorim*

Introdução: F7M Em7 Dm7 C7M(9) Dm7 G7

C   C7M(9) G7
Acabei de saber
C7M F   Em7
Que você riu de mim
F7M   Em7
E depois perguntou
       Dm7
Se eu vivi, se eu morri
      G7
Já que tudo acabou...
C F/G C7M(9) G7
Eu sei lá se você
C7M F Em7
Quis de fato saber
F7M   Em7
Pelo sim, pelo não,
      Dm7
Abro o meu coração
    Em7(5-) A7
É melhor lhe dizer:
Dm7   G7
Eu sou o mesmo que você deixou
C7M   A7
Eu vivo aqui onde você viveu
Dm7   G7sus4 G7
Existe em mim o mesmo amor
  Bb°   A7
Aquele amor que nunca mais foi meu
Dm7   G7
Por que viver... a... me humilhar assim?
C7M   A7
Por que matar esta ilusão em mim?
Dm7   G7
Você e eu somos iguais,
    C(add9) G7 C(add9)
Não mudamos jamais.

Nostradamus

Fox-balada - Mib Maior   *Eduardo Dusek*

Introdução: Eb Cm Ab7 Gm Db6 C7 Fm Ab/Bb Bb7

Bb7   **Eb**   **F#°**
Naquela manhã
                 Fm
Eu acordei tarde, de bode
        Bb7
Com tudo que sei
     Fm
Acendi uma vela
   Eb   **Abm/Cb**
Abri a janela, e pasmei

Alguns edifícios explodiam
        Abm
Pessoas corriam
            Abm/Gb   **Ab/Bb**   **Bb7**
Eu disse bom dia, ignorei
   Eb   **F#°**
Telefonei

Prum toque tenha qualquer
      Fm   **Bb7**   **Fm**
E não tinha, ninguém respondeu

Eu disse: Deus
   Bb7
Nostradamus
    Eb
Forças do bem e da maldade
Abm/Cb
Vudu, calamidade
          Abm7   **B/A**   **Ab/Bb**   **Bb7**
Juízo final,   então és tu?
Ab
De repente
      Ab/Bb
Na minha frente
          Bb/Ab   **Gm7(5-)**
A esquadria de alumínio caiu
               C7(9-)
Junto com o vidro fumê
              Fm7
O que fazer? Tudo ruiu

Começou tudo carcumê
Abm
Gritei, ninguém ouviu

Nostradamus (continuação)

      Gb/Bb   Eb Eb7
E olha que eu ainda fiz psiu.
Ab
O dia ficou noite
   Bb/Ab
O sol foi pro além
            Gm7
Eu preciso de alguém
Gm7(5-)   C7(9-)
Vou até a cozinha
                      Fm7
Encontro Carlota, a cozinheira, morta
               Abm6
Diante do meu pé, Zé!
     Bb7(5+)   Eb Eb7M Eb7
Eu falei, eu gritei, eu implorei!
  Ab7M Ab6 Fm7   B7 Bb7(9)
Levan___ta,   me serve um café...
            Eb
Que o mundo acabou...

Casinha branca

Toada - Fá Maior   **Gilson e Joram**

   F7M   Gm7   Am7
Eu tenho andado tão sozinho ultimamente
    Bb7M   F7M
Que nem vejo à minha frente
  Gm7   C7sus4 C7
Nada que me dê prazer
 F7M   Gm7   Am7
Sinto cada vez mais longe a felicidade
    Bb7M   F7M
Vendo em minha mocidade
 Gm7   C7sus4 C7
Tanto sonho perecer

Bb   C/Bb   Am7
Eu queria ter na vida simplesmente
   Dm7   Gm7   C7(9)   F7M F7
Um lugar de mato verde pra plantar e pra colher
Bb   C/Bb   Am7
Ter uma casinha branca de varanda | Refrão
   Dm7   Gm7   C7   F6 C7sus4 C7
Um quintal e uma janela, para ver o sol nascer.

 F7M   Gm7   Am7
Às vezes saio a caminhar pela cidade
   Bb7M   F7M
À procura de amizade
 Gm7   C7sus4 C7
Vou seguindo a multidão
 F7M   Gm7   Am7
Mas eu me retraio olhando em cada rosto
  Bb7M   F7M
Cada um tem seu mistério
  Gm7   C7(4)   C7
Seu sofrer, sua ilusão.

Refrão

Sem pecado e sem juízo

Ré menor **Baby Consuelo e Pepeu Gomes**

Introdução: Dm Dm/C# Dm/C Dm6/B

Dm   A7/C#
Dia após dia
   Dm/C   Dm6/B
Começo a encontrar
Gm   C7   F   G/A A7
Mais de mil maneiras de amar
Dm   A7/C#
Aqui nesta cidade
   Dm/C   Dm6/B
O pôr-do-sol e a paisagem
Gm   C7
Vêm beijar luar
        F   G/A A7
Doar felicidade

D   F#m
Tudo azul
G   G/A A7
Adão e Eva no paraíso
D   F#m
Tudo azul
G   G/A A7 Am
Sem pecado e sem juízo

BIS

      D7
E todo dia livres
G7M
Dois passarinhos
 C7(9 13)   F#m
Cantar, pra esse amor
Bm   Em A7   D
Superestar sempre feliz.

Mania de você

Dó menor   *Rita Lee e Roberto de Carvalho*

   Cm   F7   Cm   F7
Meu bem, você me dá água na boca
  Cm   F7   Fm7   Bb7
Vestindo fantasias, tirando a roupa
 Fm7   Bb7   Eb7M   Ab7M
Molhada de suor de tanto a gente se beijar
  Am7(5-)   Ab7(11+) F/G   G7
De tanto imaginar loucu___ras

  Cm   F7   Cm   F7
A gente faz amor por telepatia
   Cm   F7   Fm7 Bb7
No chão, no mar, na lua, na melodi__a
 Fm7   Bb7   Eb7M   Ab7M
Mania de você, de tanto a gente se beijar
  Am7(5-)   Ab7(11+) F/G   G7   Cm F7 Cm F7
De tanto imaginar loucu___ras

Cm7   F7
Nada melhor do que não fazer nada
Cm7   F7
Só pra deitar e rolar com você
Cm7   F7
Nada melhor do que não fazer nada
Cm7   F7
Só pra deitar e rolar com você.

Guardei minha viola

Samba - Fá Maior **Paulinho da Viola**

Introdução: Gm7 C7(9) F C7

   F   Dm7(9)   Gm7 C7(13)
Minha viola vai pro fundo do baú
    C7(9)   F7M Gm7 C7 F7M
Não haverá mais ilusão
       Ab°   Gm7
Quero esquecer, ela não deixa   *Bis*
  Bb/C   C7 F
Alguém que só me fez ingratidão
      C7
Minha viola

 D7   Gm7
No Carnaval
 C7   F7M Dm7(9)
Quero afastar
    Gm7
As mágoas que meu
  C7   F7M
Samba não desfaz
     A7   Dm   D7
Pra facilitar o meu desejo
  Gm7   C7
Guardei meu violão
  F
Não toco mais
     C7(13)
Minha viola.

E nada mais

Bossa - Dó Maior   *Durval Ferreira e Lula Freire*

Introdução: F7M Dm F F#m7(9) A/B Em7(9) G/A Dm7(9) F/G G7

C7M
Um sambinha é bom
         Bm7   E7
Quando ele é fácil de cantar
     Am7   Am9
E quando vem a inspiração
    Gm7   C7(9) C7(13)
É natural uma canção
F7M(5+)   Dm/F
Tem que se mostrar
 F/G   Em7   G/A
Como de fato ele nasceu
 A7(5+)   Dm7/A
E sem querer insinuar
          F6/G   G7(9)
Que há outra história por contar
C7M
Qual o pescador
    Bm7   E7
Que vive sem falar no mar
    Am7   Am9
Qual foi o amor que não viveu,
    Gm7   C7(9) C7(13)
Cresceu, morreu e se perdeu
    F7M(5+)   Dm/F
E toda história viverá
    F/G   Em7   G/A
Quem com ternura só cantar
A7(5+)Dm7/A
E toda gente há de ver
   Fm6
E facilmente compreender
     E7sus4   E7
Que o que se quer é mesmo paz
  A7M(9)
E nada mais...

Banho de espuma

Fá Maior *Rita Lee e Roberto de Carvalho*

Introdução: Bb/C C7 Am7 D7 Bb/C C7 F

F7M   D7   Gm7
Que tal nós dois
C7   F7M
Numa banheira de espuma
      D7   Gm7   C7/9   Gm7
El cuerpo caliente, um dolce far niente
          C7/9   G/A   A7
Sem culpa nenhu___ma
      Bb   B°   F7M(9)   D7
Fazendo massagem,   relaxando a tensão
                        Gm7
Em plena vagabundagem
           C7   F
Com toda disposição
         D7   Gm
Falando muita bobagem
                  C7   F
Esfregando com água e sabão

                                         Que tal nós dois etc...

Cm7   F7   Bb7M
Lá no reino de Afrodite
Dm7   G7   C7M
O amor passa dos limites
Cm7   F7   Bb7M
Quem quiser que se habilite
    Dm7   G7   C7
O que não falta é apeti___te.

Lamento no morro

Samba - Ré menor   **Tom Jobim e Vinicius de Moraes**

Introdução: Dm7 G7(9) Dm7 G7

Dm   Gm7 C7   F7M
Não!... Posso esquecer
F7   Bb7M
O teu olhar
A7   Dm   G7(9)
Longe dos olhos meus
Dm   Gm7 C7   F7M
Ai! O meu viver
F7   Bb7M
É te esperar
A7   Dm
Pra te dizer adeus
       Gm7 A7   Dm7
Mulher ama__da
       Gm7 C7(5+) F7M
Desti__no meu
     E7   A7   Dm   Dm/C
É ma__drugada
    Bm7(5-)   Bb7
Sereno dos meus olhos
                 A7
Já correu...

(voltar e terminar)
F7   Bb7M   A7
Pra te dizer adeus
              Dm   F7
Pra te dizer adeus
           Bb7M   A7
Pra te dizer adeus
                Dm
Pra te dizer adeus...

BIS

Espelhos d'água

Mi Maior   *Dalto e Claudio Rabello*

Introdução: A B/A Esus4/A B/A C#m7 B/C# C#m7 A B7sus4 E A/B

```
E                            A/E
Os seus olhos são espelhos d'água
F#m7         B/A         E7M  A/E
Brilhando você pra qualquer um
E                           A/E
Hum, por onde esse amor andava
F#m7           B/A           E7M  D/E  E7
Que não quis você de jeito algum
A            B/A         D/E
Hum, que vontade de ter você
         E7           F#7/A#  Am6
Que vontade de perguntar
            E  D/E E7
Se ainda é cedo...
A            B/A         D/E
Hum, que vontade de merecer
         E7           F#/A#  Am6
O cantinho do seu olhar
                  E
Mas tenho medo...
```

Iluminados

Dó Maior   *Ivan Lins e Vitor Martins*

Introdução: C7M(9) Fm7(11) G7sus4 C7M(9) Fm7(11) G7sus4 C(add9)

Am7(9)   Fm7(9)   G7sus4   C7M(9)
O amor tem feito coisas
Am7(9)   Fm7(9)   G7sus4   C7M(9)
Que até mesmo Deus duvida
Am7(9)   Dm7   F/G   G/F   Em7(9 11)
Já curou desenganados
Fm7(9 11)   Dm7   G7sus4   C(add9)
Já fechou tanta ferida
Am7(9)   Fm7(9)   G7sus4   C7M(9)
O amor junta os pedaços
Am7(9)   Fm7(9)   G7sus4   C7M(9)
Quando o coração se quebra
Am7(9)   Dm7   F/G   G/F   Em7(9 11)
Mesmo que seja de aço
Fm7(9 11)   Dm7   G7sus4   Gm7(9)
Mesmo que seja de pedra
C7   F7M   Dm7   Fm7(9)
Fica tão cicatrizado
Bb7(9)   Eb7M(9)   Cm7   Ebm7(9)
Que ninguém diz que é colado
Ab7(9)   Db(add9)
Foi assim que fez em mim
Dm7(11)
Foi assim que fez em nós
G7(9)   C7M   Gm7(9)
Esse amor iluminado.
C7M(9)   Am7(9)   Fm7(11)   Ab7M/Bb   C7M(9)

BIS

Bom dia, tristeza

Canção - Ré menor   **Adoniran Barbosa e Vinicius de Moraes**

A7(5+)   Dm
Bom dia, tristeza
Gm6/Bb   A7(5+)   Dm   Gm/Bb   A7
Que tarde, tristeza
Dm   Bb7M   G/A   A7
Você veio hoje me ver
Gm/Bb   A7
Já estava ficando
Gm/Bb   A7
Até meio triste
Em7(5-)   A7
De estar tanto tempo
Dm
Longe de você
D7   Gm   C7
Se chegue, tristeza
F7M
Se sente comigo
Fm7   Bb7   A
Aqui nesta mesa de bar
D7(9-)   Gm7   C7(9-)
Beba do meu copo
F   Bb7M
Me dê o seu ombro
Bm7(4)   E7   A7
Que é   para eu chorar
Bb7
Chorar de tristeza
G/A   A7   Dm   A7
Tristeza de amar.
Bb7M   Am7   Gm7   Eb7M   Dm(add9)

Sol de primavera

Mi Maior   **Beto Guedes e Ronaldo Bastos**

Introdução: D7M/A A/C# D7M/A A7M/E B/F# A(add9) B7/4(9)

E   C#m7
Quando entrar setembro
G#m7   C#m7   A7M(9) A6/C#
E a boa-nova andar nos cam____pos
B   A
Quero ver brotar o perdão
B   A(add9)
Onde a gente plantou
  B7/4(9)   E
(Juntos outra vez)
           C#m7
Já sonhamos juntos
G#m7   C#m7   A7M(9) A6/C#
Semeando as canções no ven____to
B   A
Quero ver crescer nossa voz
B   A(add9)
No que falta sonhar
E   C#m7
Já choramos muito
G#m7   C#m7   A7M(9) A6/C#
Muitos se perderam no cami____nho
B   A
Mesmo assim não custa inventar
B   A(add9)
Uma nova canção
  B7/4(9)   E
(Que venha nos trazer)
          C#m7
Sol de primavera
G#m7   C#m7   A7M(9) A6/C#
Abre as janelas do meu pei____to
B   A
A lição sabemos de cor
B   A(add9)
Só nos resta aprender.

Manhãs de setembro

Fá Maior *Vanusa e Mário Campanha*

[F]
Fui eu quem se fechou no mundo
 [C]
E se guardou lá fora
[Bb]   [Bb/C]   [F]
Fui eu quem num esforço se guardou na indiferença
[F]   [C]
Fui eu quem numa tarde se fez tarde de tristezas
[Bb]   [C7]   [F]
Fui eu que consegui ficar e ir embora
[F]   [Am]   [Bm]
E fui esqueci___da, fui eu
[Bm]
Fui eu que em noite fria se sentia bem
[Am]   [Bm]
E na solidão, sem ter ninguém, fui eu
                                [F]   [F/Eb]
Fui eu que em primavera só não viu as flores
   [Dm] [Db5+]   [F/C]   [Ab]   [Bb] [Bb/C] [C]
O sol   nas manhãs   de setembro
   [F]   [Am]
Eu quero sair, eu quero falar
    [Bb]   [C]   2ª vez: | BIS
Eu quero ensinar os vizinhos a cantar [G7] |
       [F]   [Bb]
Nas manhãs de setembro
       [F]   [Bb]
Nas manhãs de setembro.
(Para final) [F] [C7] [F]

Sereia

Fá Maior   **Lulu Santos e Nelson Motta**

Introdução: F

F   C
Clara como a luz do sol
      Dm   C
Clareia luminosa nessa escuridão
F   C
Bela como a luz da lua
      Dm   C
Estrela do Oriente nesses mares do sul
      Gm7   Am7
Clareia azul do céu, na paisagem
    Bb   Gm7
Será magia, miragem, milagre
C   F
Será mistério

[BIS]

Gm7   Am7 Gm7
Prateando o horizon___te
                    Am7   F   F7M
Brilham rios e fontes numa cascata de luz
Gm7   Bbm
No espelho dessas águas
                   G
Vejo a face luminosa do amor
                   C
As ondas vão e vêm e vão e são como o tempo
F   C
Luz do divinal querer
    Dm   Am
Seria uma sereia ou seria só
     Bb   C   F   Dm
Delírio tropical, fantasia ou será...
            Bb
Um sonho de criança
  C   F
Sob um sol da manhã.

Copyright Nelsongs Edições Musicais Ltda.

Brigas nunca mais

Bossa-nova - Fá Maior

*Antonio Carlos Jobim
e Vinicius de Moraes*

Introdução: F7M Bb7(9 11+) F7M Bb7(9 11+) F7M C7(9-,13)

    F7M   E7   Eb7M
Chorou, sorriu, venceu
      D7   Gm7 D7(9-)
Depois chorou, então fui eu
      Gm7   C7
Quem consolou sua tristeza
   F7M   Ab°
Na certeza de que só o amor
     Gm7 Em7(5-) A7(5+)
Tem destas fases más
  Dm7   G7(13) Gm7
E é bom para fazer as pa__zes
C7(9-) F7M   E7
Mas depois fui eu
   Eb7M   D7
Quem dela precisou
   Gm7 D7(9-)   Gm7
E ela então   me socorreu
   C7(9)
E o nosso amor
       F7M   F7(5+)
Mostrou que veio pra ficar
    Bb7M
Mais uma vez
   Bbm6
Por toda vida
F7M/C Bb/C   F7M/C   Bbm6
Bom é mesmo amar em paz
Am7 D7(9-) G7(5+) C7(9) F(add9)
Bri__gas nunca   mais.

Amor de índio

Dó Maior   ***Beto Guedes e Ronaldo Bastos***

Introdução: AM7(9)   D6(9)/A   AM7(9)   D6(9)/A

[AM7(9)/E] Tudo que move é [D6(9)/F#] sagrado
E [AM7(9)/E] remove as montanhas com todo [D6(9)/F#] cuidado, meu amor
[AM7(9)] Enquanto a chama arder
[DM7] Todo dia te ver passar
[AM7(9)/E] Tudo viver a teu [D6(9)/F#] lado
Com o [AM7(9)/E] arco da promessa no azul [D6(9)/F#] pintado pra durar

[AM7(9)] Abelha fazendo mel vale o [D6(9)/F#] tempo que não voou
A [AM7(9)/E] estrela caiu do céu, o [D6(9)/F#] pedido que se pensou
[F#m7] O destino que se cumpriu
De [C#m7/E] sentir teu [F#m7] calor e ser [Bm] to__[Bm6]do [Bm7] [E7(9 11 13)]
[F#m7] Todo dia é de viver para [C#m7/E] ser o que [F#m7] for e ser [Bm7] tu__[D/E]do

[AM7(9)] Sim, todo amor é [D6(9)/F#] sagrado
E o [AM7(9)/E] fruto do trabalho é mais que [D6(9)/F#] sagrado, meu amor
A [AM7(9)/E] massa que faz o pão vale a [DM7] luz do teu suor
[AM7(9)] Lembra que o sono é [D6(9)/F#] sagrado
E alimenta de [AM7(9)/E] horizon__tes
O [D6(9)/F#] tempo acordado de viver

No [AM7(9)] inverno te proteger
No [D6(9)/F#] verão sair pra pescar
No [AM7(9)/E] outono te conhecer

Amor de índio (continuação)

D6(9)/F#
Primavera poder gostar
   F#m7
No estio me derreter
   C#m7/E **F#m7**   **Bm7(9 11)** **D(add9)** **E7(4 9)**
Pra na chuva dançar e andar jun__to
  F#m7
O destino que se cumpriu
  C#M7/E   **F#m7**   **Bm7** **D/E**
De sentir teu calor e ser todo.

Admirável gado novo

Fá Maior *Zé Ramalho*

Introdução: F F5+ F6 F5+   F F5+ F6 F5+

F　　　　　　F5+　　　　F6　　　　　F5+
Vocês que fazem parte dessa massa
F　　　　　　F5+　　　F6　　　　F5+
Que passa nos projetos do futuro
F　　　　F5+　　　　F6　　　F5+
É duro tanto ter que caminhar
F　　　　　F5+　　　　　F6　　　F5+
E dar muito mais do que receber
Gm　　　　　　A7　　　　Dm　　C
E ter que demonstrar sua coragem
Gm　　　　A7　　　　Dm　　C
À margem do que possa parecer
Gm　　　　　A7　　　　Dm　　C
E ver que toda essa engrenagem
Gm　　　　A7　　　　Dm　　Bb/C
Já sente a ferrugem lhe comer

F　　　Bb　　　F　　Bb
Eh Eh ô vida de gado
　　　F　　Bb　　　　F　　Bb/C | BIS
Povo marcado! Eh! Povo feliz!

F　　　　　F5+　　　　　F6　　　　F5+
Lá fora faz um tempo confortável
F　　　　　F5+　　　F6　　　F5+
A vigilância cuida do normal
F　　　　　F5+　　　F6　　　F5+
Os automóveis ouvem a notícia
F　　　　F5+　　　　F6　　　F5+
Os homens a publicam no jornal
Gm　　　　　A7　　　　Dm　　C
E correm através da madrugada
Gm　　　　A7　　　Dm　　C
A única velhice que chegou
Gm　　　　　A7　　　Dm　　C
Demoram-se na beira da estrada
Gm　　　　A7　　　　Dm　　Bb/C
E passam a contar o que sobrou

F　　　Bb　　　F　　Bb
Eh Eh ô vida de gado
　　　F　　Bb　　　F　　Bb/C | BIS
Povo marcado! Eh! Povo feliz!

Copyright 1979 by EMI Songs do Brasil Edições Musicais Ltda.

Admirável gado novo (continuação)

  F   F5+   F6   F5+
O povo foge da ignorância
 F   F5+   F6   F5+
Apesar de viver tão perto dela
 F   F5+   F6   F5+
E sonham com melhores tempos idos
 F   F5+   F6   F5+
Contemplam essa vida numa cela
 Gm   A7   Dm C
Esperam nova possibilidade
 Gm   A7   Dm   C
De verem esse mundo se acabar
 Gm   A7   Dm C
A arca de Noé, o dirigível
  Gm   A7   Dm   Bb/C C
Não voam nem se pode flutuar

 F   Bb   F   Bb
Eh, Eh ô vida de gado
     F   Bb   F   Bb/C
Povo marcado! Eh! Povo feliz! | BIS

Linha de passe

João Bosco, Paulo Emilio e Aldir Blanc

Samba - Sol Maior

Introdução: C/D G(add9) Gm6 G(add9) Gm6

G　　　　　Gm6　　　　G　　　　　Gm6
Toca de tatu, lingüiça e paio, belzebu
G　　　　　Gm6　　　　G　　　Gm6
Rabada com angu, rabo-de-saia
G　　　　Gm6　　　　G　　　　　Gm6
Naco de peru, lombo de porco com tutu
G　　　　Gm6　　　　G　　G7
E bolo de fubá, barriga-d'água
C7　　　　A7/C#　　　　　G/D　　　　E7
Há um diz-que-tem e no balaio tem também
　　　　　　A7
Um só bordão bordando
C/D　　　　　G　　　　G7
O som, dedão, violação e diz
C7　　　　A/7C#　　　　　G/D　　　　E7
Diz um diz-que-viu e no balaio viu também
　　　A7　　　　C/D　　D7　　G　　　G(add9)
Um pega lá no toma-lá-dá-cá do samba.
B7　　　　　　　　Em7　　　Em6
Caldo de feijão, um vatapá, coração
B7　　　　　　　　Em7　　　　　　Em6
Boca-de-siri, um namorado, um mexilhão
A7　　　　　　　　　　　D6(9)
E água de benzê, linha de passe, chimarrão
A7　　　　　　D7
Babaluaê, rabo-de-arraia e confusão...

Toca de tatu...

G7　 C　　　　　A7/C#　G/D　　　　Em7
Cama e cafuné, fandango e cassulê
　A7　D7　G7　　　C　　　　　C#dim
Sereno e pé no chão, bala, candomblé,
　　　　G/D　　　　　Em7　　　Am7　D7(9)　G(add9)
E o meu café, cadê? Não tem, vai pão com pão
　B7　　　　　　　　Em7　　　　　Em6
Já era a tirolesa, o Garrincha, a galeria,
B7　　　　　　　　Em7　　　　　　　　Em6
A Mayrink Veiga, o vai-da-valsa, e hoje em dia
　　　　A7　　　　　　　　D6/(9)
Rola a bola, é sola, esfola, cola, é pau-a-pau,
A7　　　　　　　　　D7
E lá vem Portellas que nem Marquês de Pombal,

Linha de passe (continuação)

|G|Gm6|G|Gm6|
Mal, isso assim vai mal, mas viva o Carnaval,
|G|Gm6|G|Gm6|
Light e sarongues, bodes, louras, King Kongs,
|G|Gm6|G|Gm6|
Meu pirão primeiro, é muita marmelada,
|G|Gm6|G7|
Puxa-saco, cata-resto, pato, jogo de cabresto
      C   A/7C# G/D   E7
E a pedalada quebra outro nariz, na cara do juiz.
A7 D7 G   G7
Ai,   e há quem faça uma cachorrada
   C   C#dim   G/D   E7
E fique na banheira, ou jogue pra torcida
   A7   C/D Am7 G(add9)
Feliz da vida...

Começo, meio e fim

Sol Maior   *Tavito, Ney Azambuja e Paulo Sérgio Valle*

Introdução: C(add9) G/B Am D7/4 D7 C(add9) G/B Am D7/4 D7

A vida tem sons [G]
Que pra gente ouvir [Cm/G]
Precisa entender [G]
Que um amor de verdade [G7]   [C(add9)]
É feito canção [D/C] [Bm]
Qualquer coisa assim [Em]
Que tem seu começo [A7/4]   [A7]
Seu meio e seu fim [D7/4] [D7] [G]

A vida tem sons
Que pra gente ouvir [Cm/G]
Precisa aprender [G]
A começar de novo [G7]   [C(add9)]
É como tocar [D/C]
O mesmo violão [Bm]   [Em]
E nele compor [A7/4]   [A7]
Uma nova canção [Cm7]   [F7]
Que fale de amor [Bb]   [Bb7]
Que faça chorar [Eb/G]
Que toque mais forte
Esse meu coração [Am7(11)] [D7] [D7/4] [D7] [C]

Começo, meio e fim (continuação)

Ah! co[G/B]ração
Se a[Am]pronta pra reco[D7]me[G7/4]çar [G7] [C]
Ah! co[G/B]ração
Es[A7/4]quece esse [A7]medo
De a[D7/4]mar de [D7]novo.

BIS

Caso comum de trânsito

Sol Maior **Belchior**

Introdução: G D7

  G   D
Faz tempo que ninguém canta uma canção
      C   G
Falando fácil, claro, fácil, claramente
               D   C
Das coisas que acontecem todo dia
               G
Em nosso tempo e lugar
                    D
Você fica perdendo o sono,
          C
Pretendendo ser o dono das palavras
  G
Ser a voz do que é novo.
                         D
E a vida, sempre nova, acontecendo de surpresa,
 C   G
Caindo como pedra sobre o povo!
                       D
E, à tarde, quando eu volto do trabalho,
  C   G
Mestre Joaquim pergunta assim pra mim:
                 D
– Como vão as coisas, como vão as coisas,
    C   G
Como vão as coisas, menino?
E eu respondo assim:
                    D
– Minha namorada voltou para o Norte,
      C
Ficou quase louca
         G
E arranjou um emprego muito bom.
               D   C
Meu melhor amigo foi atropelado voltando pra casa...
           G
(Caso comum de trânsito,
           D
Caso comum de trânsito,
           C
Caso comum de trânsito,
           G
Caso comum de trânsito!)
     G   D   (Em)
Pela geografia aprendi que há no mundo

Caso comum de trânsito (continuação)

Um lugar onde um jovem como eu^C
Pode amar e ser feliz^G
Procurei passagem, avião, navio^D...
Não havia l^Cinha praquele país^G
(Não havia lin^Dha, não havia linha praquele país^C) ^Em
Deite ao meu lad^Go.
Dê-me o seu beij^Do.
Toda n^Coite o meu corpo será teu^G.
Eles vêm buscar-me na manhã aberta^D:
A prova ma^Cis certa que amanheceu^G
(Não amanh^Deceu, não amanheceu^C,
Não amanhec^Geu, menina.
Não amanheceu, não amanhec^Deu,
Não aman^Chec^Emeu ainda!)

Aos nossos filhos

Dó Maior   *Ivan Lins e Vitor Martins*

Introdução: C Dm G7 C Dm7

Dm7(9)   G7
Perdoem a cara amarrada
Dm7(9)   F/G G7
Perdoem a falta de abraço
Gm7   C7(9)   F7M Bb7M
Perdoem a falta de espaço
Bm7(5-) E7(9-) Gm/Bb G7M/A A7(5+)
Os dias   eram assim

Dm7(9)   G7
Perdoem por tantos perigos
Dm7(9)   F/G G7
Perdoem a falta de abrigo
Gm7   C7(9)   F7M Bb7M
Perdoem a falta de amigos
Bm7(5-) E7(9-) G/A
Os dias   eram assim

F7M(9)   G/F
Perdoem a falta de folhas
C7M   C(add9)E
Perdoem a falta de ar
B$^7_4$(9)   Eb7M/Bb
Perdoem a falta de escolha
B$^7_4$(9)   C7M(9) Am7(9)
Os dias   eram   assim

Dm7(9)   G7
E quando passarem a limpo
Dm7(9)   F/G G7
E quando cortarem os laços
Gm7   C7(9)   F7M Bb7M
E quando soltarem os cintos
Bm7(5-) E7(9-) Gm/Bb G7M/A A7(5+)
Façam a festa por mim...

Dm7(9)   G7
Quando lavarem a mágoa
Dm7(9)   F/G G7
Quando lavarem a alma
Gm7   C7(9)   F7M Bb7M
Quando lavarem a água

Aos nossos filhos (continuação)

  Bm7(5-)   E7(9-)   G/A
Lavem os olhos por mim

 F7M   G/F
Quando brotarem as flores
 C7M   C(add9)/E
Quando crescerem as matas
 B$_4^7$(9)   Eb7M/Bb
Quando colherem os frutos
 B$_4^7$(9)   C7M(9)
Digam   o gosto pra mim...

Eu apenas queria que você soubesse

Fá Maior   ***Gonzaga Junior***
Introdução: A7M F7M G7M C$_4^7$(9)

F7M
Eu apenas queria

Que você soubesse
Dm7
Que aquela alegria

Ainda está comigo
Bb7M
E que a minha ternura
Bb/C   **C7**
Não ficou na estrada
F7M   **Dm7**   **Gm7** **C7**
Não ficou no tempo, presa na poeira
F7M
Eu apenas queria

Que você soubesse
Dm7
Que esta menina

Hoje é uma mulher
Bb7M
E que esta mulher
Bb/C **C7**
É uma menina
F7M   **Dm7**
Que colheu seu fruto
Gm7   **C7**
Flor do seu carinho

F7M   **Cm7**
Eu apenas queria dizer
F7   **Bb**
A todo mundo que me gosta
Bbm/Db   **F/C**
Que hoje eu me gosto muito mais
Dm   **Csus4** **C7**
Porque me entendo muito mais também
F6(9)
E que a atitude de recomeçar
Cm7 **F7** **Bb7M**
É todo dia, toda hora

Eu apenas queria que você soubesse (continuação)

     Bbm/Db   **F/C**
É se respeitar na sua força e fé
  Dm7   **F**   **Ab** **Bb/C** **C7**
E se olhar bem fundo até o dedão do pé

  F7M
Eu apenas queria

Que você soubesse
  Dm7
Que essa criança

Brinca nesta roda
  Bb7M
E não teme o corte
 Bb/C **C7**
Das novas feridas
  F7M   **Dm**
Pois tem a saúde que aprendeu
 Bb/C **C7**
Com a vida.

Separação

Dó Maior   ***José Augusto e Paulo Sergio Valle***

      Dm7
Melhor assim
  F/G   **G7**   **C7M(9)**
A gente já não se entendia muito bem
  Am7   **Dm7**
E a discussão já era a coisa mais comum
  F/G   **G7**   **C7M** **G/A** **A7(9)**
E havia tanta indiferença em teu olhar

      Dm7
Melhor assim
  G7(13)   **C7M(9)**
Pra que fingir se você já não tem amor
  Am7   **Dm7**
Se teus desejos já não me procuram mais
  D7   **Dm7**   **G7** **A7(9)**
Se na verdade pra você eu já não sou ninguém

      Dm7
De coração
  G7(13)   **C7M(9)**
Eu só queria que você fosse feliz
    Am7   **Dm7**
Que outra consiga te fazer o que eu não fiz
  G7   **Gm7** **C7**
Que você tenha tudo aquilo que sonhou

    F7M
Mas vá embora antes que a dor
  F#º   **C7M/G**
Machuque mais meu coração
  A7   **Dm7**
Antes que eu morra me humilhando de paixão
  G7   **Gm7** **C7**
E me ajoelhe implorando pra ficar comigo

Separação (continuação)

Não diz mais nada
      F7M

F#°
A dor é minha, eu me agüento, pode crer
                                    C7M/G

          A7   **Dm7**
Mesmo que eu tenha que chorar pra aprender
      G7   **C**   **Gm7** **C7**
Como esquecer você.

Fotografia

Bossa - Fá Maior　　　　　　　　　　*Antonio Carlos Jobim*

F7M(9)
Eu...

Você, nós dois
　　　　　Bb7/4(13)
Aqui neste terraço
　　Bb7(13)
À beira-mar
　　　　　F7M(9)
O sol já vai caindo

E o seu olhar
　　　　Am7(5-)　　　**D7(9-)**
Parece acompanhar a cor do mar
　　　　　　　　Gm7(9)
Você tem que ir embora
Gm/F　　**Em7(5-)**
A tarde cai
　　A7(5+)　　**Dm7**　　**G7(9,11+,13)**
Em cores se desfaz, escureceu
　　　　　Gm7
O sol caiu no mar
　　　　C7/4(9-)
E aquela luz
　　　　　　　F7M(9)
Lá embaixo se acendeu
　　Bb7/4(13)
Você e eu
F7M(9)
Eu...

Você, nós dois
　　　　　Bb7/4(13)
Sozinhos neste bar
　　Bb7(13)
À meia-luz
　　　　　F7M(9)
E uma grande lua

Saiu do mar
　　　　　　Am7(5-)
Parece que este bar
　　D7(9-)
Já vai fechar
　　　　　Gm7(9)
E há sempre uma canção

Fotografia (continuação)

   Gm/F   Em7(5-)
Para cantar
  A7(5+)   Dm7
Aquela velha história
        G7(9,11+,13)
De um desejo
             Gm7
Que todas as canções
       C7/4(9-)
Têm pra contar
          F7M(9)
E veio aquele beijo
    Bb7/4(13)
Aquele beijo
   F7M
Aquele beijo.

Qualquer coisa

Ré menor   *Caetano Veloso*

Introdução: Dm7(9) G7 C7M E7/D G/A A7

[Dm7] Esse papo já tá qualquer [G7] coisa
[C7M] Você já tá pra lá de Mar[E7]ra[A]kesh [A7]
[Dm7] Mexe qualquer coisa dentro [G7] doida
[C7M] Já qualquer coisa doida [E7] dentro [A] mexe [A7]
[Bb7M] Não se avexe não, baião-de-dois
Deixe de manha, [A7] deixe de manha

Pois sem essa aranha, sem essa aranha,
[Bb7M] Sem essa aranha

Nem a sanha arranha o carro
Nem o sarro arranha a [A7] Espanha

Meça tamanha, meça tamanha
[Bb7M] Esse papo seu já tá [D7M] de manhã
[Em7(9)] Berro pelo a[A7(13)]terro, pelo [Em7(9)] deste[A7(13)]rro
[D7M] Berro por seu [D°] berro, pelo [D7M] seu er[F°]ro
[Em7] Quero que você [A7(13)] ganhe
[Em7] Que você me [A7] apanhe
[F#m7(5-)] Sou o seu [B7] bezerro gri[F#m7(5-)]tando ma[B7]mãe
[Em7] Esse papo meu tá qualquer [Gm7] coisa
Você já tá pra lá de [Dm] Teerã - qualquer [G7] coisa
[C7M] Você já tá pra lá de [E7] Marra[A7]kesh
[Dm7(9)] Mexe qualquer coisa dentro [G7] doida
[C7M] Já qualquer coisa [E7] doida dentro [A7] mexe

Não se avexe não, etc...

Maluco beleza

Dó Maior   **Raul Seixas e Claudio Roberto**

Introdução: C   Dm7   F/G

[C]Enquanto você se es[G/B]força
Pra ser [Am]um sujeito [F]normal[G7]
E fazer [C]tudo i[G7]gual
[C]Eu, do meu lado
A[G/B]prendendo a ser [Am]louco
[F]Maluco [G7]total na loucura [C]real [Dm]
Controlando a minha malu[G7]quez [Dm]
Misturada com minha lu[G7]cidez
[C]Vou ficar,
[E7]Ficar com [F]certeza
Maluco be[G]leza eu vou ficar
[C]Vou ficar,
[E7]Ficar com [F]certeza
Maluco be[G]leza.
[C]E esse caminho
Que eu [G/B]mesmo esco[Am]lhi
É tão [F]fácil se[G7]guir
Por não ter [C]onde ir [Dm]
Controlando a minha malu[G7]quez [Dm]
Misturada com minha lu[G7]cidez
[C]Vou ficar
[E7]Ficar com [F]certeza
Maluco be[G]leza eu vou fi[C]car.

BIS

O trem das sete

Lá Maior *Raul Seixas*

Introdução: A(add9)

A(add9)
Ói, ói o trem

Vem surgindo de trás

Das montanhas azuis
    A(add9)
Olha o trem

Ói, ói o trem
 D
Vem trazendo de longe
E7   A(add9)
As cinzas do velho neon
       D
Ói, já é vem, fumegando, apitando,
E7   A(add9)
Chamando os que sabem do trem

Ói, é o trem
   D
Não precisa passagem
E7   A(add9)
Nem mesmo bagagem no trem

    E7   A
Quem vai chorar, quem vai sorrir,
    E7   A
Quem vai ficar, quem vai partir
   E7   A
Pois o trem está chegando
  E7   A
Está chegando na estação
E7   A
É o trem das sete horas
E7   A   E7
É o último do sertão, do sertão

A(add9)
Ói, olha o céu
 D
Já não é o mesmo céu
 E7
Que você conheceu

A(add9)
Não é mais

Vê, ói que céu

D
É um céu carregado

E7 A(add9)
E rajado suspenso no ar

Vê, é o sinal

D
É o sinal das trombetas

E7 A(add9)
Dos anjos e dos guardiões

Ói, lá vem Deus

D
Deslizando no céu

E7 A(add9)
Entre plumas de mil megatons

D
Ói, ói o mal, vem de braços

E7
E abraços com o bem

F#m
Num romance astral

E A
A – mém.

Cálice

Sol Maior

Gilberto Gil e
Chico Buarque de Hollanda

Introdução: G C G/D D C B D#° Em A D/F# G C G/B D7/A G

G   B/F#
Pai, afasta de mim este cálice
            C/G
Pai, afasta de mim este cálice
A/C#   G/D
Pai, afasta de mim este cálice
D7   G
De vinho tinto de sangue

| REFRÃO

        Em   Em7M
Como beber desta bebida amarga
   Em7   A7/E
Tragar a dor, engolir a labuta
     C/E   A7/E
Mesmo calada a boca, resta o peito
     D7   G   B7
Silêncio na cidade não se escuta
           Em   Em7M
De que me vale ser filho da santa
     Em7   A7/E
Melhor seria ser filho da outra
     C/E   A7/E
Outra realidade menos morta
     D7   G
Tanta mentira, tanta força bruta

REFRÃO: Pai, etc...

        Em   Em7M
Como é difícil acordar calado
   Em7   A7/E
Se na calada da noite eu me dano
    C/E   A7/E
Quero lançar um grito desumano
         D7   G
Que é uma maneira de ser escutado
         Em   Em7M
Este silêncio todo me atordoa
    Em7   A7/E
Atordoado, eu permaneço atento
        C/E   A7/E
Na arquibancada pra a qualquer momento

Cálice (continuação)

      D7   G
Ver emergir o monstro da lagoa

REFRÃO: Pai, etc...

        Em   Em7M
De muito gorda a porca já não anda
        Em7   A7/E
De muito usada a faca já não corta
        C/E   A7/E
Como é difícil, pai, abrir a porta
    D7   G   B7
Essa palavra presa na garganta
   Em7   Em7M
Esse pileque homérico no mundo
   Em7   A7/E
De que adianta ter boa vontade
   C/E   A7/E
Mesmo calado o peito, resta a cuca
   D7   G
Dos bêbados do centro da cidade

REFRÃO: Pai, etc...

    Em   Em7M
Talvez o mundo não seja pequeno
  Em7   A7/E
Nem seja a vida um fato consumado
  C/E   A7/E
Quero inventar o meu próprio pecado
  D7   G   B7
Quero morrer do meu próprio veneno
  Em   Em7M
Quero perder de vez tua cabeça
  Em7   A7/E
Minha cabeça perder teu juízo
  C/E   A7/E
Quero cheirar fumaça de óleo diesel
  D7   G
Me embriagar até que alguém me esqueça.

REFRÃO: Pai, etc...

Brincar de viver

Mi Maior   *Guilherme Arantes e Jon Lucien*

Introdução: E B/E A(add)/C# Am/C E(add9) E A F#m7(5-) E

E   B/E
Quem me chamou
        A/C#   Am/C   E
Quem vai querer voltar pro ninho
       B/E   A/C# A(add9)C# Am/C E
Redescobrir seu lugar
       B/E
Pra retornar
     A/C#   Am/C   E
E enfrentar o dia-a-dia
         B/E   A/C#   B/D#
Reaprender a sonhar

                              Bm/D
Você verá que é mesmo assim
        D/E   E   A(add9)
Que a história não tem fim
         F#m
Continua sempre
         A/B   B   E7M
Que você responde sim
       A7M(9)   C#m
À sua imaginação
    F#m7
A arte de sorrir
      A/B   Am/B   E   B/E A/C# E
Cada vez que o mundo diz não

       B/E
Você verá
        A/C#   Am/C   E
Que a emoção começa agora
              B/E   A/C# A(add9)C# Am/C E
Agora é brincar de viver
       B/E
Não esquecer
       A/C#   Am/C   E
De quem é o centro do universo
         B/E   A/C#
Assim é maior o prazer

REFRÃO: Você verá, etc...

REFRÃO

Brincar de viver (continuação)

    G7M   Am7/G   Cm/G   G   Em7
E eu desejo amar a todos que eu cruzar
        Am/C   D7   G
Pelo meu cami____nho
 G7M   Am
Como eu sou feliz
   F#m7 B7(9-) Em7   Em/D
Eu quero ver feliz
        F#m7(5-)/C B7sus4   B7
Quem andar comi____go
E
Vem.

Pedaço de mim

Sol Maior *Chico Buarque de Hollanda*

Introdução: Eb7M Eb7M(5+) Cm9/Eb Eb7M(5+) Eb7M Eb7M(5+) Cm9/Eb Eb7

G   A7/G
Oh! pedaço de mim
            C/G
Oh! metade afastada de mim
Eb/G   Gm9/Bb
Leva o teu olhar
Gm/Bb   Bbm6   Fm/Ab
Que a saudade é o pior tormento
     F7/A   Bb7sus4
É pior do que o esquecimento

É pior do que
Bb7(9)   Eb7M Eb7M(5+) Cm9/Eb Eb7M(5+)
Se entrevar.
G   A7/G
Oh! pedaço de mim
            C/G
Oh! metade exilada de mim
Eb/G   Gm9/Bb
Leva os teus sinais
   Gm/Bb   Bbm6   Fm/Ab
Que a saudade dói como um barco
           F7/A   Bb7sus4
Que aos poucos descreve um arco
         Bb7(9)   Eb7M(5+)
E evita atracar no cais.
G/D
Oh! pedaço de mim
A7/G   C/G
Oh! metade arrancada de mim
Eb/G   Gm9/Bb
Leva o vulto teu
Gm/Bb   Bbm6   Fm/Ab
Que a saudade é o revés de um parto
            F7/A   Bb7sus4
A saudade é arrumar o quarto
          Bb7(9)   Eb7M(5+)
Do filho que já morreu.
G/D
Oh! pedaço de mim
A7/G   C/G
Oh! metade amputada de mim
Eb/G   Gm/Bb
Leva o que há de ti

Copyright 1978 by Cara Nova Editora Musical Ltda.

Pedaço de mim (continuação)

        Bbm6   **Ab7M**
Que a saudade dói latejada
 Fm/Ab   **F7/A** **Bb7sus4**
É assim como uma fisgada
           Bb7(9)
No membro que já
 Eb7M **Eb7M(5+)** **Cm9/Eb** **Eb7M(5+)**
Perdi
G/D
Oh! pedaço de mim
A7/G   **C/G**
Oh! metade adorada de mim
Eb/G   **Gm/Bb**
Lava os olhos meus
        Bbm6   **Ab7M**
Que a saudade é o pior castigo
  Fm/Ab **F7/A** **Bb7sus4**
E eu não quero levar comigo
        Bb7(9) **Eb**
A mortalha do amor, adeus!

Sonhos

Ré menor *Peninha*

Introdução: Dm9...

[Dm] Tudo era apenas uma brincadeira
[A7] E foi crescendo, crescendo, me absorvendo
[D7] E de repente eu me vi assim
[Gm] Completamente seu
[Em7(5-)] Vi a minha força amarrada no [A7] seu [Dm] passo
Vi que sem você não tem caminho, eu não me [Bb7] acho
Vi um grande amor gritar dentro de mim
Como eu [A7] sonhei um [G/A] dia [A7(9-)]

[Dm] Quando o meu mundo era mais mundo
[A7] E todo mundo admitia uma mudança muito estranha
[D7] Mais pureza, mais carinho, mais calma, mais alegria
No meu [Gm] jeito de me dar
[Gm6/Bb] Quando a canção se fez mais [A7] forte e mais [Dm] sentida
Quando a poesia fez folia [Dm/C] em minha vida [Bb7]
Você veio me contar dessa paixão inesperada
Por [A7] outra [G/A] pessoa [A7(9-)]

BIS:

[Dm] Mas não tem revolta não

Eu só quero que você se encontre
[A7/C#] Ter saudade até que é bom

É melhor que caminhar vazio

Sonhos (continuação)

D/C
A esperança
  D7   **Gm**
É um dom que eu tenho em mim

Eu tenho sim
  A7
Não tem desespero não,

Você me ensinou milhões de coisas,
Dm
Tenho um sonho em minhas mãos,

Amanhã será um novo dia
  A7   **Dm**   **Em7(5-)** **A7**
Certamente eu vou ser mais feliz.

Estranha loucura

Michael Sullivan e Paulo Massadas

Samba-canção - Sol Maior

  D7   G7M(9) G6
Minha estranha loucura
                G7M(9) G6
É tentar te entender
             Am7   D7 Am7 D7
E não ser entendida
          Am7 D7
É ficar com você
           Am7 D7   G7M G7
Procurando fazer parte da tua vida
                   Dm7
Minha estranha loucura
            G7(9)
É tentar desculpar
               C(add9)   C7M(9)
O que não tem desculpa
         Em7
É fazer dos teus erros
           G/A   A7
Num motivo qualquer
       Am7   D7(13)
A razão da minha culpa
                G(add9) G7M
Minha estranha loucura
          G(add9) G7M
É correr pros teus braços
              Am7 D7 Am7 D7
Quando acaba uma briga
         Am7 D7
Te dar sempre razão
     A/B B7   Em7 Dm7 G7(13)
E assumir o papel de culpada bandida
           C7M(9)
Ver você me humilhar
             Cm6   C/D
E eu num canto qualquer
       Bm7
Dependente total
          Em
Do teu jeito de ser
                 Am7
Minha estranha loucura
    Cm6   D7   G(add9)
É tentar descobrir que o melhor é você

Estranha loucura (continuação)

[Em]Eu acho que paguei o preço [Bm]por te amar [Bm7]demais
[Am7]Enquanto pra você foi tanto [G7M]fez ou tanto faz
[Am7]Magoando pouco a pouco, [C/D]me perdendo [Bm7]sem saber
[C(add9)]E quando eu for embora, [A7/C#]o que será [C/D]que vai [D7]fazer
Vai sentir falta de [Am7]mim [D7]
Sentir falta de [G7M(9)]mim [Em7]
Vai tentar se esconder [Am7]
Coração vai [D7]doer
Sentir falta de [G7M(9)]mim [Em7]
Vai sentir falta de [Am7]mim [D7]
Sentir falta de [G7M(9)]mim [Em7]
Vai tentar se esconder [Am7]
Coração vai [D7]doer
Sentir falta de [G(add9)]mim.

Faz parte do meu show

Bossa-nova - Dó Maior *Cazuza e Renato Ladeira*

Introdução: C7M F7M(9)

C7M
Te pego na escola

E encho a tua bola
Bb7M
Com todo o meu amor
C7M
Te levo pra festa

E testo teu sexo
Bb7M
Com ar de professor
Ab7M
Faço promessas malucas
Db7M
Tão curtas quanto um sonho bom
Ab7M
Se eu te escondo a verdade, baby
Db7M
É pra te proteger da solidão
C7M
Faz parte do meu show
Ab7M   C7M   F7M
Faz parte do meu show, meu amor
C7M
Confundo as tuas coxas

Com as de outras moças
Bb7M
E mostro toda a dor
C7M
Te faço um filho
Bb7M
Te dou outra vida pra te mostrar quem sou
Ab7M
Vago na lua deserta
Db7M
Das pedras do Arpoador
Ab7M
Digo alô ao inimigo

Encontro um abrigo
Db7M
No peito do meu traidor
C7M
Faz parte do meu show

Faz parte do meu show (continuação)

Ab7M   **C7M**
Faz parte do meu show, meu amor...

Ab7M
Invento desculpas

Provoco uma briga
Db7M
Digo que não estou
      Ab7M
Vivo num "clip" sem nexo

Um pierrot - retrocesso
Db7M
Meio bossa-nova e "rock'n'roll"
C7M
Faz parte do meu show,
Ab7M   **C7M**
Faz parte do meu show, meu amor...
Ab7M   **C7M**   **Ab7M**
Meu amor, meu amor, meu amor...

Começaria tudo outra vez

Fá Maior *Gonzaga Junior*

F7M(9)
Começaria tudo outra vez
G7(4 9) Gb7(4 9) F7(4 9) E7(4 9) Em7(b5 9)   A7(b9 b13)
Se pre___ci___so   fosse, meu amor
                         Dm(M7)   Bb/D
A chama em meu peito ainda queima
Dm6
Saiba
Dm7   Dbm7   Cm7   F7(13)
Nada foi em vão !
      BbM7
A cuba-libre da coragem
           Bm7(b5)
Em minhas mãos
     E7(b13)   Am7(9)
A dama de lilás
                  D7(4 9)
Me machucando o coração
     D7(9)   Gm7
Na sede de sentir
       Abm7   Gm7
Seu corpo inteiro
       C7(9)   FM7(9)   C7(9)
Coladinho ao meu
              FM7(9)   A7/E   Eb7(9)
E então eu cantaria   a noite inteira
G7(4 9) Gb7(4 9) F7(4 9) E7(4 9) Em7(b5 9)
Co___mo   já   can__tei,
     A7(b9 b13)
Eu cantarei

As coisas todas
Dm(M7)   Bb/D
Que já tive,
       Dm6
Tenho e sei
     Dm7   Dbm7   Cm7   F7(13)
E um dia   te__rei
           BbM7
A fé no que virá
           Bm7(b5)   E7(b13)   Am7(9)
E a alegria de poder olhar pra trás
                  D7(4 9)   D7(b9)
E ver que voltaria
       Gm7   Abm7   Gm7   C7(9)   Cm7(9)   F7(13)
Com você de novo viver nesse imenso salão

Começaria tudo outra vez (continuação)

Várias vezes:

             BbM7
Ao som desse bolero
  Bm7(b5)
Vida, vamos nós
 E7(b13)   Am7(9)
E não estamos sós
          D7(4 9)
Veja, meu bem
 D7(b9)   Gm7
A orquestra nos espera
 Abm7
Por favor
       Gm7   C7(9)   Cm7(9) F7(13)
Mais uma vez recomeçar.

(fade out)

Ideologia

Lá menor   **Cazuza e Frejat**

[A⁷4]
Meu partido
              [Am7]   [Am6]
É um coração partido
[A⁷4(9)]
                        [Am7]   [Am6]
E as ilusões estão todas perdidas
     [Dm7] [Dm6]
Os meus sonhos
            [Dm7]   [Dm6]
Foram todos vendidos
                 [A⁷4]
Tão barato que eu nem acredito
         [Am7]   [Am6]
Ah, eu nem acredito
    [E7sus4]
Que aquele garoto
  [G]   [C7M(9)]
Que ia mudar o mundo

Mudar o mundo
 [E7sus4]   [G]
Freqüenta agora as festas
          [D7(9)]   [Am]
Do grande "monde", do grande "monde"
       [G]   [D]
Meus heróis morreram de overdose
[Am]   [G]   [D]
Meus inimigos estão no poder
 [F]
Ideologia...
[Dm7]   [Am]
Eu quero uma pra viver
 [F]
Ideologia...
[Dm7]   [Am]
Eu quero uma pra viver
     [A⁷4]
O meu prazer
        [Am7] [Am6]
Agora é risco de vida
[A⁷4(9)]
Meu "sex and drugs"
             [Am7] [Am6]
Não tem nenhum "rock n' roll"
   [Dm7] [Dm6]   [Dm7] [Dm6]
Eu vou pagar a conta do analista

Ideologia (continuação)

Pra nunca mais
Ter que saber quem eu sou
        A7
Saber quem eu sou
           Am7   Am6
Pois aquele garoto
  E7sus4
Que ia mudar o mundo
 G   C7M(9)

Mudar o mundo
Agora assiste a tudo em cima do muro
 E7sus4   G   D7(9)

Em cima do muro
Meus heróis morreram de overdose
               G   D
Meus inimigos   estão no poder
 Am   G   D
Ideologia...
 F
Eu quero uma pra viver
 Dm7   Am7
Ideologia...
 F
Eu quero uma pra viver
 Dm7   Am7 Am6

Pois aquele garoto, etc...

Baila comigo

Lá Maior

*Rita Lee e
Roberto de Carvalho*

Introdução: E E5+ E6 E7

         A7M D/E   E7   A7M
Se Deus quiser, um dia eu quero ser índio
D/E   E7   A7M
Viver pelado pintado de verde
Am7   G7M
Num eterno domingo
Bb/C   F6   B7
Ser um bicho preguiça de espantar turista
   E   E5+   E6   E7
E tomar banho de sol, banho de sol, banho de sol, sol

         A7M D/E   E7   A7M
Se Deus quiser, um dia acabo voando
D/E   E7   A7M
Tão banal assim como um pardal
Am7   G7M
Meio de contrabando
Bb/C   F6
Desviar do estilingue
               B7
Deixar que me xinguem
  E   E5+
E tomar banho de sol, banho de sol
E6   E7
Banho de sol, banho de sol

 Bm7 E7 A   F#7   Bm7   E7   A7M F#7
Baila comigo   como se baila na tribo
 Bm7 E7 A   F#7   B7   E E5+ E6 E7
Baila comigo   lá no meu esconderijo, ai,   ai, ai, | REFRÃO
 Bm7 E7 A   F#7   Bm7   E7   A7M F#7
Baila comigo   como se baila na tribo
 Bm7 E7 A   F#7   B7   E E5+ E6 E7
Baila comigo   lá no meu esconderijo

         A7M D/E   E7   A7M
Se Deus quiser, um dia eu viro semente
D/E   E7   A7M
E quando a chuva molhar o jardim
Am7   G7M
Ah! eu fico contente
Bb/C   F6   B7
E na primavera vou brotar na terra

Baila comigo (continuação)

    E   **E5+**
E tomar banho de sol, banho de sol,
E6   **E7**
Banho de sol, sol

          A7M D/E   **E7**   **A7M**
Se Deus quiser,   um dia eu morro bem velha
D/E   **E7**   **A7M**
Na hora H quando a bomba estourar
Am7   **G7M**
Quero ver da janela
Bb/C   **F6**   **B7**
E entrar no pacote de camarote
   E   **E5+**
E tomar banho de sol, banho de sol,
E6   **E7**
Banho de sol, banho de sol.

REFRÃO

Minha namorada

*Carlos Lyra
e Vinicius de Moraes*

Samba-canção - Fá Maior

Introdução: Bbm7 Am7 Ab7 Gm7 C7

             Am7
Meu poeta, hoje estou contente
  D7   Gm   D7
Todo mundo de repente   ficou lindo
Gm   Gm/Bb C7   A7
Ficou lindo de morrer
  Dm   C7
Eu hoje estou me rindo
   Dm7   Am7
Nem eu mesma sei de que
 Dm   D7(9-) Gm   C7
Porque eu recebi   uma cartinhazinha
 F C7(9-,13)
De você
 F7M   Gm   Am7
Se você quer ser minha namorada
 Bbm7   Gm7
Ai, que linda namorada
 D7   G7(13)
Você poderia ser
     Gm   F7M
Se quiser ser somente minha
Gm7   G#°   Am7
Exatamente essa coisinha
D7   Gm7
Essa coisa toda minha
   Bb7   Em7(5-) A7(5+)
Que ninguém mais pode ter
 Dm   Bbm6   F
Você tem que me fazer um juramento
 Dm   Bb7M
De só ter um pensamento
 Bbm6   Am7
Ser só minha até morrer
F7(9) Bb7M   C/Bb   F7M
E também não perder esse jeitinho
 F7   Bb7M
De falar devagarinho
  C/Bb C7 F7M(5-)
Essas histórias de amor
Cm F7M Bb7M   C/Bb   A7(13)
E de repente me fazer muito carinho
 Dm   Bm7
E chorar bem de mansinho
Bbm7   Am Ab7
Sem ninguém saber porque

Copyright 1974 by Tonga Editora Musical Ltda.

Minha namorada (continuação)

   C7(13)   F7M   Gm7   Am7
E se, mais do que minha namorada
    Bbm7   Gm7
Você quer ser minha amada
    D7   G7(13)
Minha amada, mas amada pra valer
    Gm   F7M   Gm7
Aquela amada pelo amor predestinada
    D7   Gm7
Sem a qual a vida é nada
    Bb7M   Em7(5-) A7(5+)
Sem a qual se quer morrer
    Dm   Bbm6
Você tem que vir comigo
      F
Em meu caminho
    Dm   Bb7M
E talvez o meu caminho
   Bbm6   Am7
Seja triste pra você
 F7(9)   Bb7M   C/Bb   F7M
Os seus olhos têm que ser só dos meus olhos
    F7   Bb7M
E seus braços meu ninho
   C/Bb   C7   F7M Cm7
No silêncio de depois
 F7   Bb7   C/Bb   A7(13)
E você tem que ser a estrela derradeira
    Dm7   Bm7(5-)
Minha amiga e companheira
   Bbm6   Cm7
No infinito de nós dois.

  Bb7M Am7 Gm7 F7M

Toda forma de amor

Lá Maior *Lulu Santos*

Introdução: A F#m E D

A
Eu não pedi pra nascer
F#m
Eu não nasci pra perder
E
Nem vou sobrar de vítima
D
Das circunstâncias
A
Eu tô plugado na vida
F#m
Eu tô curando a ferida
E
Às vezes eu me sinto
D
Uma mola encolhida

Introdução, etc...

A
Você é bem como eu
F#m
Conhece o que é ser assim
E
Só que dessa história
D
Ninguém sabe o fim
A
Você não leva pra casa
F#m
E só traz o que quer
E
Eu sou teu homem
D
Você é minha mulher

Estribilho:

A
E a gente vive junto
A5+
E a gente se dá bem
D
Não desejamos mal
 Dm   **G7**   **E7**
A qua___se ninguém
A
E a gente vai à luta

Copyright by Spell Promoções, Prod. Artísticas e Edições Musicais Ltda.

Toda forma de amor (continuação)

A5+
E conhece a dor
D
Consideramos justa
Dm   **E7/13**   **A**
Toda forma de amor

Introdução, etc...

A
Eu não pedi pra nascer
F#m
Eu não nasci pra perder
E
Nem vou sobrar de vítima
D
Das circunstâncias
A
Você não leva pra casa
F#m
E só traz o que quer
E
Eu sou teu homem
          D
Você é minha mulher.

Estribilho...

Meditação

Bossa-nova - Dó Maior

Antonio Carlos Jobim e
Newton Mendonça

C7M   **C6**   **B7/4**   **B7**
Quem   acreditou
    C7M   **C6**
No amor, no sorriso, na flor
 Em7   **A7(5+)**
Então sonhou, sonhou...
Dm7   **Bb7**
E perdeu a paz
 Em7   **A7(9-)**
O amor, o sorriso e a flor
    Dm7   **G7(5+)**
Se transforma depressa demais
C7M **C6**   **B7/4**   **B7**
Quem   no coração
 C7M   **C6**
Abrigou a tristeza de ver
 Em7   **A7(5+)**
Tudo isso se perder
Dm7   **Bb7**
E na solidão
 Em7   **A7(9-)**
Escolheu um caminho e seguiu
 Dm7   **G7(5+)**
Já descrente de um dia   feliz
F7M   **Fm7**   **Fm6**
Quem chorou, chorou
 Em7   **Eb°**   **Dm7**   **G7(5+)**
E tanto que seu pranto já secou
- **C7M** **C6**   **B7/4**   **B7**
Quem   depois voltou
 C7M   **C6**
Ao amor, ao sorriso e à flor
 Em7   **A7(9-)**
Então tudo encon__trou
Dm7   **Bb7**
Pois a própria dor
 Em7   **A7(5+)**   **Dm7**
Revelou o caminho ao amor
  G7(13)   **C6**   **G7(5+)**   **C6**
E a tristeza acabou...

Acontece

Canção - Mi Maior *Cartola*

Introdução: E/G# G° F#m7 B7(b9)

  E7M(9)   G°   F#m7   B7(b9)
Esquece o nosso amor, vê se esquece
  E7M(9)   C#m7   F#m7 B7
Porque tudo no mundo acontece
     E   E/D#   E/D   A7M Dm7 G7
E acontece que já não sei mais amar
  C7M   C#° Dm7
Vais chorar, vais sofrer
  G7   C7M   Am7   B7
E você não merece mas isso acontece
  E7M(9)   G°   F#m7 B7
Acontece que meu coração ficou fri___o
 E   E/D   C#m7   F#m7 B7 E7
E nosso ninho de amor está vazi___o
  A7M   Am6
Se eu ainda pudesse fingir que te amo
E/G#   C#7   F#m7
Ai, se eu pudesse, mas não quero
    B7   E7M   Am7 E7M
Não devo fazê-lo, isso não aconte____ce...

Pro dia nascer feliz

Lá Maior *Frejat e Cazuza*

A   F#m
Todo dia a insônia
            F
Me convence que o céu
               D A
Faz tudo ficar infinito
A   F#m
E que a solidão é pretensão
      F
De quem fica
                D A
Escondido fazendo fita
G   F   G
Todo dia tem a hora da sessão coruja
            D   F
Só entende quem namora
Agora vam'bora
F   A
Estamos, meu bem, por um triz

       G   C   D
Pro dia nascer feliz
       G   C   D G
Pro dia nascer feliz
         C   D
O mundo inteiro acordar   BIS
         F   A
E a gente dormir, dormir

          F#m
Todo dia é dia
          F
E tudo em nome do amor
                 D   A
Ah, essa é a vida que eu quis
            F#m
Procurando vaga
             F
Uma hora aqui, outra ali
              D   A   G
No vai-vem dos seus quadris
            F   G
Nadando contra a corrente

Pro dia nascer feliz (continuação)

      D   G
Só pra exercitar
                   F
Todo o músculo que sente
                       A
Me dê de presente o seu bis

G   C   D
Pro dia nascer feliz
G   C   D G
Pro dia nascer feliz
           C   D
O mundo inteiro acordar
        F   A
E a gente dormir, dormir...

BIS

A cor da esperança

Estilo - Dó Maior *Cartola e Roberto Nascimento*

Introdução: **Fm7 Bb7(#5) Eb7M G7 Cm7 Bbm7 Eb7(9) Ab7M
Ab6 Am7(b5) D7(b9) G7(#5)**

G7(#5)   C6
Amanhã
   C7   Fm7
A tristeza vai transformar-se em alegria
  Ab7   Ebm7(9)   D7(#9)
E o sol vai brilhar no céu de um novo dia
Gm7   C7(9) F7M   F6
Vamos sair pelas ruas, pelas ruas da cidade
Fm7   Bb7(9)   Eb7M   G7   Cm7
Peito aberto, cara ao sol da felicidade
                 G7/D   G7(b9)
E num canto de amor assim
     C7   Fm7
Sempre vão surgir em mim novas fantasias
Fm7   Bb7(#5)   Eb7M G7   Cm7
Sinto vibrando no ar e sei que não é vã
   Bbm7   Eb7   Ab7M Ab6   Am7(b5)   D7(b9)   G7(#5)
A cor da esperança, a esperança do amanhã
G7(13)   C6(9)
Do amanhã, do amanhã.

Copyright 1977 by Irmãos Vitale Ind. e Com.

De onde vens

Samba-canção - Lá menor **Nelson Motta e Dori Caymmi**

[Am] Ah! Quanta [Am(b6)] dor vejo em teus o_[Am6]lhos
[Am7] Quanto pran_to em teu sorri_[Am(7M)]so
[Am] Tão vazias as tuas [Dm7(9)] mãos
De onde vens, [Dm7(9)/C] assim cansa__do? [Bm7(b5)]
[E7/4] De que dor, de qual distância? [Bm7(b5)]
De que têr_[E7/4(9)]ras, de que mar? [E7(b9)] [Am]
[A7/4(b9)] Só quem partiu pode voltar [A7/4(9)]
[A7(b13)] E eu voltei pra te contar [Dm]
[Dm/C] Dos caminhos onde andei [B7/4(b9)]
[B7(b9)] Fiz do riso, amargo pran__to [Gm6/Bb]
[A7] Do olhar, sempre os teus o__[Dm]lhos [Dm/C]
[Bm7(b5)] Do peito aber_[E7(b9)]to, uma canção [Am]
Se eu pudes_[Am(b6)]_se, de repente [Am6]
Te mostrar meu [Am7] coração [Am(7M)]
[Am] Saberias num momento [Dm7M(9)] [Dm7(9)]
Quanta dor há [Dm7(9)/C] dentro de__le [Bm7(b5)]
[E4(b9)] Dor de amor, quando não pas__sa [Dm6/F]
[E7/4(9)] É porque o a__mor va_[E7(b9)]_leu. [Am]

A montanha

Roberto Carlos e Erasmo Carlos

Fox - Sol Maior

Introdução: G (2 compassos de ritmo)

Eu vou se**G**guir uma luz lá no alto

Eu vou ouvir uma voz que me chama

Eu vou su**G#°**bir a mon**Am**tanha e fi**D7**car

Bem mais perto de **G**Deus e re**D7**zar.

Eu vou gri**G**tar para o mundo me ouvir

E acompanhar toda a minha esca**G#°**lada e a**Am**judar

A mos**D7**trar como é o meu grito de a**G**mor e **A#°**de **D7**fé...

Eu vou pe**G**dir que as estrelas não parem de brilhar,

E as cri**G**anças não dei**G#°**xem de sor**Am**rir

E que os ho**D7**mens jamais se esqueçam de agrade**G**cer,

Eb7 **Bbm7** **Eb7** **Ab**
Por isso eu digo

Ab
Obrigado, Senhor, por mais um dia,

Obrigado, Senhor, que eu **Ab°**posso **Bbm**ver

Eb7
Que seria de mim sem a fé que eu tenho em vo**Ab**cê, **E7**

Por mais que eu so**A**fra

Obrigado, Senhor, mesmo que eu chore,

Obrigado, Senhor, por **F#7**eu sa**Bm**ber

E7
Que tudo isso me mostra o caminho que leva a vo**A**cê... **E7**

Mais uma **A**vez

Obrigado, Senhor, por outro dia,

Obrigado, Senhor, que o **F#7**sol nas**Bm**ceu

E7
Obrigado, Senhor, agradeço, obrigado, **A**Se**E7**nhor

Por isso eu **A**digo

A montanha (continuação)

Obrigado, Senhor, pelas estrelas
Obrigado, Senhor, pelo sorriso
      F#7   Bm

Obrigado, Senhor, agradeço, obrigado Senhor...
E7   A   E7

Mais uma vez,
         A

Obrigado, Senhor, por um novo dia
Obrigado, Senhor, pela esperança
      F#7   Bm

Obrigado, Senhor, agradeço, obrigado Senhor...
E7   A   E7

Por isso eu digo
 Bm7   A

Obrigado, Senhor, pelo sorriso
Obrigado, Senhor, pelo perdão
      F#7   Bm

Obrigado, Senhor, agradeço, obrigado Senhor
E7   A   E7

Mais uma vez
 Bm7 A

Obrigado, Senhor, pela Natureza
Obrigado, Senhor, por tudo isso
      F#7   Bm

Obrigado, Senhor, agradeço, obrigado Senhor...
E7   A

Tarde em Itapoan

Samba - Sol menor

*Toquinho
e Vinicius de Moraes*

Introdução: Gm Gm5+ Gm6 Gm5+

Gm7   C7(9)
  Um velho calção de banho
Gm   Em7(5-)
  O dia pra vadiar
A7   Dm7   G7
  O mar que não tem tamanho
Cm7   D7
  E um arco-íris no ar
      Gm7   C7(9)
  Depois na Praça Caymmi
Gm7   Em7(5-) A7
  Sentir preguiça no cor__po
Dm7   G7
  E numa esteira de vime
Cm7   C/D   D7(9)
  Beber uma água de coco

Refrão:

D7   G6
  É bom,
G7M   Am7   Bm7
  Passar uma tarde em Itapoan
      Am7   Bb7M
  Ao sol que arde em Itapoan   **BIS**
      Bbm7   Bbm6 Am7
  Ouvindo o mar de Itapoan
      D7(9)   G6 G7M
  Falar de amor em Itapoan

Gm7 C7(9) Gm7 C7(9)

Gm7   C7(9)
  Enquanto o mar inaugura
Gm7   Em7(5-)
  Um verde novinho em folha
A7   Dm   G7
  Argumentar com doçura
Cm7   D7
  Com uma cachaça de rolha
     Gm7   C7(9)
  E com o olhar esquecido
Gm7   Em7(5-)
  No encontro de céu e mar

Copyright by Tonga Editora Musical Ltda.

Tarde em Itapoan (continuação)

    A7   Dm7   G7
Bem devagar ir sentindo
Cm7   D7(9)
A terra toda rodar

repete refrão

Gm7   C7(9)
Depois sentir o arrepio
Gm7   Em7(5-) A7
Do vento que a noite traz
    Dm7   G7
E o diz-que-diz-que macio
Cm7   D7
Que brota nos coqueirais
    Gm7   C7(9)
E nos espaços serenos
Gm7   Em7(5-)
Sem ontem nem amanhã
A7   Dm7   G7
Dormir nos braços morenos
Cm7   D7(9)
Da lua de Itapoan.

repete refrão

Rancho da Praça Onze

João Roberto Kelly e Francisco Anízio

Marcha-rancho - Sol Maior

Introdução: G7M Am7 D7

G9(6) G7M   Am7   D7(9-)
Esta   é a Praça Onze tão queri__da
G   G7M   Bm7(5-) E7
Do Carnaval a própria vida
                    Am7
Tudo é sempre Carnaval
D7   C6   D7(9-)   G7M Bm7
Vamos ver desta praça a poesia
E7   Am7
E sempre em tom de alegria
        D7   G
Fazê-la internacional!

   Dm7   G7   Dm7   G7
A praça existe, alegre ou triste
   Dm7   G7   C7M
Em nossa imaginação
   Em7   A7   Em7   A7
A praça é nossa, e como é nossa
Bb7   A7   C/D D7
No Rio quatrocentão.

repete 1ª estrofe

G9(6) G7M   Am7   D7(9-)
Este   é o meu Rio, boa praça
G   G7M   Bm7(5-) E7
Simbolizando nesta   praça
                Am7
Tantas praças que ele tem
D7   G6   D7(9)   G7M Bm7
Vamos da Zona Norte à Zona Sul
E7   Am7
Deixar a vida toda azul
        D7   G
Mostrar da vida o que faz bem

                                              G7M(9)
        Am7   Cm7   D7(13)   G G7M   G7M
Final: Praça Onze! Praça Onze! Praça Onze!

Açaí

Sib Maior *Djavan*

Introdução: Cm7(9) Eb/F Bb7M

    Bb7M Bb°
Solidão

De manhã
 Cm7   Ab7M
Poeira tomando assento
 Fm
Rajada de vento
 Gm7
Tom de assombração
C7(9)
Coração...
Dm7(5-)   G7   Cm F7   Bb7M
Sangrando toda palavra sã
  Bb7M Bb°
A paixão

Puro afã
 Cm7   F7(13)
Místico clã de sereia
  Ab7M
Castelo de areia
 Gm   Gm7 C7(13)
Ira de tubarão
 C7
Ilusão
  Cm7 F7   Bb6
O sol brilha por si

Bb7M C7   Eb
Aça__í, guardiã
       Dm7
Zum de besouro

Um ímã
Db°   Cm F7 Bb6
Branca é a tez da manhã
B7M C#7   E7M
Aça__í, guardiã
       D#m7
Zum de besouro

Um ímã
D°   C#m7 F#7 B6
Branca é a tez da manhã.

Pisa na fulô

João do Vale,
Ernesto Pires e Silveira Junior

Baião-coco - Mi menor

Introdução: Em B7 Em Am B7 Em

     Em
Um dia desse
  B7   Em
Fui dançar lá em Pedreira
        Am
Na rua da golada
 B7   Em
Eu gostei da brincadeira
     B7
Zé Caxangá
B7   Em
Era o tocador
         B7   Em
Mas tocava "Pisa na fulô"

Coro

      Am
Pisa na fulô
B7   Em
Pisa na fulô   **BIS**
      Am
Pisa na fulô
     B7   Em
Não maltratô o meu amô

    Em
"Só" Serafim
B7   Em
Cochichava mais "Dió"
        Am
Sou capaz de jurar
 B7   Em
Nunca vi forró mió
   Am
Inté vovó
 B7   Em
Garrou na mão de vovô

Vamo embora meu veinho
B7   Em
Pisa na fulô

Coro
     Am
Pisa na fulô, etc...

Copyright 1957 by Warner Chappell Edições Musicais Ltda.

Pisa na fulô (continuação)

Eu vi menina [Em]
Que não tinha 12 anos [B7] [Em]
Agarrá seu par [Am]
Também sair dançando [B7] [Em]

Satisfeita
E dizendo: meu amô [B7] [Em]

Ai, como é gostoso
Pisa na fulô [B7] [Em]

Coro

Pisa na fulô, etc... [Am]

De madrugada [Em]
Zeca Caxangá [B7] [Em]
Disse ao dono da casa [Am]
Não precisa me pagá [B7] [Em]
Mas por favor [Am]
Arranje outro tocador [B7] [Em]

Que eu também quero
Pisa na fulô [B7] [Em]

Coro

Pisa na fulô, etc. [Am]

Terra seca

Samba-jongo - Fá menor *Ary Barroso*

Introdução: Fm Fm7M Fm7 Fm6 Fm Fm7M Fm7 Fm6

Fm   Fm7   Bb   Fm
O nêgo tá moiado de suó
Fm7+   Fm7   Fm6
Trabáia, trabáia, nêgo | Coro
Fm   Fm7+   Fm
Trabáia, trabáia, nêgo
Bbm   Bbm7   Eb/Bb   Gb/Bb Bbm
As mãos do nêgo tá que é calo só
Bbm7M   Bbm7   Bbm
Trabáia, trabáia, nêgo | Coro
Bbm7M   Bbm
Trabáia, trabáia, nêgo
Bb7M   Db/F Bbm7   Eb7
Ai, "meu sinhô",   nêgo tá véio
Ab
Não aguenta!
            Fm7   G7(5+)   C7
Essa terra tão dura, tão seca, poeirenta...
Fm7   Fm7   Fm6
Trabáia, trabáia, nêgo | Coro
Fm   Fm7+   Fm7   Em7(5+)
Trabáia, trabáia, nêgo
Fm   Fm7   Db7M   C7   Fm
O nêgo pede licença pra falá
Fm7+   Fm7   Fm
Trabáia, trabáia, nêgo | Coro
Fm   Fm7 Fm6   Fm7(5-) F7M
O nêgo não pode mais trabáia
G7(13)   B7(5+)   C7   Am7 Dm7
Quando o nêgo chegou por aqui
G7(13)   C7   C7(9)   F   Am7(5-)
Era mais vivo e ligeiro que o saci
      Gm7   D7(9-)   Gm7
Varava estes rios, estas matas, estes campos sem fim
Gm7 Bb7M   G7   E°   C7(5+)
Nêgo era moço, e a vida, brinquedo pra mim
F7M   Eb7(11+)   C/D
Mas este tempo passou
              Am7(5-) D7 Abm7
Essa terra secou...ô ô
     Db7(9)   Gm7   Fm/Ab Fm Gm7
A velhice chegou e o brinquedo quebrou... | BIS
    F7M   Eb7(11+)   D7(9)   Gm Gm7 Em7(5-) A7(5+)
Sinhô, nêgo véio tem pena de tê-se acabado
    Dm7   Bb/C   C7   F7M(9)
Sinhô, nêgo véio carrega este corpo cansado

Copyright 1944 by Irmãos Vitale S.A. Ind. e Com.

Jesus Cristo

Jovem bugalú - Ré menor

Roberto Carlos
e Erasmo Carlos

```
   Dm              F              Am
Jesus Cristo, Jesus Cristo, Jesus Cristo,       3 vezes
       Gm    Dm
Eu estou aqui
 Dm                            F
Olho pro céu e vejo uma nuvem branca que vai passando
 Am                          Gm
Olho na terra e vejo uma multidão que vai caminhando
 Dm                           F
Como essa nuvem branca essa gente não sabe aonde vai
 Am                         Gm
Quem poderá  dizer o caminho certo é você, meu Pai
 Dm
Jesus Cristo, (2 vezes)
 Dm                             F
Toda essa multidão tem no peito amor e procura paz
 Am                   Gm
E apesar de tudo a esperança não se desfaz
 Dm                           F
Olhando a flor que nasce no chão daquele que tem amor
 Am                       Gm
Olho pro céu e sinto crescer a fé no meu Salvador
 Dm
Jesus Cristo, (5 vezes)
 Dm                           F
Em cada esquina eu vejo o olhar perdido em um irmão
 Am                      Gm
Em busca do mesmo bem, nessa direção caminhando vem
 Dm                           F
É meu desejo ver aumentando sempre esta procissão
 Am                      Gm
Para que todos cantem na mesma voz esta oração.
 Dm
Jesus Cristo, (4 vezes)
```

Até pensei

Fá Maior   *Chico Buarque de Hollanda*

  F7M   **C7**   **F7M**   **Bb7M** **Am7** **Gm7**
Junto à minha rua havia um bos__que
      C7   **F7M** **D7**
Que um muro alto proibi__a
Gm7   **Bbm6**
Lá todo balão caía
F7M   **G7**
Toda maçã nascia
   Gm7   **C7(9-)**   **F**   **C7** **C7(5+)**
E o dono do bosque nem via
Fm   **Gm7(5-) C7**   **Fm**
Do lado de lá tanta ventura
          Fm/Eb
E eu a espreitar
   Bbm   **C7**
Na noite escura a dedilhar
  Fm7 **Db7**
Essa modinha
C7 **Gm7(5-) C7**   **Fm7**   **Fm/Eb**
A felicida___de morava tão vizinha
   Db7   **C7**   **Fm** **Bbm7** **C7** **C7(5+)**
Que de tolo até pensei que fosse minha

  F7M   **C7**   **F7M** **Bb7M** **Am7** **Gm7**
Junto a mim morava a minha ama__da
      C7   **F7M** **D7**
Com olhos claros como o di__a
Gm7   **Bbm6**
Lá o meu olhar vivia
F7M   **G7**
De sonho e fantasia
   Gm7   **C7(9-)**   **F**   **C7** **C7(5+)**
E a dona dos olhos nem via
Fm **Gm7(5-) C7**   **Fm**
Do lado de lá tanta ventura
         Fm/Eb
E eu a esperar
   Bbm   **C7**
Pela ternura que a enganar
      Fm   **Db7**
Nunca me vinha
  C7   **Gm7(5-)** **C7**
E eu andava po__bre
 Fm7   **Fm/Eb**
Tão pobre de carinho

Copyright 1967 by Editora Musical Arlequim Ltda.

Até pensei (continuação)

Db7 C7 Fm C7 C7(5+)
Que de tolo até pensei que fosse minha
C7 Gm7(5-) C7 Fm Fm/Eb
Toda dor da vi___da me ensinou essa modinha
Db7 C7 Fm C7 Fm
Que de tolo até pensei que fosse minha.

Boneca

Valsa - Lá menor

**Benedito Lacerda
e Aldo Cabral**

Am7   E7   Am7
Eu vi,   numa vitrine de cristal,
       E7   Am
Sobre um soberbo pedestal,
A7   Dm
Uma boneca encantadora.
E7
No "Bazar das Ilusões",
              Am
No "Reino das Fascinações"
B7   E7
Num sonho multicor todo de amor !
  Am   E7   Am
Seus lábios entreabertos, a sorrir
    E7   Am
Na boca rubra, a seduzir
A7   Dm
Como se fossem de verdade
E7   Am
Eram dois rubis serenos
      B7   E7 Am
Dois símbolos carmenos de felicidade
E7
Seu cabelo tinha a cor
          Am
De um sol a irradiar

Fulvos raios de amor...
E7
Eram seus olhos, circunvagos,
 Am
Do romantismo azul dos lagos
      Am
Mãos liriais...
E7
Uns abraços divinais...
 Am
Um corpo alvo sem par...
        Am
Os pés muito pequenos...
Dm   E7
Enfim, eu vi nessa boneca
      Am
Uma perfeita Vênus

Copyright 1935 by Mangione Filhos & Cia. Ltda.

Olhos verdes

Samba - Fá Maior   *Vicente Paiva*

  F   F7M
Vem de uma remota batucada
  F   Am7(5-)
Essa cadência bem marcada
         D7
Que uma baiana
        Gm D7 Gm Am7(5-) D7
Tem no andar.
Gm   D7   Gm
E nos seus requebros e maneiras
    D7   Gm7
Na toda graça das palmeiras
Dm7   G7
Esguias e altaneiras
      Gm7 Bb/C C7
A balançar...

A7(5+) D7   Am7(5-)   D7
São   da cor do mar, da cor da mata
Am7(5-)   D7   Gm7
Os olhos verdes da mulata
Am7(5-)   D7   Gm7
São cismadores e fatais
D7 Gm7
Fatais...
Bbm7   Db7   F7M
E no beijo ardente e perfumado
           Dm7 D7 G7
Conserva o traço do pecado
     Gm7
Dos saborosos
C7   F6
Cambucás...

Retrato em branco e preto

Antonio Carlos Jobim e
Chico Buarque de Hollanda

Samba-bossa - Lá menor

  Am7   **E7/G#**
Já conheço os passos dessa estrada
                  Gm6
Sei que não vai dar em nada
 Gb7   **F7M F6**
Seus segredos sei de cor
Dm7   **E7(#9)**   **C7+**
Já conheço as pedras do caminho
    C6   **B7(13)**
E sei também que ali sozinho
 B7(b13)   **E7M**
Vou ficar tanto pior
            Bb7(#11)   **Am7**
O que é que eu posso contra o encanto
                  E7/G#
Desse amor que eu nego tanto, evito tanto
 Gm6   **Gb7**   **F7M F6**
E que no entanto volta sempre a enfeitiçar
Dm7   **D#°**   **Am/E**
Com seus mesmos tristes velhos fatos
 F7M   **Dm7**
Que num álbum de retratos
E7(#9)   **Am7**
Eu teimo em colecionar

  Am7   **E7/G#**
Lá vou eu de novo como um tolo
        Gm6
Procurar o desconsolo
 Gb7   **F7M F6**
Que eu cansei de conhecer
Dm7   **E7(#9)**   **C7M**   **C6**
Novos dias tristes, noites claras, versos, cartas,
 B7(13)   **B7(b13)**   **E7M**
Minha cara, inda volto a lhe escrever
      Bb7(#11)   **Am7**
Pra lhe dizer que isto é pecado
             E7/G#
Trago o peito tão marcado
        Gm6
De lembranças do passado
Gb7   **F7M F6**
E você sabe a razão

Retrato em branco e preto (continuação)

Dm7　　　　　D#°　　　　　　　　Am/E
Vou colecionar mais um soneto
　　　　F7M　　　　　　　　Dm7
Outro retrato em branco e preto
　　　E7(#9)　　　　　　Am7
A maltratar meu coração.

(Repetir ad libitum)

BIS

Retalhos de cetim

Samba - Lá menor **Benito di Paula**

   Am7   Em
Ensaiei meu samba o ano inteiro
   Am7   Em
Comprei surdo e tamborim
   Am7   Am/G
Gastei tudo em fantasia
     F#m7(5-)
Era só o que eu queria
   Bm7(5-)   E7
E ela jurou desfilar pra mim
   Am7   Em
Minha escola estava tão bonita
   Am7   Em
Era tudo o que eu queria ver
   Am7   Am/G
Em retalhos de cetim
     F#m7(5-)
Eu dormi o ano inteiro
   Bm7(5-)   E7
E ela jurou desfilar pra mim
        A7M A6 A7M   A/G   F#7
Mas chegou   o Carnaval
   Bm   E7
E ela não desfilou
      Am   C7   F7M
Eu chorei na avenida, eu chorei
               Bm7(5-)
Não pensei que mentia
   E7   Am7
A cabrocha que eu tanto amei.

BIS

Tristezas não pagam dívidas

Manoel Silva

Samba - Ré Maior

Introdução: D7M G7M A7(5+) A7 F#m7 B7(9-) Em7 A7 D9⁶

    A7   D7M
Tristezas não pagam dívidas

Não adianta chorar...
       B7   Em7 B7
Deve-se dar o desprezo
Em7   Eb7   D6   E7 A7 D Bm E7 A7 D
A toda a mulher que não sabe amar.
A7   D7M
O homem deve saber

Conhecer o seu valor...
      B7   Em7 B7
Não fazer como o Inácio,
Em7   D6   Em7
Que andou muito tempo
    A7   D   Bm E7 A7 D
Bancando o "seu" Estácio.

Estribilho

A7
Tristezas não pagam dívidas, etc.
A7   D7M
Nunca se deixa a mulher
D7   G7M
Fazer o que ela entender,
Em7   G/A
Pois ninguém deve chorar
   B7   Em7
Só por causa de amor
   A7   D Bm E7 A7 D6
E nem se lastimar.

Hoje

Canção - Dó Maior *Taiguara*

Introdução: C7M G7(9-,13)

[C]Hoje
Trago em meu [C7M]corpo
As marcas do meu [Fm]tempo
Meu dese[Ab7]spero, a [G7(9-)]vida num mo[C]mento
A [C/D]fossa, a [D7]fome, a flor, o fim do [F6/G]mundo [G7(9-,13)]

[C]Hoje
Trago no [C7M]olhar imagens dis[Fm]torcidas
Cores, vi[Ab7]agens, [G7(9-)]mãos descon[C]hecidas
Trazem a [C/D]lua, a [D7]rua às minhas [Gm7]mãos [C7(13)]

[F7M]Mas hoje
As minhas [F#m7(5-)]mãos enfraquecidas [B7]e va[Em]zias
Procuram [Em7(5-)]nuas, pelas [A7]luas, pelas [Dm7]ruas
Na soli[G7(9-,13)]dão das noites frias por vo[C7M]cê [G7(9-)]

[C]Hoje
Homens sem [C7M]medo aportam no [Fm]futuro
Eu tenho [Ab7]medo, a[G7(9-)]cordo e te pro[C]curo
Meu [C/D]quarto es[D7]curo e inerte como a [F6/G]morte [G7(9-,13)]

[C7M]Hoje
Homens de [C7M]aço esperam da [Fm]ciência

Hoje (continuação)

Eu des[Ab7]espero e abraço a [G7(9-)]tua ausência[C]
Que é o que me [C/D]resta [D7]vivo em minha [Gm7]sorte [C7(13)]
[F7M]Ah ! a sorte
Eu não queria [F#m7(5-)]a juventude [B7]assim [Em7]perdida
Eu não queria [Em7(5-)]andar morrendo [A7]pela [D7]vida
Eu não queria [Dm7]amar assim, [Fm7]como [Ab6]eu te [F6]amei.[G7(13)] [C9 6]

Vai levando

Chico Buarque de Hollanda e Caetano Veloso

Dó Maior

Introdução: Am7 Dm7 G7 C C7M Am7 Dm7 G7(13)

C7M Mesmo com toda a **Ab7** fama
Com toda a **Dm7** brahma
Com toda a **G7** cama
Com toda a **Dm7** lama
G7 A gente vai **C7M** levando
Em7 A gente vai **Dm7** levando
F#m7(5-) A gente vai **B7** levan_**Em7** do
Am7 A gente vai **Dm7** levando
G7 Essa **C9⁶** chama **Dm** **G7(13)**

C7M Mesmo com todo o **Ab7** emblema
Todo o **Dm7** problema
Todo o **G7** sistema
Toda **Dm7** Ipanema
G7 A gente vai **C7M** levando
Em7 A gente vai **Dm7** levando
F#m7(5-) A gente vai **B7** levan_**Em7** do
Am7 A gente vai **Dm7** levando
G7 Essa **C9⁶** gema **Dm7** **G7(13)**

C7M Mesmo com o nada **Ab7** feito
Com sala **Dm7** escura
Com um nó no **G7** peito
Com a cara **Dm7** dura
Não tem mais **F#m7(5-)** jeito

Vai levando (continuação)

A gente não tem cura
   B7   **Em**   **F#° G7**

Mesmo com todavia
C7M   **Ab7**

Com todo dia
         Dm7

Com todo ia
       G7

Todo não ia
       Dm7

A gente vai levando
       G7   **C**

A gente vai levando
      Em7 **Dm7**

A gente vai levan_do
     F#m7(5-) **B7** **Em7**

A gente vai levando
Em7 **Am7** **Dm7**

Essa guia.
  G7 **C9⁶** **Dm7** **G7(13)**

Chuva, suor e cerveja

Frevo - Dó Maior *Caetano Veloso*

Introdução: Am Dm G7 C Am Dm G7 C G7 C

      G7   C   G7   C
Não se perca de mim, não se esqueça de mim
     Am   Dm   A7(5+)
Não desapareça
Dm   A7   Dm   A7   Dm
A chuva tá caindo, e quando a chuva começa
             G7   C
Eu acabo de perder a cabeça
C7M   G7   C
Não saia do meu lado
          G7   C
Segue o meu pierrô molhado
         C7   F
E vamos embolar ladeira abaixo
 D#°   C/E   Am   Dm7 G7   C   C7 F
Acho que a chuva ajuda gente se ver
   D#°   C/E   Am   Dm7
Venha, veja, deixa, beija
      G7   C   G7
Seja o que Deus quiser
        Am   Dm
A gente se embola, s'imbora, embola
Dm7   G7   C
Só pára na porta da igreja
      Am   Dm
A gente se olha, se beija, se molha
Dm7   G7   C
De chuva, suor e cerveja.

BIS

Onde estão os tamborins

Pedro Caetano

Samba - Mib Maior

Introdução: Bb G7 Cm F7 Bb

     Cm
Mangueira
F7   **Bb**
Onde é que estão os tamborins, ó nega   **BIS**
   Gm7   **Cm**
Viver somente de cartaz não chega
F7   **Bb**
Põe as pastoras na avenida

Breque (Mangueira querida)
 Cm7   **F7**   **Dm7(5-)**
Antigamente havia uma grande escola
    G7   **Cm7**
Lindos sambas de Cartola
    F7   **Bb7**
Um sucesso de Mangueira
 Fm7   **Bb7**   **Eb7M**
Mas hoje o silêncio é profundo
          Fm7
E por nada deste mundo
 Bb7   **Eb6**
Eu consigo ouvir Mangueira.

Tatuagem

Dó Maior

Chico Buarque de Hollanda
e Ruy Guerra

Dm7(9)   **G#°**   **A/G**
Quero ficar no teu corpo feito tatuagem
Em7(5-)   **A7**   **Dm7(9)**
Que é pra te dar coragem
       G7(13)
Pra seguir viagem
       C7M   **Em7(5-)**   **A7**
Quando a noite vem
F7M   **F#°**   **Em7(5-)**
E também pra me perpetuar em tua escrava
A7   **D7(9)**   **Dm7(9)**
Que você pega, esfrega, nega
G7(13)   **C6**   **Em7(5-)**   **A7(9-)**
Mas não lava
Dm7(9)   **G#°**   **A/G**
Quero brincar no teu corpo feito bailarina
Em7(5-)   **A7**   **Dm7(9)**   **G7(13)**
Que logo se alucina, salta e te ilumina
       C7M   **Em7(5-)**   **A7**
Quando a noite vem
F7M   **F#°**   **Em7(5-)**
E nos músculos exaustos do teu braço
A7   **D7(9)**   **Dm7(9)**
Repousar frouxa, murcha, farta
G7(13)   **C6**   **Em7(5-)**   **A7(9-)**
Morta de cansaço
Dm7(9)   **G#°**   **A/G**
Quero pesar feito cruz nas tuas costas
Em7(5-)   **A7**   **Dm7(9)**
Que te retalha em postas
       G7(13)
Mas no fundo gostas
       C7M   **Em7(5-)**   **A7**
Quando a noite vem
F7M   **F#°**   **Em7(5-)**
Quero ser a cicatriz risonha e corrosiva
A7   **D7(9)**   **Dm7(9)**
Marcada a frio, a ferro, a fogo
G7(13)   **C**   **Em7(5-)**   **A7**
Em carne viva
F7M   **F#°**
Corações de mãe
       Em7(5-)   **A7**
Arpões, sereias e serpente
       D7(9)   **G7(13)**   **C6**
Que te rabiscam o corpo todo mas não sentes.

Copyright 1973 by Cara Nova Editora Musical Ltda.

Sábado em Copacabana

Samba - Dó Maior

Dorival Caymmi e Carlos Guinle

Introdução: Dm G7 C

   C   G7
Depois de trabalhar toda a semana
     G7   C7M
Meu sábado não vou desperdiçar
                   G7
Já fiz o meu programa para esta noite
  D7   G7
Eu já sei por onde vou começar
    C7M   A7   Dm7 G7
Um bom jantar depois de dançar: Copacabana
 Dm7   G7   C7M
Um só lugar para se amar: Copacabana
 C6   Eb°   Dm
A noite passa tão depressa, mas vou voltar lá
  G7   C
Pra semana, se encontrar um novo amor em Copacabana
G7(13)   C7M   A7   Dm G7
Um bom lugar para encontrar: Copacabana
G7   Dm7   E7   Am
Pra passear à beira-mar: Copacabana
C7M   Dm   G7 C
Depois num bar à meia-luz: Copacabana
A7(9-)   Dm7   G7   C7M C9/6
Eu esperei por essa noite uma semana.

Testamento

Toquinho e Vinicius de Moraes

Samba - Fá Maior

Introdução: F Am7(5-) D7 G7 C7 F Gm7 C7

F7M   G7
Você que só ganha pra juntar
   Gm7   C7   F6
O que é que há, diz pra mim, o que é que há
C7(13) F7M G7
Você vai ver um dia
   Gm7   C7 F6
Em que fria você vai entrar...
F7M   Gm7
Por cima uma laje
 C7   Am7(5-)
Embaixo a escuridão
D7 Gm7 C7 F6
É fogo, irmão ! É fogo, irmão !   **BIS**

(falado)

Pois é, amigo, como se dizia antigamente,

o buraco é mais embaixo...

E você com todo o seu baú, vai ficar por lá

na mais total solidão,

Pensando à beça que não levou nada do que juntou,

só seu terno de cerimônia.

Que fossa, hein, meu chapa, que fossa...

F7M   G7
Você que não pára pra pensar
  Gm7   C7   F6
Que o tempo é curto e não pára de passar
C7(13) F7M G7
Você vai ver um dia
    Gm7   C7   F6
Que remorso... Como é bom parar...
F6   Gm7
Ver um sol se pôr
 C7   Am7(5-)
Ou ver um sol raiar   **BIS**
D7 Gm7 C7 F6
E desligar... e desligar...

Testamento (continuação)

(falado)

Mas você, que esperança... bolsa, títulos, capital de giro,
Public Relations (e tome gravata!), protocolos,
Comendas, caviar, champanhe (e tome gravata!),
O amor sem paixão, o corpo sem alma,
O pensamento sem espírito (e tome gravata!)
E lá um belo dia, o enfarte; ou, pior ainda,
O psiquiatra...

```
      F7M              G7
Você que só faz usufruir
        Gm7        C7          F6
E tem mulher pra usar ou pra exibir
C7(13) F7M       G7
Você vai ver um dia
        Gm7       C7    F6
Em que toca você foi bulir
F7M             Gm7
A mulher foi feita
     C7          Am7(5-)
Pro amor e pro perdão
        D7  Gm7      C7   F6
Cai nessa não... cai nessa não
```
BIS

(falado)

Você, por exemplo, está aí com a boneca do seu lado,
Linda e chiquérrima, crente que é o amo e senhor
Do material. É, amigo.
Mas ela anda longe,
Perdida num mundo lírico e confuso, cheio de canções,
Aventura e magia.
E você nem sequer toca a sua alma.
E as mulheres são muito estranhas, muito estranhas...

Testamento (continuação)

    F7M   G7
Você que não gosta de gostar
        Gm7   C7   F6
Pra não sofrer, não sorrir e não chorar
C7(13) F7M   G7
Você vai ver um dia
         Gm7   C7   F6
Em que fria você vai entrar !
     F   Gm7
Por cima uma laje
    C7   Am7(5-)
Embaixo a escuridão
  D7   Gm7   C7   F6
É fogo, irmão ! É fogo irmão !

Pierrot apaixonado

Marcha - Dó Maior   ***Noel Rosa e Heitor dos Prazeres***

Introdução: F Fm⁶ C D7 Fm⁶ C D#° Dm7 G7

C
Um pierrot apaixonado,
    A7   **Dm**
Que vivia só cantando,
F   **F#°**   **C/E**
Por causa de uma colombina,
Am   **Dm7**
Acabou chorando,
G7   **C**   **G7**
Acabou chorando !
  C   **G7** **C**
A colombina entrou no botequim,
  A7   **Dm7**
Bebeu... bebeu... saiu assim... assim...
F   **Fm6** **C**
Dizendo: "pierrot cacete,
  A7 **D7**
Vai tomar sorvete
Fm **C** **Am** **Dm7** **G7**
Com o arlequim"
  C   **G7** **C**
Um grande amor tem sempre um triste fim
  A7   **Dm7**
Com o pierrot aconteceu assim !...
F   **Fm6** **C**
Levando este grande "shoot "
  A7 **D7**
Foi tomar vermute
  Fm **C**
Com amendoim !

Chuvas de verão

Samba-canção - Ré menor *Fernando Lobo*

Introdução: Dm A7 Dm A7

    Dm7   E7(9-) Gm6
Podemos ser amigos simplesmen_te
A7   Dm
Coisas do amor, nunca mais
A7   Dm   Am7
Amores do passado, no presente
Am   E7   Gm   A7
Repetem velhos temas, tão banais...
    Dm   E7(9-) Gm6
Ressentimentos passam como o vento,
                A7
São coisas de momento,
    D7
São chuvas de verão.
                    Gm7
Trazer uma aflição dentro do peito,
  Em7(5-) A7   Dm
É dar vida a um defeito
          A7   Dm
Que se cura com a razão.

C7
Estranha no meu peito
F7M
Estranha na minha alma.
C7
Agora eu vivo em calma,
F   A7
Não te conheço mais...
Dm   E7(9-) Gm6
Podemos ser amigos, simples_mente...
A7   Dm7   Bb7 A7
Amigos, simplesmente e nada mais.

                          (para voltar à 1ª estrofe)

                    Dm   A7 Dm
Para terminar: e nada mais

Marina

Samba - Fá Maior   ***Dorival Caymmi***

```
F7M          Em7       Dm7      B7      Bb7M  Gm7
Marina, morena Marina, você se pintou,
   Bb/C              C7(9-)              Am7   Dm7  Em7(5-)  A7
Marina, você faça tudo, mas faça um favor.
   Dm7         Dm/C        Bm7(5-)
Não pinte esse rosto que eu gosto ,
     E7           Am7   Dm7    G7(13)
Que eu gosto, e que é só meu
   Em7    A7     Dm7       G7          Bb/C  C7(9)
Marina, você já é bonita com que Deus lhe deu.
F7M     Em7       Dm7        B7       Bb7M  Gm7
Me aborreci, me zanguei, já não posso falar
    Bb/C               C7      Bb7     A7  Cm  F7
E quando eu me zango, Marina, não sei perdoar,
                6
   Bb       Bb9     Bbm6
Eu já desculpei muita coisa
  F7M          Bb7M       Am7   D7
Você não arranjava outro igual
   Gm7              Bb/C
Desculpe, Marina morena,
      C7(9-)       F7M
Mas eu estou de mal,
Bb/C    Bbm/C     F7M Bbm6              F7M
De mal com você...    de mal com você !
```

Canto de Ossanha

Bossa - Sol menor **Baden Powell e Vinicius de Moraes**

   Gm   Gm/F   E°
O homem que diz "dou", não dá
               Eb6   Gm
Porque quem dá mesmo, não diz
          Gm/F   E°
O homem que diz "vou", não vai
        Eb6   Gm
Porque quando foi, já não quis
         Gm/F   E°
O homem que diz "sou", não é
        Eb6   Gm
Porque quem é mesmo, é, não sou
         Gm/F   E°
O homem que diz "tô", não tá
      Eb6   Gm
Porque ninguém tá quando quer
 Gm   Gm/F   E°
Coitado do homem que cai
        Eb6   Gm
No canto de Ossanha traidor
       Gm/F   E°
Coitado do homem que vai
      Eb6   Gm
Atrás de mandinga de amor
    Gm/F   E°
Vai, vai, vai, vai, não vou
    Eb6   Gm
Vai, vai, vai, vai, não vou
    Gm/F   E°
Vai, vai, vai, vai, não vou
    Eb6   G6
Vai, vai, vai, vai, não vou
               Dm7
Que eu não sou ninguém de ir
   G7   B7(9+)
Em conversa de esquecer
 Em7   A7(9)   D7
A tristeza de um amor que passou
G6   6   Dm7
         G9
Não, eu só vou se for pra ver
  G7   B7(9+)
Uma estrela aparecer
    Am7   D7(9)
Na manhã de um novo amor
Gm   Gm/F   E°
Amigo senhor saravá

Canto de Ossanha (continuação)

       Eb6   **Gm**
Xangô me mandou lhe dizer
     Gm/F   **E°**
Se é canto de Ossanha, não vá
   Eb6   **Gm**
Que muito vai se arrepender
    Gm/F **E°**
Pergunte pro seu Orixá | **BIS**
    Eb6   **Gm**
O amor só é bom se doer
  Gm/F   **E°**
Vai, vai, vai, vai, amar
   Eb6   **Gm**
Vai, vai, vai, vai, sofrer
  Gm/F   **E°**
Vai, vai, vai, vai, chorar
   Eb6   **G6**
Vai, vai, vai, vai, dizer
                  Dm7
Que eu não sou ninguém de ir
  G7(9)   **B7(9+)**
Em conversa de esquecer
 Em7   **A7**   **D7(9)**
A tristeza de um amor que passou
G6   **Dm7**
Não, eu só vou se for pra ver
  G7(9)   **B7(9+)**
Uma estrela aparecer
   Am7   **D7(9)**   **Gm**
Na manhã de um novo amor

Para terminar:
Gm   **Gm/F**   **E°**
Vai, vai, vai, vai, amar
   Eb6   **Gm**
Vai, vai, vai, vai, sofrer
  Gm/F   **E°**
Vai, vai, vai, vai, chorar
   Eb6   **Gm**
Vai, vai, vai, vai, viver.

Pra que mentir

Samba - Fá menor   ***Noel Rosa e Vadico***

```
      Fm         C7(9-)
Pra que mentir,
    Fm7            Bbm    Bbm6  Fm7
Se tu ainda não tens esse dom
 Bbm7   Fm7    Bbm    Ab7M  Db7M
De saber   ilu__dir ?
       Bbm7  C7(9-)     Fm
Pra quê?    Pra que mentir,
        Dm7(5-)       G7(5+)      C7
Se não há necessidade de me trair ?
      Fm         C7(9-)
Pra que mentir,
    Fm7              Bbm7
Se tu ainda não tens
 Bbm6   Fm      Db7M     Gm7(5-)  C7(9-)
A malícia de toda mulher?
    Fm7       C7(9-)
Pra que mentir,
    Fm7                   G7(5+)
Se eu sei que gostas de outro,
       Gm7(5-)
Que te diz
 C7          F6
Que não te quer ?
    F7M      Bbm6       F7M
Pra que mentir tanto assim
       A7(5+)           Dm
Se tu sabes que eu já sei
              Bb7M        B°
Que tu não gostas de mim ?
    A7              Dm7
Tu sabes que eu te quero,
   C7            F6
apesar de ser traído,
        Fm7       Bbm7
Pelo teu ódio sincero
        Db7M          Bb/C    C7
Ou por teu amor fingido.
```

Mormaço

Samba - Dó menor *João Roberto Kelly*

    Cm   Cm7
Você chegou
                 Fm7
Na minha vida lentamente
        G7
Você foi paz, você foi gente
    Eb7   Ab7   G7
Fiquei feliz, fiquei contente
Cm   Gm7(5-)
Você me deu
C7   Fm7
  O seu sorriso todo branco de paz
        Am7(5-) D7
  E muito mais
Am7(5-)   D7
Me deu ternura
D7(9-)   G7
  E até prazer de viver
Fm   Dm7(5-)   G7(5+)   Cm   G7(5+)
Agora,   sem você, eu nada faço
Cm7   Fm7
Seu amor foi um mormaço
Dm7(5-)   G7   Cm C7(9-)
Que me queimou sem querer
        Fm7   Bb7   Eb7M
Não vá embora   nunca mais
Ab7M   Fm7
Não quero acordar
      Ab7   G7   Cm G7(5+)
Deste sonho bonito de paz

BIS

Voltar ao princípio, até:
      G7   Cm7
Que me queimou sem querer.

Chica da Silva

Anescar e
Noel Rosa de Oliveira

Samba - Sib Maior

Bb   Cm7   Dm7   Cm7
A_pe_sar...
Bb7M   G7   Cm7   Fm   G7
De não possuir grande beleza
Cm7   F7
Chica da Silva
                Cm7
Surgiu no seio
Cm/Bb   Gb7 F7
Da mais alta nobreza
Bb   Eb7M
O contratador
Bb7   Eb
João Fernandes de Oliveira
Cm7   F7
A comprou
                       Bb
Para ser a sua companheira
Bb   G7   Cm7
E a mulata que era escrava
F7   Bb7M Cm7   F7   Bb
Sentiu forte transformação
F7(13)   Bb   C7   F   Dm7
Trocando o gemido da senzala
Gm7   C7   Cm7 F7
Pela fidalguia do salão
Cm7   F7   Bb   G7
Com a influência e o poder do seu amor
             Cm7
Que superou
F7   Bb
A barreira da cor
F7   Bb   Dm7 G7
Francisca da Silva
Cm   F7   Bb   F7
Do cativeiro zombou, ô ô ô ô
Bb G7 Cm   F7   Bb Cm7 F7
Ô ô ô ô   ô ô   ô
Bb G7 Cm   F7   Bb Cm7 F7
Ô ô ô ô   ô ô

Bb   Gm7   Cm7   Fm6   Cm7
No arraial do Tijuco
          F7   Bb   Eb7
Lá no Estado de Minas

Chica da Silva (continuação)

[Bb]   [Gm]   [Cm]
Hoje lendária cidade
[F7]   [Eb7] [Dm7] [Cm7]
Seu lindo nome é Diamantina
[Bb]   [Gm7] [Cm]
Onde viveu a Chica que manda
[Eb/F]   [F7]   [Bb]
Deslumbrando a sociedade
[Cm7/F]   [Bb]   [Cm7]
Com orgulho e o capricho da mulata
     [F7]   [Bb]   [Eb7]
Importante, majestosa e invejada
[Bb]   [G7]   [Cm]
Para que a vida lhe tornasse mais bela
[F]   [Cm7]   [F7]
João Fernandes de Oliveira
              [Cm7]
Mandou construir
[F7]   [Cm]   [Eb/F]   [Dm7] [Cm7]
Um vasto lago e uma belíssima galera
[Bb]   [Eb]
E uma riquíssima liteira
              [Cm]
Para conduzi-la
         [F7]
Quando ia assistir
             [Bb]   [Bb9⁶]
A missa na capela.

Roda viva

Samba - Mi menor   *Chico Buarque de Hollanda*

    Em   C7
Tem dias que a gente se sente
                  Am7   Em7
Como quem partiu ou morreu
         Am7   D7 G7M
A gente estancou de repente
              F#7   B7
Ou foi o mundo então que cresceu.
        E7   Am
A gente quer ter voz ativa
        D7   G7M
No nosso destino mandar
        F#7   B7   Em
Mas eis que chega a roda   viva
 Em/D   C7   B7
E carrega o destino pra lá.
 Em
Roda mundo, roda gigante,
     A/G   Am7   D7
Roda moinho, roda pião
   E7(9-)   Am7
O tempo rodou num instante
   B7   Em
Nas voltas do meu coração.
                  C7
A gente vai contra a corrente
    Am7   Em7
Até não poder resistir
 E7   Am7   D7   G7M
Na volta do barco é que sente
         F#7   B7
O quanto deixou de cumprir
        E7   Am7
Faz tempo que a gente cultiva
    D7   G7M
A mais linda roseira que há
      F#7   B7 Em
Mas eis que chega a roda   viva
   C7   B7
E carrega a roseira pra lá.
 Em
Roda mundo, roda gigante, etc...
         C7
A roda da saia mulata
     Am7   Em
Não quer mais rodar, não, senhor

Roda viva (continuação)

       Am7 D7   G7M
Não posso fazer serenata
   F#7   **B7**
A roda de samba acabou.
       E7   **Am7**
A gente toma a iniciativa
    D7   **G7M**
Viola na rua a cantar
             F#7   **B7 Em**
Mas eis que chega a   roda   viva
     C7   **B7**
E carrega a viola pra lá.
   Em
Roda mundo, roda gigante, etc...
               C7
O samba, a viola, a roseira
       Am7   **Em**
Um dia a fogueira queimou
    Am7 D7   **G7M**
Foi tudo ilusão passageira
      F#7   **B7**
Que a brisa primeira levou.
     E7   **Am7**
No peito a saudade castiga
      D7   **G7M**
Faz força pro tempo parar
             F#7   **B7 Em**
Mas eis que chega a   roda   viva
    C7   **B7**
E carrega a saudade pra lá.
   Em
Roda mundo, roda gigante, etc...

Pra seu governo

Samba - Mib Maior   *Haroldo Lobo e Milton de Oliveira*

   Eb   C7(9-)   Fm7
Você não é mais meu amor
   Bb7   Eb7M   C7   Fm7
Porque vive   a chorar
 Fm7   Bb7   Eb7M
Pra seu governo
  C7(9-)   Fm   Bb7   Eb7M Fm7
Já tenho outra em seu lugar
Bb7   Eb Bb7   Eb
Pedi para voltar
 Fm7   Gm7   C7   Fm7   C7(9-)
Porém você não me atendeu
 Fm7   C7(9-)   Fm7
Agora o nosso amor
              F7   Fm7   Bb7 Fm7   Bb7(13)
Pra seu governo, já morreu.

BIS

Batida diferente

Samba-bossa - Sol Maior

*Durval Ferreira
e Maurício Einhorn*

G7M   **G6**   **Dm7**
Veja como bate engraçado
G7(13)   **C7M**
O meu coração assim
Cm7   **F7**   **Bm7**
Tum, tum, tum, tum, tum, tum, tum,
       E7(9+)
Tum, tum, tum, tum, tum
Am7   **D7(9+)**   **Bm7**   **E7(9+)**   **Am7**   **D7(13)**
Tum, tum, tum, tum, tum, tum
G7M   **G6**   **Dm7**   **G7(13)**   **C7M**
Bate realmente sincopado, vem ouvir assim
Cm7   **F7**   **Bm7**
Mas bem juntinho de mim
     E7(9+)   **Am7**
Tum, tum, tum, tum, tum, tum,
   D7(9+)   **G6**
Tum, tum, tum, tum, tum,

Dm7   **G7**   **Dm7**   **G7**
Se no coração batida diferente
C7M
Faz você vibrar
Em7   **A7**
Eu vou te mostrar
   Em7   **A7**
Que no meu coração
  Am7
O tum, tum, tum, tum,
D7(9+)
Pode variar
   G7M   **G6**   **Dm7**   **G7(13)**   **C7M**
E juntos nós iremos tentar mudar e improvisar
Cm7   **F7**   **Bm7**
O que vem do coração
     E7(9+)
Tum, tum, tum, tum
   Am7   **D7(9+)**
Tum, tum, tum, tum
    G6
Tum, tum, tum.

Nova ilusão

Pedro Caetano e
Claudionor Cruz

Samba - Dó menor

Cm7 **Fm7**   **Dm7(5-)**
É nos teus olhos a luz
   G7   **Cm7**
Que ilumina e conduz
Fm7 **G7**
Minha nova ilusão
Am7(5-) **D7(9-)**   **G7**
É nos teus olhos que eu vejo

O amor, o desejo
 D7   **Dm7(5-)** **G7**
Do meu coração
Cm7 **Fm7** **Dm7(5-)**
És um poema da terra
  G7   **Cm7**
Uma estrela no céu
 Fm7 **G7**
Um tesouro no mar
Gm7(5-) **C7** **Fm**
És tanta felicidade
  G7   **Cm**
Que nem a metade
 G7 **Cm**
Consigo exaltar
C7M   **D7**
Se um beija-flor descobrisse
        Dm7
A doçura e a meiguice
  G7   **C7M**
Que os teus lábios têm
      Em7(5-)
Não mais roçaria
 A7 **Dm7**
As asas brejeiras
    Dm7(5-)
Por entre as roseiras
 G7   **C7M**
Em jardins de ninguém
   Em7
Ó dona dos sonhos
Am7 **D7**
Ilusão concebida
    Dm7
Surpresa que a vida
G7 **Gm7** **C7**
Me fez das mulhe__res

Nova ilusão (continuação)

  F7M   **Em7**
Há no meu coração
  C7(5+)   **F7M**
Um amor em botão
  G7   **C**   **G7**
Que abrirá se quiseres.

Atrás do trio elétrico

Fá Maior *Caetano Veloso*

Introdução: F7M D7 Bb6 F C7 F

F7M   Gm7
Atrás do trio elétrico
         C7
Só não vai quem já morreu
F   D7
Quem já botou pra rachar
Gm7   C7
Aprendeu   que é do outro lado
Gm7   C7
Do lado, de lá do lado
Gm7   C7   F
Que é lado, lado de lá
                       F7M
O sol é seu, o som é meu
              D7
Quero morrer,   quero morrer já
Gm7   C7
O som é seu, o sol é meu

Quero viver, quero viver lá
F   F7M
Nem quero saber se o diabo nasceu
              F7
Foi na Bahi,   foi na Bahia
Bb   F
O trio elétrico só morreu
             C7   F
no meio di, no meio dia.

BIS

Vivo sonhando

Samba-bossa nova - Dó Maior   *Antonio Carlos Jobim*

Introdução: C7M Cm7 C7M Cm7

C7M
Vivo sonhando, sonhando
              Ab7M
Mil horas sem fim
C7M   F#m7
Tempo em que vou perguntando
   B7   Gm/Bb A7
Se gostas de mim
Dm7   Fm7
Tempos de falar em estrelas
 Em7(5-)   A7
Falar de um céu, de um mar assim
Ab7   F/G
Falar do bem que se tem
 G7   Em7 Eb7 Ab7M   G7(13)
Mas você não vem,   não vem
C7M
Você não vindo, não vindo
      Cm7 Ab7M
A vida tem fim
           F#m7
Gente que passa sorrindo
  B7   Gm/Bb A7
Zombando de mim
  Dm7   Fm7
E eu a falar em estrelas
Em7(5-)   A7
Mar, amor, luar
     D7
Pobre de mim
Dm7   G7(13)   C6   C7M(9) Ab7M C7M
Que só sei te amar.

Saudosa maloca

Samba - Lá menor   *Adoniran Barbosa*

Introdução: Dm Am Bm7(5-) E7 Am

^{Bm7(5-)}   ^{E7}   ^{Am}
Si o senhor não tá lembrado
^{E7}   ^{Am}
Dá licença de contá
      ^{Em7(5-)}   ^{A7}
Que aqui onde agora está
^{Em7(5-)}   ^{A7}
Esse edifício arto
     ^{Gm6}   ^{Em7(5-)}
Era uma casa véia
       ^{A7}   ^{Dm7}
Um palacete assobradado

Foi aqui, seu moço
    ^{Bm7(5-)}   ^{E7}   ^{Am7}
Que eu, Mato Grosso e o Jóca
    ^{B7}   ^{E7}
Construímo nossa maloca
       ^{Em7(5-)}
Mais, um dia
    ^{A7}   ^{Dm7}
- Nóis nem pode se alembrá
               ^{Am7}
Veio os homes c'as ferramentas
    ^{E7}   ^{Am}
O dono mandô derrubá
^{E7}   ^{Am7}
Peguemos todas nossas coisas
^{Em7(5-)}   ^{A7}
E fumos pro meio da rua
           ^{Dm7}
Preciá a demolição
    ^{A7}   ^{Dm}   ^{Am7}
Que   tristeza que nós sentia
           ^{B7}
Cada tábua que caía
     ^{E7}
Duía no coração

Mato Grosso quis gritá
          ^{Am7}
Mas em cima eu falei:
^{A7}
Os homens tá co'a razão

Saudosa maloca (continuação)

                   Dm7
nóis arranja outro lugá
A7   **Dm7**   **Am7**
Só se conformemos quando o Jóca falou:
     B7   **E7**
"Deus dá o frio conforme o cobertô "
               Dm7   **Am7**
E hoje nóis pega a páia nas grama do jardim
        B7   **E7**   **Am7**
E pra esquecê, nóis cantemos assim:
       Dm7   **Am7**
Saudosa maloca, maloca querida, dim, dim | **BIS**
     F   **E7**   **Am7**
Donde nóis passemos os dias feliz de nossa vida.

Feitiço da Vila

Samba - Ré Maior **Noel Rosa e Vadico**

Introdução: G7M G#° D B7 E7(9) A7 D B7 Bb7(9) A7(9)

D7M   G6   C#m7(5-)
Quem nasce lá na Vila
F#7   Bm
Nem sequer vacila
  G6   F#susp⁴ F#7
Ao abraçar o samba
G7M G#°   D7M(9)/A   F#m7(5-)
Que faz dançar os galhos do arvoredo
B7   E7   A7(13)   D6   A7
E   faz a lua nascer mais cedo
D7M   G6   C#m7(5-)
O   sol da Vila é triste
F#7   Bm
Samba não assiste
  G6   F#susp⁴ F#7
Porque a gente implora:
G7M G#°   D7M(9)/A   F#m7(5-) B7
"Sol, pelo amor de Deus, não venha agora
            E7   A7(13)   D6
Que as morenas vão logo embora"...

Estribilho:

B7(9-)   Em
A Vila tem
B7   Em
Um feitiço sem farofa
Em7   Gm7   Gm6
Sem vela e sem vintém
A7(13)   D7M   F#7(5+)
Que nos faz bem
Bm7   G7   F#7   Bm
Tendo nome de princesa
Bm7   G7   F#7   Bm
Transformou o samba
        F#m7   E7
Num feitiço decente
    A7   Em7   A7
Que prende a gente.
D7M   G6   C#m7(5-)
Lá   em Vila Isabel
F#7   Bm
Quem é bacharel
       G6   F#susp⁴ F#7
Não tem medo de bamba
G7M G#°   D7M(9)/A   F#m7(5-)   B7
São Paulo dá café,   Minas dá leite

Copyright 1934 by Mangione Filhos & Cia. Ltda.

Feitiço da Vila (continuação)

     E7   **A7(13)**   **D6** **A7**
E a Vila Isabel dá samba,
D7M **G6**   **C#m7(5-)**
Eu sei tudo que faço
F#7   **Bm**
Sei por onde passo
    G6   **F#susp** **F#7**
Paixão não me aniquila
G7M **G#°**   **D7M(9)/A**   **F#m7(5-)** **B7**
Mas tenho que dizer,   modéstia à parte
     E7   **A7(13)**   **D6**
Meus senhores, eu sou da Vila !

O menino de Braçanã

Toada - Dó Maior   ***Arnaldo Passos e Luiz Vieira***

Introdução: C F G7 C Dm7 G7 C Dm G7 C

C7M   Am7   Dm7
É tarde, eu já vou indo
G7   C7M
Preciso ir - me embora
Am7   Dm7
Té manhã
G7   C7M   Am7   Dm7
Mamãe, quando eu saí
G7   C
Disse: moleque, não demore
G7
Em Braçanã
Fm/Ab   G7
Braçanã
Cm   Dm7(5-)
Se eu demoro, mamãezinha
G7   Cm
Tá a me esperar
G7
Pra me castigar
C7(9-)   Fm/Ab
Tá doido, moço
G7   Cm
Não faço isso, não

Vou-me embora,
Fm6/Ab
Vou sem medo
G7   C
Da escuridão
C/E
Quem anda com Deus
Dm7
Não tem medo
G7   C
De assombração
Am7   Dm7
Eu ando com Jesus Cristo
G7   C
No meu coração.

Copyright 1953 by Rio Musical Ltda.

Segredo

Samba - Sib Maior   **Herivelto Martins e Marino Pinto**

   Bb   Bb7M   Em7(5-) A7
Seu mal é comentar o passado
 Fm7   G7   Cm
Ninguém precisa saber o que houve entre nós dois
 Eb7M   Ebm
O peixe é pro fundo das redes,
 Bb   G7
Segredo é pra quatro paredes,
   Cm   F7
Não deixe que males pequeninos
         Bb   Bb9^6 G7
Venham transtornar os nossos destinos,
 Eb7M   Ebm
O peixe é pro fundo das redes,
 Bb/D   G7
Segredo é pra quatro paredes
 Cm7   F7
Primeiro é preciso julgar
           Bb
Pra depois condenar.
F7   Bb7M
Quando o infortúnio nos bate à porta
 Fm7   Bb7   Eb7M
E o amor nos foge pela janela
Eb7M   A7(5+) Dm7   G7
A felicidade para nós está morta
C7   Cm7 F7
E não se pode viver sem ela...
Eb7M   Em7(5-) A7   Bb7M   G7
Para o nosso mal   não há remédio, coração!
      Cm7   F7   Bb
Ninguém tem culpa da nossa separação.

Exaltação a Tiradentes

Mano Décio da Viola, Penteado e Estanislau Silva

Samba - Mib Maior

  Bb7 Eb   Abm7 Db7 Bb7   Eb
Joaquim José   da Silva Xavier
              C7   Fm
Morreu a vinte e um de abril
F7   Bb7
Pela independência do Brasil !
      Eb   Bb7
Foi traído, e não traiu jamais | BIS
Fm   Bb7   Eb
A inconfidência de Minas Gerais
           Eb
2º vez: Minas Gerais

Fm7   C7(9-)   Fm   Bb7
Joaquim José da Silva Xavier
  Eb   Bb7   Eb7M Bb7(13)
Era nome de Tiradentes
Eb Cm7   Fm Bb7 Fm   Bb7   Fm
Foi   sacrificado pela nossa liberdade
Eb7M C7   Fm
Este grande herói
   Ab   Fm Bb7 Eb7M Ab/Bb Bb7
Para sempre há de ser lembrado.
                   Bb7   Eb6
Para terminar: lembrado

                 Gm   C7(9-) Fm
Introdução: Lá Lá Lá Lá Lá etc...

Bloco da solidão

Marcha-rancho - Lá menor   *Evaldo Gouveia e Jair Amorim*

Introdução: Dm Bm7(5-) E7 Am B7 E7 Am

   Dm   Bm7(5-) E7   Am   B7   E7 Am
Laiá laiá laiá   laiá   laiá laiá   lá laiá lá laiá   laiá
  Bm7(5-)   E7   Am
Angústia, solidão num triste adeus em cada mão
  Gm/Bb   A7   Dm
Lá vai meu bloco, vai, só desse jeito é que ele sai
  Dm7/G   G7   C
Na frente sigo eu, levo o estandarte de um amor
  F#m7(5-)   B7   Bm7(5-)   E7
O amor que se perdeu no Carnaval... lá vai meu bloco
  Bm7(5-)   E7   Am
E lá vou eu também mais uma vez sem ter ninguém
  Bm7(5-)   E7   Em7(5-) A7
No sábado e domingo,   segunda e terça-fei__ra
  Dm   D#°   Am/E   F7M
E quarta-feira vem, o ano inteiro é todo assim
      B7   E7   Am
Por isso quando eu passar batam palmas pra mim
  Dm7   G7   C
Aplaudam quem sorri trazendo lágrimas no olhar
  Em7(5-)   A7   Dm   A7
Merece uma homenagem quem tem forças pra cantar
  Dm7   D#°   Am/E   F7M
Tão grande é minha dor, pede passagem quando sai
    B7   E7   Am
Comigo só, lá vai meu bloco, vai
  Dm   Bm7(5-) E7   Am   B7   E7 Am
Laiá   laiá laiá   laiá   laiá laiá   lá laiá lá laiá   laiá.

Se acaso você chegasse

Lupicínio Rodrigues e Felisberto Martins

Samba - Sol Maior

Introdução: C7M Cm⁶ Bm7 E7 Am7 D7 G

   G6
Se acaso você chegasse

No meu barraco encontrasse

Aquela mulher
E7   Am7
Que você gostou

Será que tinha a coragem
     D7
De trocar a nossa amizade
  Am7
Por ela
    D7   G6
Que já lhe abandonou
  G7M   Dm7
Eu falo porque esta dona

Já mora no meu barraco
         G7
À beira de um regato
    C7M
E um bosque em flor
         Cm6
De dia me lava roupa
  Bm7   E7
De noite me beija a boca
  Am7
E assim nós vamos
 D7   G6
Vivendo de amor

Para terminar:
 D7   G6
Vivendo de amor.

Chove chuva

Samba - Fá menor   *Jorge Ben*

Introdução: Fm Bb7 Fm Bbm7 Eb7 C7 Fm Bb7 Fm

        Bbm7
Chove chuva | **BIS**
Eb7   Fm7 Bb7 Fm7
Chove sem parar
                  Bbm
Pois eu vou fazer uma prece
    Eb   Ab7M
Pra Deus nosso Senhor
Fm   Bbm7
Pra chuva parar
       Eb/Db   Eb7   Fm
De molhar o meu divino amor
Fm   Bbm7
Que é muito lindo
                Fm
É mais que o infinito
      Bbm7
É puro e é belo
Eb7   Fm
Inocente como a flor
             Bbm7
Por favor, chuva ruim | **BIS**
       Eb/Db
Não molhe mais
Eb7   Fm7
O meu amor assim.

Canta, Brasil

*Alcyr Pires Vermelho
e David Nasser*

Ritmo de samba - Sib Maior

Introdução: Bb7M

Bb   Ebm   Bb   Ebm6   Bb
As selvas te deram nas noites seus ritmos bárbaros..
Bb   C7   F7
Os negros trouxeram de longe reservas de pranto...
Cm   G7   Cm
Os brancos falaram de amores em suas canções...
C7   Ebm   Cm   F7   Cm F7
E dessa mistura de vozes nasceu o teu pranto...

Bb7M
Brasil
                 Bb7M
minha voz enternecida

já dourou os teus brasões
        Am7(5-) D7(9-) Gm7
na expressão   mais comovida
Dm7   G7   Cm G7
das mais ardentes canções...

Cm   G7
Também,
G7   Cm
A beleza deste céu
      G7   Cm
Onde o azul é mais azul
     G7   Cm
Na aquarela do Brasil
              F7
Eu cantei de Norte a Sul
     Cm   F7   Bb7M
mas agora o teu cantar,
   F7   Bb
Meu Brasil, quero escutar:
            Bb7
Nas preces da sertaneja,
         Eb6
Nas ondas do rio-mar...

Copyright 1941 by Mangione & Filhos Cia. Ltda.

Canta Brasil (continuação)

Ebm6
Oh !
        Bb7M
Este rio-turbilhão,
        F7
entre selvas e rojão,
  Cm   **F7**   **Bb7M** **Fm**
Continente a caminhar !
  G7
No céu !
Fm   **G7**
No mar !
  C7
Na terra !
Ebm6   **Bb**
Canta, Brasil !

Cheiro de saudade

Samba - Dó Maior **Djalma Ferreira e Luiz Antonio**

Introdução: C7M Dm7 G7

C7M / Dm7 G7
É aquele cheiro de saudade
C7M / Em7(5-) A7
Que me traz você a cada instante
Dm7 / G7
Folhas da saudade
C7M / Am7
Mortas pelo chão
D7
É um altar enfim
Dm G7(5+)
No coração,
C7M / Dm7 G7
É talvez que é tempo de saudade
C7M / Em7(5-) A7
Trago o peito tão carregadinho
Dm7 / G7
Sofro de verdade
C7M / Am
Fruto da saudade
Am7 D7 G7 C9
Sem o teu ca__rinho
Gm7 / C7(9) F7M
Quem semeia vento colhe tempestade
Fm / Bb7 Eb7M G7
Quem planta amor colhe saudade...

Pra dizer adeus

Canção - Lá menor   **Edu Lobo e Torquato Neto**

Introdução: E7(9-)

[Am] Adeus...
[G#°] Vou pra não [Cm/G] voltar
[F#°] E onde quer que eu [Dm/F] vá
[E7(4)] Sei que [E7(9-)] vou so[Am7]zinho
[E7] Tão so[Am7]zinho, amor
[G#°] Nem é bom [Cm/G] pensar
[F#°] Que não volto [Dm/F] mais
[E7(4)] Desse [E7(9-)] meu ca[Am7]minho [D7(9)]
[G7/4(9)] Ah ! [G7] pena eu não sa[C7M 9]ber [A7(9-)]
Como te [Dm7] contar [Dm/C]
Que o amor foi [B7(13)] tanto [B7(13-)]
E no en[E7(9-)]tanto eu queria di[Am7]zer [G#°]
Vem, eu só sei [Cm/G] dizer
Vem, nem que seja [Dm/F] só [E7(4)]
[E7(9-)] Pra di[Am7]zer adeus.

O que é amar

Samba-canção - Dó Maior　　　　　　　　　　　　*Johnny Alf*

　　　　C7M　Am7　　　　　Dm7　G7(9-)　　　　C7M　Dm7　Em7
"É só olhar,　depois sorrir,　depois gostar!"
A7(9-)　　　　　　　　　Dm7　G7(9-)　　　Bm7　E7
Você olhou, você sorriu,　me fez gostar
　　　　　　　　Am7　　　　F#m7(5-)
Quis controlar meu coração
B7　　　Em7　　　A7(9)
Mas foi demais a emoção
　　　F#m7　B7(9-)　　Em7　A$_4^7$(9)　　　Ab7(13)
De sua boca　ouvi dizer:　quero você
G7　　　　C7M　Am7　　　　　Dm7　G7(9)　　　C7M
Quis responder,　quis lhe abraçar,　tudo falhou.
Am7　Abm7　Gm7　　　Eb7　　　F7M　B7(9-)　E7(9-)
Porém, você me segurou e me beijou!
　　　　Am7　　　　　　Bb7(9)
Agora eu posso argumentar
　　　C7M　　Dm7　　　　Em7
Se perguntarem o que é amar:
Ebm7　Dm7　A7　　　Dm7　G7(9-)　　　　C6
"É só olhar, depois sorrir,　depois gostar!"

Foi a noite

Samba-canção - Dó Maior

*Antonio Carlos Jobim
e Newton Mendonça*

$A_4^7(9)$ A7   Dm7
Foi a noite
G7   C7M   Am7
Foi o mar, eu sei.
$A_4^7(9)$ A7   Dm7
Foi a lua
G7   C6
Que me fez pensar
      Bm7(5-)   E7   Am7   D7(9)
Que você me queria outra vez
     Dm7   G7   E7(13)   E7(13-) $A_4^7(9)$
Ou gostava um pouquinho de mim
A7   Dm7
Ilusão,
G7   C6   Am7
Eu bebi, talvez.
A7   Dm7
Foi amor,
G7   Em7(5-)   A7(9-)
Por você, bem sei!
     F7M   Fm7
A saudade aumenta com a distância
    Em7   Am7   A7
E a ilusão é feita de esperança.
     Dm7   A7(9-)
Foi a noite
     Dm7 $G_4^7(9-)$
Foi o mar, eu sei...
    C6
Foi você...

Pastorinhas

Marcha-rancho - Sol menor

*João de Barro
e Noel Rosa*

    D7   Gm
A Estrela d'Alva
  G7   Cm
No céu desponta
  Cm/Bb   Am7(5-)
E a lua anda tonta
D7   Gm   D7
Com tamanho esplendor!...
Gm   Cm7
E as pastorinhas,
Am7(5-)   D7(9-)   Gm
Pra consolo da lua,
Gm7/F   Em7(5-)   A7
Vão cantando na rua
D7   G
Lindos versos de amor
  D7   G
Linda pastora
                    D7
Morena, da cor de Madalena
  D7   Am D7
Tu não tens pena
  Am7
De mim
D7   G
Que vivo tonto com o teu olhar!
  D7   G
Linda criança,
        G7   C6   C
Tu não me sais da lembrança
Cm6   Cm   G E7
Meu coração não se cansa
Am7   D7   G
De sempre e sempre te amar!

Copyright 1937 by Mangione Filhos & Cia Ltda

Canção do amanhecer

Mib Maior *Edu Lobo e Vinicius de Moraes*

Eb
Ouve
Eb7M   **F/Eb**
Fecha os   olhos, amor
            Fm/Eb
É noite ainda
            Abm7/Gb G7
Que silên___cio
Cm7   **Cm/Bb**
E nós dois
            Am7   D7(9-)
Na tristeza de depois
    Gm7(9)   Gm7M   C7(5-)
A contemplar
C7   **Fm7**   **E7(9+)**
O grande céu do adeus
Ebm7 Ebm/Db Ab/C   Bb7(9-) Ebm
Ah!   não existe paz
Ebm/Db   Ab/C   Bb7   Eb6
Quando o adeus existe
            F/Eb
E é tão triste

O nosso amor
            Fm/Eb   Fm
Oh ! vem comigo
       Abm7/Gb G7
Em silên____cio
Cm7   **Cm/Bb**
Vem olhar
            Am7   D7(9-)
Esta noite amanhecer
Gm7M
Iluminar
C7   **Ab7M**
Aos nossos passos tão sozinho
Db7
Todos os caminhos
Gm7
Todos os carinhos
Bbm7   **C7(9-)**
Vem raiando a madrugada
F7M   **A7M**
Música no céu...

Lamentos

Pixinguinha
e Vinicius de Moraes

Choro - Sol Maior

Introdução: G C C#° G/D A7 D7 G

1ª parte
G
Morena
G°
Tem pena
G7M   E7(9-)
Mas ouve o meu lamento
Am7 F#m7(5-)
Tento em vão
B7 Em7
Te esquecer
F#7 B6 G#m C#m7 F#7 B7
Mas olhe, o meu tormento é tanto
E7   Am7 D7   G
Que eu vivo em pranto e sou todo infeliz
   G7 C Cm6 G
Não há coisa mais triste meu benzinho
 Em7 Am7 D7 G
Que esse chorinho que eu te fiz...

(A 2ª parte não tem letra)

1ª parte
G
Sozinha
G°
Morena
G7M   E7(9-)
Você nem tem mais pena
Am7 F#m7(5-)
Ai, meu bem
B7 Em7
Fiquei tão só
F#7 B6 G#m7 C#m7
Tem dó, tem dó de mim
F#7 B7 E7 Am7 D7 G
Porque estou triste assim por amor de você
   G7 C Cm6 G
Não há coisa mais linda neste mundo
Em7   Am7 D7 G
Que meu carinho por você.

Samba de Orfeu

Luis Bonfá e
Antonio Maria

Samba - Dó Maior

Introdução: C7M F7 Em7 Am7 D7 G7 C7M F/G

     C7M   C7M(6)   C7M C7M(6)
Quero viver, quero sambar...
   C7M   A7
Até sentir a essência da vida,
     Dm7+
Me falta ar...
     Dm7 Dm6   Dm7 Dm7+
Quero sambar, quero viver.
F/G   G7
Depois do samba, tá bem
   Dm7   G7   C7M
Meu amor, posso morrer...
   Gm7   C7   F7M
Quem quiser gostar de mim,
  Fm7   C9⁶
Se quiser vai ser assim

BIS

    C7M   C7M(6) C7M C7M(6)
Vamos viver, vamos sambar...
   C7M
Se a fantasia rasgar,
  A7   Dm
Meu amor, eu compro outra
Dm7+   Dm7 Dm6   Dm7 Dm7+
Vamos sambar, vamos viver.
  G7
O samba livre.
       Dm
Eu sou livre também
 G7   C   C9⁶
Até morrer...

Noite dos mascarados

Marcha-rancho - Dó Maior　　　*Chico Buarque de Hollanda*

Introdução: Dm E7 Am Dm/G G7

　C　　　　　E7
Quem é você
　　　　　Bm7(5-) E7　　　Am
Adivinhe, se gos__ta de mim
　　　　　　　　F#m7(5-) B7(9-)
Hoje os dois mascara____dos
　Em7　　　　　　F#7
procuram os seus namorados
　　　C#m7(5-) F#7 G7(9)
Perguntando assim:
　C9/6　　　E7
Quem é você, diga logo
　　　　　Bm7(5-) E7　　　Am
Que eu que__ro saber o seu jogo
　　　　　F#m7(5-) B7　　Em7
Que eu que____ro morrer no seu bloco
　　　　　C/D　　D7　　G7
Que eu que__ro me arder no seu fogo
　C　　　　　　　　E7
E sou seresteiro, poeta e cantor
　Em7(5-)　　　　　A7(9-)　　Dm
O meu tempo inteiro, só zombo do amor
　Fm
Eu tenho pandeiro
　Cm
Só quero o violão
　D7
Eu nado em dinheiro
　Dm7(5-)　　　　G7
Não tenho um tostão
　C　　　　　　　　　E7
Fui porta-estandarte, não sei mais dançar
　Em7(5-)　　A7(9-)　　Dm
Eu, modéstia à parte, nasci pra sambar
　Fm
Eu sou tão menina
　Cm
Meu tempo passou
　D7
Eu sou colombina
　Dm7(5-)　　G7
Eu sou pierrot
　C　　　E7
Mas é Carnaval
　　　　　　Bm7(5-) E7　　Am
Não me diga mais quem é você

Noite dos mascarados (continuação)

Amanhã tudo volta ao normal [F#m7(5-) B7 Em7]
Deixa a festa acabar [F#7]
Deixa o barco correr, deixa o dia raiar [G7 C]
Que hoje eu sou da maneira que vo__cê me quer [E7 Bm7(5-) E7 A7]
O que você pedir, eu lhe dou [A7 D7(9) G7 C]
Seja você quem for, seja o que Deus quiser [A7 D7 G7 Em7(5-)]
Seja você quem for, seja o que Deus quiser. [A7 D7 G7 C9(6)]

Domingo no parque

Baião - Dó Maior *Gilberto Gil*

Introdução: C Bb C Bb C

        C   Bb C
O rei da brincadeira - ê José
                   Bb C
O rei da confusão - ê João
          C   Bb C
Um trabalhava na feira - ê José
       C   Bb   C Bb C Bb C Bb C
Outro na construção - ê João
  F#m7(5-)   B7   Em7
A semana passada no fim da semana
 A7   Dm   G C
João resolveu não brigar
      F#m7(5-) B7   Em7
No domingo de tarde saiu apressado
   A7   Dm   G C
E não foi pra ribeira jogar capoeira
Bb   C   Dm
Não foi pra lá   pra ribeira
Dm7   G7 C Bb C Bb C Bb C
Foi namorar.
       F#m7(5-)   B7   Em7
O José como sempre no fim da semana
 A7   Dm   G   C
Guardou a barraca e sumiu
     F#m7(5-)   B7   Em7
Foi fazer no domingo um passeio no parque
 A7   Dm   G7 C
Lá perto da boca do rio
        Bb   C   Dm
Foi no parque que ele avistou Juliana
Dm7   G7 C Bb C Bb C Bb C
Foi que ele viu
C   G7 C
Foi o que ele viu
                  C7 Bb
Juliana na roda com João
F   Bb   C7
Uma rosa e um sorvete na mão
Eb   Ab   Gm
Juliana, seu sonho, uma ilusão
         Bb   Ab Bb Ab Bb Ab Bb
Juliana e o amigo João
    Bb   C   A B A B
O espinho da rosa feriu Zé
        B   A7 Ab Gb Ab
E o sorvete gelou seu coração

Domingo no parque (continuação)

　　　　　　Ab　　　　Gb Ab
O sorvete e a rosa - ê José
　　　　　　Ab　　　Gb Ab
A rosa e o sorvete - ê José
　　　　　　　Ab　　　　　Gb Ab
Oi, dançando no peito - ê José
　　　　　　Ab　　　Gb Ab
Do José brincalhão - ê José
　　　Ab7　　　Db　　　Cb Db
O sorvete e a rosa - ê José
　　Cb　　　　Db　　　Cb Db
A rosa e o sorvete - ê José
　　　Cb　　　　Db　　　　Cb Db
Oi, girando, na mente - ê José
　　　Cb　　　Db　　　Cb Db
Do José brincalhão - ê José
　　　　　F　　　　　　Eb　F
Juliana girando - oi, girando
　　　　　　　Bb　　　　Ab　Ab
Oi, na roda gigante - oi, girando
Bb　　　　　Ab　　　F　　　　Eb
Oi, na roda gigante - oi, girando
　　　　　　　Bb　　　Fm7 Bb
O amigo João - oi João
　　　　C7　　　　　F　　　　Eb
O sorvete é morango - é vermelho
F　　　　Eb　　　　　　　　Eb　F
Oi, girando e a rosa - é vermelha
　　　Eb　　　　F　　　　　Eb　F
Oi, girando, girando - é vermelha
　　　Eb　　　　F　　　　Eb　　　　F
Oi, girando, girando - olha a faca
　　　　　　　　Bb　　　　Ab Bb
Olha o sangue na mão - ê José
　　Ab　　　　Bb　　　　Ab Bb
Juliana no chão - ê José
　　　　　　　　Bb　　　　Ab Bb
Outro corpo caído - ê José
　　　　　　　Eb　　　Ab Bb
Seu amigo João - ê José
　　　C7　　　　　　　F
Amanhã não tem feira - ê José
　　　　　　　　　　　　　　Dm
Não tem mais construção - ê João
　　　　　　　　　　Bb7M　　　　C7
Não tem mais brincadeira - ê José
　　　　　　　　　　Bb　　　　Eb F
Não tem mais confusão - ê João.

Obsessão

Samba - Mi menor

Mirabeau e
Milton de Oliveira

|B7   Em   B7   Em|
Você roubou meu sossego
|E7   Am   E7   Am7|
Você roubou minha paz   **BIS**
|Am7   B7   Em|
Com você eu vivo a sofrer
| C7   B7|
Sem você vou sofrer muito mais.

|Am7   D7   G   G7M|
Já não é amor
|F#m7(5-) B7   Em|
Já não é paixão
|Am7   D7   G   G7M Em|
O que eu sinto por vo_cê
|C7M   B7|
É obsessão...

Galos, noites e quintais

Toada - Fá Maior   ***Belchior***

Introdução: F   G/F   Gm/F   F   Gm7   C7

[F]
Quando eu não tinha o olhar lacrimoso
[G/F]
Que hoje eu trago e tenho
[Gm/F]
Quando adoçava o meu pranto

O meu sono
       [Bb/C] [C7]   [F]   [C7]
No bagaço de cana do engenho
[F]
Quando eu ganhava este mundo de meu Deus
 [G/F]
Fazendo eu mesmo o meu caminho
[Gm/F]
Por entre as fileiras de milho verde
     [Bb/C]   [C7]   [F]   [Bb7]
Que ondeia com saudade do verde marinho
 [Eb]   [Gm]
Eu era alegre como o rio
 [D7]   [Gm]
Um bicho, um bando de pardais
   [Cm7]   [F7]   [C7]   [F7]
Como um galo (quando havia galos, noites e quintais)
 [Bb]   [Gm]
Mas veio o tempo negro
      [D7]
E a força fez

                           [Gm]
Comigo o mal que a força sempre faz
 [Cm7]   [F7]
Não sou feliz, mas não sou mudo
 [Bb]   [Gm]
Hoje eu canto muito mais
 [Cm7]   [F7]
Não sou feliz, mas não sou mudo
 [Bb]   [C7]
Hoje eu canto muito mais.

Voltar ao princípio: F   Gm/F   Bb/C   F

Até: verde marinho

Copyright 1976 by Fortaleza Editora Musical Ltda.

Toró de lágrimas

Dó Maior   **Antonio Carlos, Jocafi e Zé do Maranhão**

Introdução: **A7 Dm G7 C G7(13)**

G7(13)
Toró,
   C9/6 **Dm7**
G7   **C7M**
De lágrimas
E7   **Am7**
Foi o retrato doido que você deixou
D7
Foi um momento de sede
                  G7
Que a fonte secou, ai de mim
Toró,
   C9/6 **Dm7**
G7   **C7M**
De lágrimas
E7   **Am7**
Foi o amor programado por computador
D7
Tanta lembrança bonita e
                 G7
Você não guardou, ai de mim
C6/9   **C/Bb**
O seu amor fabricado
          A7
Que fez por fazer
        Dm7
Angústia e desprezo
A7   **Dm7**
Desmancha prazer
F/C   **G7**
No fundo, no fundo
        C7M **G7(13)**
Você não prestou
C7M   **C/B**
Um sentimento
   C/Bb
Emprestado perdeu
   A7
Seu valor, eu compro
Dm7   **A7**
Esta briga e não faço
Dm7   **G7**
Favor, no fundo, no fundo
     C
Você não prestou
C
Toró.

Copyright 1974 by BMG Music Publishing Brasil Ltda.

Quando eu me chamar saudade

Samba - Mi menor **Nelson Cavaquinho e Guilherme de Brito**

Introdução: Em7 F#7 B7 Em C7 B7

Em7   C7M   B7   Em7
Sei que amanhã quando eu morrer
    B7   Em7
Os meus amigos vão dizer
     F#m7(5-) B7 Em7
Que eu tinha bom coração
Am7 B7   Em
Alguns até hão de chorar
      C7
E querer me homenagear
   B7   Em
Fazendo de ouro um violão
Bm7(5-)   E7   Bm7(5-)
Mas depois que o tempo passar
    E7   Bm7(5-)
Sei que ninguém vai se lembrar
  E7 Am
Que eu fui embora
F#m7(5-) B7   Em
Por isso é que eu penso assim
    Em/D   F#7
Se alguém quiser fazer por mim
 B7 Em
Que faça agora,
 Am7   D7
Me dê as flores em vida
  G7M
O carinho, a mão amiga
Am7 D7 G7M
Para aliviar meus ais
E7 Am   Em
Depois que eu me chamar saudade
   Em/D F#7
Não preciso de vaidade
  B7   Em
Quero preces e nada mais.

Copyright 1972 by Editora Musical Arlequim Ltda.

Ela é carioca

Antonio Carlos Jobim e Vinicius de Moraes

Fá Maior

F7M
Ela é carioca
Dm7
Ela é carioca
G7(13)   **G7(13-)**
Basta o jeitinho dela andar
Gm7   **Ebm6**   **Dm6**   **C#°**
Nem ninguém tem carinho assim para dar
Cm7   **F7(9)**
Eu vejo na cor dos seus olhos
F7   **G/B**   **Bbm6**
As noites do Rio ao luar
F7M   **E7**   **Eb7M(9)**   **D7M**
Vejo a mesma luz,   vejo o mesmo céu
Db7M   **C7M(9)**
Vejo o mesmo mar
F7M   **Dm7**
Ela é meu amor, só me vê a mim
G7(9)   **G7**
A mim que vivi para encontrar
Gm7   **Ebm6**
Na luz do seu olhar
Dm6   **C#°**
A paz que sonhei
Cm7   **F7(9)**
Só sei que sou louco por ela
G/B   **Bbm6**
E pra mim ela é linda demais
F7M(9)
E além do mais
E7(9+) **Eb7M**   **E7**
Ela é   carioca
F7M(5+)
Ela é   carioca.

Tristeza

Samba - Ré Maior

*Haroldo Lobo
e Niltinho*

Introdução: G Gm7 Gm6 Em A7(13)

   D
Tristeza
  Eb°   Em
Por favor vai embora
          A7
Minha alma que chora
        D
Está vendo o meu fim
     D7   G
Fez do meu coração a sua moradia
Gm   D F#m7(5-)
Já é demais o meu penar
B7   Em
Quero voltar àquela vida de alegria
A7   D D7
Quero de novo cantar
    G
La, ra, ra, ra
Gm   D F#m7(5-)
La, ra, ra, ra, ra, ra
B7   Em7
La, ra, ra, ra, ra, ra
A7   D D7
Quero de novo cantar.
    D
2ª vez: cantar

BIS

Copyright 1965 by Editora Musical Arapuã Ltda

Mas que nada

Samba - Lá menor   *Jorge Ben*

Dm7   **G7**   **Am7**
O ariá raiô
  D7(9)   **Am7**
oba, oba, oba
E7(9+)   **Am7**
Mas que nada
E7(9+)
Sai da minha frente
              Am7
Eu quero passar
    E7(9+)   **Am7**
Pois o samba está animado
      E7(9)   **Am7**
O que eu quero é sambar
  Dm7
Esse samba
 G7   **Am7**
Que é misto de maracatu
              Dm7
É samba de preto velho
G7   **Am7**
Samba de preto tu
E7(9+)   **Am7**
Mas que nada
   E7(9+)   **Am7**
Um samba como esse tão legal
  E7(9+)   **Am7**
Você não vai querer
   E7(9)   **Am7**
Que eu chegue no final
Dm7 **G7**   **Am7**
O ariá raiô
  D7(9)   **Am**
oba, oba, oba.

BIS

O mundo é um moinho

Samba - Dó Maior **Cartola**

Introdução: F#m7(5-) G/F Em7 Eb° Dm7 G7(13) C7M Bb7 A7

    Dm7   Dm/C
Ainda é cedo, amor
      G/B   G7   Em7
Mal começaste a conhecer a vida
     Bb/C C7   F7M
Já anuncias a hora de partida
    Dm7   G7 Em7(5-) A7
Sem saber mesmo o rumo que irás tomar
    Dm7   Dm/C
Preste atenção, querida
     G7/B   G7   Em7
Embora eu saiba que estás resolvida
     Bb/C   C7   F7M
Em cada esquina cai um pouco a tua vida
      Dm7   G7
E em pouco tempo não serás mais o que és
Gm7 C7   F#m7(5-)
Ouça-me bem, amor
      G/F   Em7
Preste atenção, o mundo é um moinho
   Eb°   Dm7
Vai triturar teus sonhos tão mesquinhos
  G7   C7M A7
Vai reduzir as ilusões a pó
    F#m7(5-)
Preste atenção, querida
  G/F   Em7
De cada amor tu herdarás só o cinismo
  Eb°   Dm7
Quando notares estás à beira do abismo
 G7   C7M
Abismo que cavaste com teus pés.

BIS

País tropical

Fá Maior   *Jorge Ben*

Introdução: F F/A Bb C7 F F/A Bb C7

I

[F] Moro [F/A] num [Bb] país tropical [C7]
[Bb] Abençoado [C7] por [Dm] Deus,
[Bb] E bonito [C7] por [F] natureza, [Bb] ah [C7] !...
[F] Em fevereiro, [F/A] em feve[Bb]reiro
[C7] Tem Carnaval, [F] tem Car[F/A]na[Bb]val
Tenho um [A7] fusca e um vio[Dm]lão,
Sou Fla[Bb]mengo, tenho uma [Bb/C] nega
Chamada [F] Thereza, [Bb] ah! [C7] ...

II

"Sam[Bb7]baby", "sambaby"
Posso não ser um "band - [F7] leader", pois é!
[Bb7] Mas lá em casa, todos os nossos amigos,
Meus camaradinhas, me res[F7]peitam, pois é!
[Bb7] Esta é a razão da simpatia
Do poder do algo mais e da a[C7]legria,
Por isso eu digo,
É que:

      volta ao Iº verso

Para terminar: chamada [F] Thereza, ah! [C7]

    F F/A Bb C7 F F/A Bb C7   (repetir ad libitum)

Copyright 1969 by Musisom Editora Musical Ltda.

Sá Marina

Antonio Adolfo e Tibério Gaspar

Sol Maior

[G] Descendo a [G7(13)] rua da [C7M] ladeira
Só quem [D7] viu que pode [Bm7] con[Am7]tar
[G7M] Cheirando a flor [G7(13)] de laran[C7M]jeira
Sá Marina, [C/D] eh! Vem pra dan[G]çar.
[G9 6] De saia branca costu[C7M]meira
Guia o [D7] sol que parou pra [Bm7] o[Am7]lhar
[G7M] Com seu jeitinho, tão fa[C7M]ceira
Fez o povo [D7] inteiro can[G]tar
[C] Roda pela [C7M] vida a[C/D]fora
E põe pra [D7] fora esta a[G]legria [E7]
[Am] Dança que ama[A7]nhece o dia [C/D] pra se can[D7]tar
[G7] [C] Guia que esta [CM7] gente a[C/D]flita
Se agita e [D7] segue no seu [G] passo [E7]
[Am] Mostra toda [A7] esta poesia do [D7] o[D/F#]lhar [D7]
[G6(9)] Deixando versos [G7(13)] na par[C7M]tida
E só can[D7]tigas pra se [Bm7] can[Am7]tar
[G7M] Naquela tarde [G7(13)] de do[C7M]mingo
Fez o povo [C/D] inteiro [D7] a cho[G]rar
[E7] Só fez o povo [Am7] inteiro [Am/D] cho[Bm7]rar
[E7] Só fez o povo [Am7] inteiro [D7] cho[G]rar.

O orvalho vem caindo

Samba - Ré Maior *Noel Rosa e Kid Pepe*

     Em   A7   D   Bm7
O orvalho vem caindo
G7M   F#7   Bm
Vai molhar o meu chapéu
E7   A7   Em7
E também vão sumindo
A7   G#°
As estrelas lá no céu...
G7M   A7   D7M
Tenho passado tão mal !
F#m7   Em G/A A7   D7M
A minha cama é uma folha de jornal
Bm7   Em7   A7   D
Meu cortinado é o vasto céu de anil
D7M   Bm   E7   A7
E o meu despertador é o guarda civil
      A7   D
(Que o salário ainda não viu)
   Em7   A7   D
O meu chapéu vai de mal a pior
   D7M Bm   E7   A7
E o meu terno pertenceu a um defunto maior
   A7   D
(Dez tostões no belchior)
  Em7   A7   D7M
A minha sopa não tem osso, não tem sal
  D7M Bm   E7   A7
Se um dia passo bem, dois ou três passo mal
   A7   D
(Isto é muito natural)
   Em7   A7   D7M
A minha terra dá banana e aipim
  D7M   Bm   E7   A7
Meu trabalho é achar quem descasque por mim
   A7   D7M
(Vivo triste mesmo assim).

Maria Ninguém

Samba-toada - Dó Maior **Carlos Lyra**

   E7M   C#m7   F#m7   B7
Pode ser que haja uma melhor, pode ser
   E7M   C#m7   F#m7   B7
Pode ser que haja uma pior, muito bem
   G7M   Em7   Am7
Mas igual à Maria que tenho
  D7   G7M   Dm7   G7(13)
No mundo inteirinho igualzinha não tem
  C7M   A7
Maria Ninguém
Dm7   G7   C7M   A7
  É Maria e é Maria meu bem
Dm7   G7   C7M
  Se eu não sou João de Nada
  C7(5+)   F7M   F#º   Em7 A7(9-) Dm7 G7
Maria que é minha é Maria Ninguém
  C7M   A7
Maria Ninguém
Dm7   G7   C7M   A7
  É Maria como as outras também
Dm7   G7   C7M
  Só que tem que ainda é melhor
      Am7   F#m7   B7   E7M
Do que muita Maria que há por aí
  C#m7   Am7   D7(9)   G7M
Marias tão frias cheias de manias
  Em7   Am7   D7   Dm G7(13)
Marias vazias pro nome que têm
  C7M   A7
Maria Ninguém
Dm7   G7   C7M   A7
  É um dom que muito homem não tem
Dm7   G7   C7M
  Haja visto quanta gente
  C7(5+)   F7M   F#º   Em7 A7(9-) Dm7 G7
Que chama Maria e Maria não vem
  C7M   A7
Maria Ninguém
Dm7   G7   C7M   A7
  É Maria e é Maria meu bem
Dm7   G7   C9
  Se eu não sou João de Nada
  C7(5+)   F7M   F/G   Ab7M C6
Maria que é minha é Maria Ninguém

Querem acabar comigo

Música jovem brasileira - Fá Maior **Roberto Carlos**

Introdução: **F7M Gm7 C7 F7M Gm7 C7**

Gm7   **C7**
Querem acabar comigo
Gm7   **C7**
Nem eu mesmo sei por que
   F7M **Gm7**
Enquanto eu tiver você aqui
  F7M   **Gm7** **C7**
Ninguém poderá me destruir
Gm7   **C7**
Querem acabar comigo
Gm7   **C7**
Isso eu não vou deixar
 F7M   **Gm7**
Me abrace assim, me olhe assim
 F7M   **Gm7**
Não vá ficar longe de mim
 F7M   **Gm7** **C7**
Pois enquanto eu tiver você comigo...ô...ô...
   F7M
Sou mais forte
     Gm7 **C7**
E para mim não há perigo...ô...ô...
Gm7 **C7**
Você está aqui
Gm7   **C7**
E eu estou também
Gm7   **C7**
Com você eu não temo ninguém
 F7M   **Gm7**
Você sabe bem de onde eu venho
 F7M   **Gm7**
E no coração o que eu tenho
 F7M
Tenho muito amor
   Gm7 **C7**
E é só o que interessa...ô...ô...
F7M   **Gm7** **C7**
Fique sempre aqui, pois a verdade é essa...ô...ô...

Inútil paisagem

Samba-canção - Fá Maior

**Antonio Carlos Jobim e
Aloísio de Oliveira**

[F6] Mas, pra [Dbm/Fb] que [Eb7M] [D7(13-)]
Pra que tanto c[Gm7]éu
Pra que tanto [Bbm] mar, pra que [Bbm6]
[A7(13)] De que serve [A7(13-)] esta onda que [D7(9)] quebra
[D7(9-)] E o vento da [G7M(9)] tarde
[C7(9+)] De que serve a [F7(13)] tarde
[Bb7] Inútil [F7M] paisagem [Gb7(13)]
[F6] Po_de [Dbm/Fb] ser [Eb7M] [D7(13-)]
Que não venhas m[Gm7]ais
Que não voltes [Bbm7] nunca mais [Bbm6]
[A7(13)] De que servem [A7(13-)] as flores que [D7(9)] nascem
[D7(9-)] Pelo ca[G7M(9)]minho
[C7(9+)] Se o meu ca[F7(13)]minho
[Bb7] Sozinho, [F7M] é nada [Gb7(13)]

Voltar ao princípio, e para terminar:
[A7(13)] De que servem [A7(13-)] as flores que [D7(9)] nascem
[D7(9-)] Pelo ca[G7M(9)]minho
[C7(9+)] Se o meu ca[F7(13)]minho
[Bb7] Sozinho, [F7M] é nada
[F7M] É nada [Bb7(13)]
[F7M] É nada.

Proposta
Sol Maior

Roberto Carlos
e Erasmo Carlos

Introdução: Bm7 Am D7(13) D7

G
Eu te proponho

Nós nos amarmos
F#m7(5-)
Nos entregarmos
B7   Em
Neste momento

Tudo lá fora
Dm7
Deixar ficar

G7   C
Eu te proponho
D7
Te dar meu corpo
G
Depois do amor,
B7   Em
O meu conforto
A7
E além de tudo

Depois de tudo,
D7
Te dar a minha paz

G
Eu te proponho

Na madrugada,
F#m7(5-)
Você cansada
B7   Em
Te dar meu braço,

No meu abraço
Dm7
Fazer você dormir

Copyright 1973 by EMI Songs do Brasil Edições Musicais Ltda.

Proposta (continuação)

   G7   C
Eu te proponho
        D7
Não dizer nada
          G
Seguirmos juntos
B7   Em
A mesma estrada
       A7
Que continua
        C/D
Depois do amor
D7   G
No amanhecer.

Dindi

Antonio Carlos Jobim
e Aloisio de Oliveira

Samba-canção - Dó Maior

```
     C7M              Bb7M
Céu, tão grande é o céu
                  C7M
E que bandos de nuvens
             Bb7M
Que passam ligeiras
  A7M              F#m7
Para onde elas vão
        Bm7(9)      E7(13)
Ai! eu não sei, eu não sei
   C7M                Bb7M
E o vento que fala nas folhas
                 C7M
Contando as histórias
             Bb7M
Que são de ninguém
 A7M              F#m7
Mas que são minhas
      Bm7(9)   E7(13)
E de você   também
C7M     Bb7M
Ai! Dindi
        C7M                  Gm7
Se soubesses o bem que eu te quero
   C7(9)      F7M
O mundo seria, Dindi
Fm7M         C6         G7(13)
Tudo, Dindi, lindo, Dindi,
C7M     Bb7M    C7M           Gm7
Ai, Dindi, se um dia você for embora
    C7(9)        F7M
Me leva contigo, Dindi
Fm7M         C6        F#m7(5-)  B7
Olha, Dindi,   fica, Dindi,
   Em              B7        Em      B7         Em   A7(9-)
E as águas deste rio onde vão,    eu não sei
Dm7                A7(9-)
A minha vida inteira
      Dm7 A7(9-)  Dm7  G7     C7M      Bb7M
Esperei,   esperei   por você, Dindi
             C7M                 Gm7
Que é a coisa mais linda que existe
C7(9)         F7M
Você, não existe, Dindi
Fm7M          C6
Olha, Dindi, adivinha, Dindi.
```

Copyright by Jobim Music Ltda.

Quase

Samba-canção - Dó menor

Mirabeau e
Jorge Gonçalves

[Cm] Foi pensando em vo[Fm]cê
Que eu [Dm7(5-)] escrevi esta [G7] triste can[Cm]ção
Foi pensando em vo[Gm7(5-)]cê
Que é o meu [C7] tormento e a [C7(9-)] minha pai[Fm]xão
É [Bb7] nestes versos que eu quero [Eb7M] dizer [G7(5+)] [Cm7]
O amor [Am7(5-)] profundo que eu [D7(9-)] sinto por vo[G7]cê
[Cm] Ai ! o seu olhar me [Fm] fascina
[Dm7(5-)] Oh ! como eu [G7] vivo a sof[Cm]rer
Quase que eu [Gm7(5-)] disse agora o [C7] seu nome sem querer [Fm]   **BIS**
Não [Bb7] quero que zombem de nós toda essa [Eb7M] gente [G7(5+)] [Cm]
É por sua [Fm] causa que eu es[G7]tou tão dife[Cm]rente
Bem pertinho [Fm7] de mim ele es[Fm6]tá   me ouvindo can[Cm]tar [Cm/Bb]   **BIS**
E jun[Am7(5-)]tinho dele [Dm7(5-)] eu estou [G7]   morrendo de a[Cm]mor.

Última forma

*Baden Powell
e Paulo César Pinheiro*

Dó Maior

Introdução: A7 Dm7 G7

C7M C6   C°   G6/B
É,   como eu falei, não ia durar
            Gm6 A7   F#m7(5-)
Eu bem que avisei, vai desmoronar

Hoje ou amanhã
F7M
Um vai se curvar
E/D   A/G   Bb°
E, graças a Deus, não vai ser eu que vai mudar
            A7
Você perdeu
F#m7(5-)   F7M   G/F
E, sabendo com quem eu lidei
                     C7M
Não vou me prejudicar
E/D   Gm6
Nem sofrer, nem chorar
A7   F#m7(5-)
Nem vou voltar atrás
              F7M
Estou no meu lugar
                        E/D
Não há razão pra se ter paz
                  Gm6   A7
Com quem só quis rasgar o meu cartaz
Dm   G7   C7M   C6
Agora pra mim você não é nada mais
              C°   G6/B
E qualquer um pode se enganar
         Gm/Bb   A7   F#m7(5-)
Você foi comum, pois é, você foi vulgar
              F7M
E o que é que eu fui fazer
                      E/D
Quando dispus te acompanhar
              Bb°   A7
Porém, pra mim você morreu
Dm   G7   C7M   C6
Você foi castigo que Deus me deu
         C°   B7   Em7
Não saberei jamais
Am6/C   B7   Em7
Se você mereceu perdão
    Bb°   A7   Dm
Porque eu não sou capaz

Última forma (continuação)

[Gm/Bb]   [A7]   [D7(9)]
De esquecer uma ingratidão
[G7]   [C7M] [C6]
E você foi uma a mais
          [C°]   [G6/B]
E qualquer um pode se enganar
       [Gm6/Bb]   [F#m7(5-)]
Você foi comum, pois é, você foi vulgar
                 [F7M]
E o que é que eu fui fazer
                    [E/D]
Quando dispus te acompanhar
                 [Bb°]   [A7]
Porém, pra mim você morreu
[Dm]   [G7]   [C7M]
Você foi castigo que Deus me deu
   [C°]   [C7M]
E como sempre se faz
[C7] [B7] [Bb7] [A7] [Am6]
Aquele abraço, adeus
      [G7(9)]   [C6]
E até nunca mais.

Meu pequeno Cachoeiro (Meu Cachoeiro)

Toada - Ré Maior　　　　　　　　　　　　　*Raul Sampaio*

   D　　　　　　　　　　**Em**
Eu passo a vida recordando
A7　　　　　　　　　　**D**
De tudo quanto aí deixei
  F#m　　　　　**Em**
Cachoeiro, Cachoeiro
　　　　　　　　　　A7
Vim ao Rio de Janeiro
　　　　　　　　D
Pra voltar e não voltei
　　　　　　　　　　　Em
Mas te confesso, na saudade
A7　　　　　　　　　　　　**D**
As dores que arranjei pra mim
  F#m　　　　　　　**Em**
Pois todo o pranto destas mágoas
　　　　　　　A7
Inda irei juntar às águas
　　　　D
Do teu Itapemirim

 D　　**F#m**　　　**Em**
Meu pequeno Cachoeiro
A7　　　　　　　　**D**
Vivo só pensando em ti
  F#m　　　　　　**Em**
Ai, que saudade dessas terras
Entre as serras
A7　　　　　　　　　　**D**
Doce terra onde eu nasci

                 Em
Recordo a casa onde morava
A7　　　　　　**D**
O muro alto, o laranjal
  F#m　　　　　　**Em**
Meu flamboyant na primavera
　　　　　　A7
Que bonito que ele era

BIS

Meu pequeno Cachoeiro (continuação)

Dando sombra no quin ^Dtal
A minha escola, a minha ru ^{Em}a
^{A7}Os meus primeiros madri ^Dgais
Ai, como o ^{F#m}pensamento vo ^{Em}a
Ao lembrar da terra b^{A7}oa
Coisas que não voltam m^Dais

(parte declamada)

Sabe, meu Cachoeiro,

Eu trouxe muita coisa de você

E todas estas coisas me fizeram saber crescer

E hoje me lembro de você

Me lembro e me sinto criança outra vez...

^DMeu ^{F#m}pequeno Cach^{Em}oeiro
^{A7}Vivo só pensando em t^Di
Ai, que ^{F#m}saudade dessas t^{Em}erras
Entre as serras
^{A7}Doce terra onde eu nas^Dci.

Primavera (Vai chuva)

Cassiano e Silvio Rochael

Sol Maior

Introdução: G7M C7M Bm7 C/D

G7M   Bm7 Am7   Am/D D7
Quando o inverno chegar, eu quero estar junto a ti
G7M   Bm7 Am7   Am/D D7
Pode o outono voltar, que eu quero estar junto a ti
    C   C#m7(5-)
Porque é primavera
    G7M   C#m7(5-)   Am7   D7   C#m7(5-)   C/D
Te amo, é primavera, te amo, é primavera, meu amor
D7   G7M   Am7
Trago esta rosa para te dar
D7   G7M   Am7
Trago esta rosa para te dar
D7   G7M   Am7
Trago esta rosa para te dar
C/D   G   G7M   C7M
Meu amor, hoje o céu está tão lindo, vai, chuva
            G7M   C7M
Hoje o céu está tão lindo, vai, chuva
            G7M   C7M
Hoje o céu está tão lindo, vai, chuva
            G   C7M
Hoje o céu está tão lindo,
          G   C7M
É primavera ú   ú

Vai chuva
            G7M   C7M
Hoje o céu está tão lindo, vai, chuva
            G7M   C7M
Hoje o céu está tão lindo, vai, chuva.

O morro não tem vez

Mi menor **Antonio Carlos Jobim e Vinicius de Moraes**

Introdução: Em7(9) G7(13) C7M C7M(9) Bm7 Em A7

Em Bm7 Em
O morro não tem vez
　　　　Bm7 Em　　Am7 D7　Em   E7(9-)
E o que ele fez já foi   demais
　　　Am7　　D7　　G7M
Mas olhem bem vocês
　　　　　　Dm7　　G7　　C7M
Quando derem vez ao morro
B7　　Em7　　　Bm7　　Em E7(9-)
Toda a cidade vai cantar
　　Am7　　　　　Em7
Morro pede passagem
　　Am7　　　Em7
Morro quer se mostrar
　　Am7　　Em7
Abram alas pro morro
C7(5+)　　　　　A7(9+)
Tamborim vai falar
　Em7　　Bm7　　Em7
É um, é dois, é três
　Bm7　　Em　Am7 D7 Em　E7(9-)
É cem, é mil a ba___tucar
　　Am7　　D7　　G7M
O morro não tem vez
　　　　Dm7　　G7　　C7M
Mas se derem vez ao morro
B7　　Em7　　　Bm7　　Em7
Toda a cidade vai cantar.

Meu refrão

Samba - Ré menor *Chico Buarque de Hollanda*

  Dm   Gm7
Quem canta comigo
C7   F7M
Canta o meu refrão
        Bb7M   Em7(5-)
Meu melhor amigo | BIS
    A7   Dm
É meu violão

    D7   Gm7
Já chorei, sentido
     A7 Dm D7
De desilusão
     Gm   Dm
Hoje estou crescido
    E7   A7
Já não choro, não
  F7   Bb7
Já brinquei de bola
 A7   Dm D7
Já soltei balão
     Gm   Dm
Mas tive que fugir da escola
    E7   Gm A7
Pra aprender essa lição:
Dm   Gm7
Quem canta comigo, etc.

    Dm7/C   Bb
O refrão que eu faço
Gm A7/G Dm/F
É pra você saber
        Gm   Dm
Que eu não vou dar braço
  E7   C7
Pra ninguém torcer
  F7   Bb7
Deixa de feitiço
     A7   D7
Que eu não mudo, não
    Gm   Dm
Pois eu sou sem compromisso
    E7   A7
Sem relógio e sem patrão

Meu refrão (continuação)

Dm   Gm7
Quem canta comigo, etc.

    D7   Gm
Eu nasci sem sorte
  A7   Dm D7
Moro num barraco
        Gm   Dm
Mas meu santo é forte
 E7   A7
E o samba é meu fraco
   F7   Bb7
No meu samba eu digo
    A7   D7
O que é de coração
               Gm   Dm
Mas quem cantar comigo
E7   A7
Canta o meu refrão:
Dm   Gm7
Quem canta comigo, etc.

Molambo

Samba - Fá Maior

*Jayme Florence
e Augusto Mesquita*

D7 **Gm7**
Eu sei
C7
Que vocês vão dizer
F7M
Que é tudo mentira
Bb7 **Am7**
Que não pode ser
Dm7 **Gm7**
Porque depois de tudo
C7
Que ele me fez
Am7(5-)
Eu jamais deveria
D7(9-)
Aceitá-lo outra vez
Gm7
Bem sei
A7
Que assim procedendo
Dm7
Me exponho ao desprezo
E7(9) **E7(9-)**
De todos vocês
A7M **F#m** **Bm7**
Lamento, mas fiquem sabendo
E7 **A7(13)**
Que ele voltou
D7 **Gm7**
E comigo ficou
C7 **Gm7** **C7**
Ficou pra matar a saudade
C7(9-) **F7M**
A tremenda saudade
Bb7 **Am7**
Que não me deixou
Dm7 **Gm7**
Que não me deu sossego
C7
Um momento sequer
Am7(5-) **D7(9-)**
Desde o dia em que ele me abandonou
Bb7M
Ficou pra impedir
Bbm7 **Am7**
Que a loucura fizesse de mim

Molambo (continuação)

Um molambo qualquer^(D7) ^(D7(9-))
^(Gm7) Ficou desta vez para ^(C7) sempre
Se Deus ^(F6) quiser.

Exaltação à Bahia

Samba - Lá menor   ***Vicente Paiva e Chianca de Garcia***

Introdução: **Am7   E7(9+)   Am7   E7(9+)**

Coro
  Am   E7   Am7
Oh!   Bahia,
  Dm7   G7(13)   C7M
Umbu, vatapá e azeite dendê.

Solo
    Bm7(5-) E7   Am7   Am/G
E tem   muamba,
F7   E7   Am F7 E7(9-)
Pra nego bamba fazê canjerê.

BIS

                Am7 Bm7(5-) E7

A   C#m7   A6
Um nome à história vou buscar,
  A7M   C#m7
Sargento Camarão,
 F#m7   Bm7   E7
Herói foi da Bahia
Bm7   E7   Bm7
Castro Alves nos faz relembrar
  E7   Bm7
Tempos d'Abolição,
 E7   D#°   E7
Poeta da Bahia!
 A   A7M   C#m7(5-)
Rui Barbosa, fogo triunfal,
          F#7
Voz da raça e do bem,
      A#°   Bm
O gênio da Bahia!
       Bm7/E   C#m7
E há nesse encanto natural
  F#m7   Bm7
Que a Bahia tem,
 E7   A6
A graça da Bahia!
      Bb6
A Bahia tem conventos
        B   B7M
Tem macumba e tem muamba,
      C6   C7M
Mas onde ela é mais Bahia
         A7
É no batuque do samba!

Exaltação à Bahia (continuação)

Coro

Foi na [D] Ba[F#m]hia [Em7]
Das i[G/A]grejas todas de [Em7/A] ouro, [D6] [G/A]
Onde vale a [D7M] mo[F#m]rena um te[Em]souro
Como ne[A7]nhum
Como ne[Em7]nhum não [A7] pode ha[D6]ver... [E7] [A7]
Salve a [D] bai[F#m]ana [Em7]
Com san[F#7]dálias e balangan[Bm]dãs
Vai mos[Em]trar ao [G#°] mundo in[F#m7]teiro
Nosso [Bm7] samba bra[Em7]sileiro
Da auri-[A7]verde Ba[D]hia. [D7M]
Ale[Bb7]gria, oi,
[A7] Do Bra[D9]sil!

Vamos dar as mãos...
e cantar

Sol menor   *Silvio Cesar*

  Gm7   Gm/F
Antes do pano cair
Eb7M   Cm
Antes que as luzes se apaguem
F7   Bb
Todas as portas se fechem
Eb7M   G7   Cm
Todas as vozes se calem
F7   Bb
Antes que o dia anoiteça
Eb/G   Eb7M   Cm7
E nunca mais amanheça
Em7(5-)   A7(5+)
Antes que a vida na Terra
      D7(4) D7
Desapareça

  G   C6
Vamos dar as mãos
             G
Vamos dar as mãos
  G
Vamos lá
G G7M   C   F7M D7
E vamos juntos cantar

BIS

  Gm7   Gm/F
Antes do grande final
Eb7M   Cm
Antes dos rios secarem
F7   Bb
Todas as mães se perderem
Eb7M   G7   Cm
Todos os sonhos falharem
F7   Bb
Antes que o medo da vida
Eb/G   Eb7M   Cm7
Faça de mim um covarde
Em7(5-)   A7(9-)
Antes que tudo se perca
     7
  D4 D7
Que seja tarde.

Vamos dar as mãos ... e cantar (continuação)

G   C6
Vamos dar as mãos
                G
Vamos dar as mãos
      G
Vamos lá
G G7M   C   F7M D7 C G Am G
E vamos juntos cantar.

BIS

Força estranha

Sib Maior *Caetano Veloso*

Introdução: Bb Dm G7 Cm F7

Bb
Eu vi um menino correndo
Bb7M   **Dm**
Eu vi o tempo
G7
Brincando ao redor do caminho
      Cm7
Daquele menino
A°   **Gm**
Eu pus os meus pés no riacho

E acho que nunca os tirei
    Eb7M
O sol ainda brilha na estrada
         F7
E eu nunca passei
    Bb
Eu vi a mulher preparando
Bb7M   **Dm**
Outra pessoa
G7
O tempo parou pra eu olhar
      Cm7
Para aquela barriga
A°   **Gm**
A vida é amiga da arte

É a parte que o sol ensinou
  Eb7M
O sol que atravessa essa estrada
         F7
Que nunca passou
Bb   **D7**
Por isso uma força   me leva a cantar
Gm7   **Bb7**
Por isso esta força é estranha no ar
Eb   **E°**
Por isso é que eu canto
Bb   **G7**
Não posso parar
C7   **F7**
Por isso esta voz tamanha
    Bb
Eu vi muitos cabelos brancos
Bb7M   **Dm**
Na fronte do artista

Refrão

Força estranha (continuação)

G7
O tempo não pára e no entanto
Cm7
Ele nunca envelhece
A°   **Gm**
Aquele que conhece o jogo

Do fogo das coisas que são
Eb7M
É o sol, é o tempo, é a estrada
        F7
É o pé, e é o chão
        Bb
Eu vi muitos homens brigando
Bb7M   **Dm**
Ouvi seus gritos
G7   **Cm7**
Estive no fundo de cada vontade encoberta
A°
E a coisa mais certa de
                Gm
Todas as coisas

Não vale um caminho sob o sol
Eb7M
É o sol sobre a estrada
                F7
É o sol sobre a estrada, é o sol
Bb
Por isso uma força... etc.

Sem fantasia

Samba-bossa - Dó menor *Chico Buarque de Hollanda*

Introdução: Cm7(9) G7(9+) Cm G7(9+)

(Mulher)
Cm7   Ab7 G7
Vem, meu menino vadi_o
Gm7(5-)   C7
Vem sem mentir pra você
Fm7   Bbm7
Vem, mas sem fantasia
Eb7(9-)   Ab7
Que da noite pro dia
Fm   Dm7 G7(9-)
Você não vai crescer
Cm7   Dm7(5-)
Vem, por favor não evites
G7   Gm7(5-)
Meu amor, meus convites,
C7   Fm
Minha dor, meus apelos,
F#°   Gm
Vou te envolver nos cabelos
Ab7M   Db7(9)
Vem perder-te em meus braços
C7   Fm
Pelo amor de Deus
                F#°
Vem que eu te quero fraco
                 Cm/G
Vem que eu te quero tolo
Ab7M   D7 G7   Cm Dm G7
Vem que eu te quero todo meu

Para terminar:
              D7 G7 Cm7(9) Ab7(9) Fm7(9) Cm7(9)
Vem que eu te quero todo meu

(Homem)
Cm7   Ab7
Ah! Eu quero te dizer
       G7   Gm7(5-)
Que o instante de te ver
              C7
Custou tanto penar
C7(9-)   Fm7
Não vou me arrepender

Sem fantasia (continuação)

           Bbm7
Só vim te convencer
  Eb7(9-)   **Ab7**
Que eu vim pra não morrer
Fm7   **Dm7**
De tanto te esperar
  G7(9-)   **Cm7**
Eu quero te contar
             Dm7(5-)
Das chuvas que apanhei
G7   **Gm7(5-)**
Das noites que varei
 C7   **Fm**
No escuro a te buscar
        F#°
Eu quero te mostrar
       Gm
As marcas que ganhei
Ab7M   **Db7(9)**
Nas lutas contra o rei
 C7   **Fm**
Nas discussões com Deus
     F#°
E agora que cheguei
      Cm/G
Eu quero a recompensa
Ab   **D7**
Eu quero a prenda imensa
 G7 **Cm** **Dm7(5-)** **G7**
Dos carinhos teus

Para terminar:
 G7 **Cm7(9)**
Dos carinhos teus.

Ela disse-me assim

Samba-canção - Sib Maior **Lupicínio Rodrigues**

  G7   Cm
Ela disse-me assim
         F7   Bb7M
Tenha pena de mim, vá embora
        Cm
Vais me prejudicar
      F7   Bb7M
Ele pode chegar, está na hora
                   G7
E eu não tinha motivo nenhum
     Cm7
Para me recusar
                  F7
Mas, aos beijos, caí em seus braços
 Bb7M
E pedi pra ficar

G7   Cm
Sabe o que se passou
     F7   Bb7M
Ele nos encontrou, e agora
Fm   Bb7
Ela sofre somente porque
         Eb7M
Foi fazer o que eu quis
              Ebm
E o remorso está me torturando
   Bb6   G7
Por ter feito a loucura que eu fiz
G7   Cm7
Por um simples prazer
 F7   Bb6
Fui fazer meu amor infeliz.

Por causa de você, menina

Samba - Lá menor *Jorge Ben*

     Am7   D7
Por causa de você
          Am7 D7
Bate em meu peito
Am7   Dm
Baixinho, quase calado
         G7   C7M
Um coração apaixonado por você
  E7
Menina
 Am7   Bm7(5-) E7   Am7
Menina que não sabe   quem eu sou
D7 Am7   E7   Am7 D7
Menina que não conhece o meu amor
Am7 D7   Dm7
Pois você passa e não me olha
G7   C7M E7
Mas eu olho pra você
Am7   Dm7
Você não me diz nada
G7   C7M E7 Am7
Mas eu digo pra você
        E7
Você por mim não chora
       Am
Mas eu choro por você
Dm7 Dm/C Cm6
Saiupá, saiupá, saiupá | **BIS**
Bº   Am7 D7
Saiupá, saiupá, pá.

Botões de laranjeira

Samba-choro - Sib Maior   *Pedro Caetano*

Introdução: Eb6 Cm7 Bb G7 C7 F7 Bb7M

   F7(13)   Bb   F7   Bb
Maria Magdalena dos Anzóis Pereira
  Eb7M   Dm7(9)   G7   Cm
Teu beijo tem aroma de botões de laranjeira
F7   Cm7   F7
Mas a pretoria não é brincadeira
      Cm7   F7   Bb
Maria Magdalena dos Anzóis Pereira
 F7(13)   Bb   F7   Bb
Em plena liberdade eu ia, passo a passo
  Eb7M   Dm7(9)   G7   Cm
Quando teus olhos verdes me atiraram um laço
F7   Cm7   F7
Agora estou na forca de qualquer maneira
     Cm7   F7   Bb7M
Maria Magdalena dos Anzóis Pereira
    Gm7   Cm7
Eu fui te dando corda, despreocupado
   F7   Bb
E quando dei por ela já estava amarrado
   Gm7   F7
E quem levou vantagem com a brincadeira
   Cm7   F7   Bb
Maria Magdalena dos Anzóis Pereira.

Caminhemos

Samba - Dó menor　　　　　　　　　　　　*Herivelto Martins*

Introdução: Fm7　Dm7(5-)　G7　Cm　Dm7(5-)　G7

Cm　　　　　　　　**Ab7**　　　　　　**G7**　　**Gm7(5-)**　**C7(9-)**
Não, eu não posso lembrar que te amei
Fm　　　**Dm7(5-)**　　**G7**　　　　**Cm7**　**Dm7(5-)**　**G7**
Não, eu preciso esquecer que sofri
C7　　　**Bbm7**　　　　　　　**C7**
Faça de conta que o tempo passou
　　　Bbm7　　　　　　**C7**
E que tudo entre nós terminou
　　　　Gm7(5-)　**C7**　　**Fm**　　　　**Dm7(5-)**
E que a vida não continuou pra nós dois
G7　　**Cm**　　　　　　　**D7** **G7**　　**Cm**
Caminhemos, talvez nos veja_mos depois.
G7　　　　　　　**Fm/Ab**　**G7**　　**B°** **Cm**
Vida comprida, estrada　alongada,
C7　　　　　　**Gm7**
Parto à procura de alguém
　　　C7　　　**Fm**
Ou à procura de nada...
Fm7　　　　　　**Dm7(5-)**
Vou indo caminhando,
　　Cm　　　　**Ab7M**
Sem saber onde chegar,
　　　　　　Dm7(5-)
Quem sabe na volta
　　　　G7　　　　**Cm** **Dm7(5-)** **G7(5+)**
Te encontre no mesmo lugar.

Caprichos de amor

Balada - Ré Maior   *Mário Mascarenhas, Jairo Aguiar e Oswaldo Rieli*

Introdução: **Am7 D7 G C7(9) D7M Bm Em A7 D A7(13)**

  D   Bm   Em   A7
Existe uma lei formulada por Deus:
  D   Bm
"Amai-vos uns aos outros
  Em   A7
E sereis filhos meus",
        D   F°   Em
Meu amor, entretanto, um dia
Em7   A7   Em7
Me deixou, certo que eu sofreria
A7   D   Bm   Em   A7
Eu sei e não sei o que hei de fazer.
   D   Bm   Em   A7
Só sei que hei de ver meu amor me querer;
  Am7   D7
Há caprichos no céu,
       C7(9)
Há caprichos no mar,
  D7M   Em   G/A   D   G/A   A7
Mas o capricho da mulher é torturar.
               D7M   Em7   G/A   D
Para terminar: Mas capricho da mulher é torturar.

Neste mesmo lugar

Samba-canção - Dó Maior   **Armando Cavalcanti
e Klecius Caldas**

    Dm7(9)   **G7**
Aqui, neste mesmo lugar,
                   C7M
Neste mesmo lugar de nós dois,
 B7   **F#m7(5-)**
Jamais eu podia pensar
B7   **Em7**   **Em7(5-)**
Que voltasse sozinho depois !
A7 **Dm7**   **E7(9-)**
O mesmo garçom se aproxima...
 Am7
Parece que nada mudou.
 C/D   **D7**
Porém, qualquer coisa não rima
 Dm7   **Em7**
Com o tempo feliz que passou !
A7 **Dm7**   **G7**
Por uma ironia cruel
           C7M
Alguém começou a cantar
 B7   **F#m7(5-)**
O samba-canção de Noel
B7   **Em7**   **Gm7** **C7**
Que viu nosso amor começar.
 F7M   **Fm6**
Só falta agora
 C/G
A porta se abrir
D7
E ela ao lado de outro chegar
G7   **Em7(5-)**
E por mim passar
        A7
Sem me olhar.

BIS

Dois pra lá, dois pra cá

Mi menor   *João Bosco e Aldir Blanc*

Introdução: Am7 C#m7(5-) F#7 F#m7(5-) B7

<pre>
Em7   Bm7
  Sentindo frio em minh'alma
Em7   Bm7
  Te convidei pra dançar
Em7   Bm7
  A tua voz me acalmava
C#7(9)   F#7(9-)
  São dois pra lá, dois pra cá.
B7   Em7   Bm7
  Meu coração traiçoeiro
C#m7(5-)   F#7(5+)   Bm7(5-)
  Batia mais que um bongô
E7   Am7(5-)
  Tremia mais que as maracas
F#m7(5-)   A/B   Em7
  Descompassado de amor
Em7   Bm7
  Minha cabeça rodando
Em7   Bm7
  Rodava mais que os casais
Em7   Bm7
  O teu perfume Gardênia
C#7(9)   F#7(9-)
  E não me perguntes mais
B7   Em7   Bm7
  A tua mão no pescoço
C#m7(5-)   F#7(5+)   Bm7(5-)
  As tuas costas macias
E7   A7
  Por quanto tempo rondaram
C/D   D7(9)   Bm7(5-)
  As minhas noites vazias
E7   A7
  No dedo, um falso brilhante
C/D   D7(9)   Dm7   G7
  Brincos iguais ao colar
   6
  C9   F#7(5+)
  E a ponta de um torturante
B7(9-)   Bm7(5-)
  Band-aid no calcanhar
</pre>

Copyright 1974 by BMG Music Publishing Brasil Ltda.

Dois pra lá, dois pra cá (continuação)

    E7   **A7**
Eu hoje me embriagando
 Am7   **Dm**
De uísque com guaraná
  C   **F#7(5+)**
Ouvi sua voz murmurando
F#m7(5-)   **B7**   **Em**
São dois pra lá, dois pra cá !

Com que roupa

Samba - Fá Maior   **Noel Rosa**

F
Agora vou mudar minha conduta,
      D7
Eu vou pra luta,
             Gm
Pois eu quero me aprumar...
      D7(5+)   Gm7
Vou tratar você com a força bruta,
C7   F
Pra poder me reabilitar,
    C7   F
Pois esta vida não está sopa...
    Bb/C C7   F
E eu pergunto: com que roupa?

Estribilho:
      D7   Gm
Com que roupa, com que roupa que eu vou,
      C7   F7
Pro samba que você me convidou ?
D7   Gm7 C7   F
Com que roupa que eu vou,
D7 G7   C7   F
Pro samba que você me convidou ?

    F
Seu português agora deu o fora
     D7
Já foi-se embora,
      Gm
E levou seu capital,
      D7   Gm7
Esqueceu quem tanto amou outrora,
C7   F
Foi no "Adamastor" pra Portugal
  C7   F
Pra se casar com uma cachopa...
F Bb/C C7   F
E agora , com que roupa ?

Estribilho

Com que roupa (continuação)

   F
E hoje estou pulando como sapo,
           D7
Pra ver se escapo
               Gm
Desta praga de urubu...
       D7   Gm7
Já estou coberto de farrapo,
C7   F
Eu vou acabar ficando nu...
      C7   F
Meu paletó virou estopa
     Bb/C C7   F
E eu nem sei mais com que roupa...

Estribilho

 F
Agora eu não ando mais fagueiro,
   D7   Gm
Pois o dinheiro não é fácil de ganhar
          D7   Gm7
Mesmo eu sendo um cabra trapaceiro,
C7   F
Não consigo ter nem para gastar
      C7   F
Eu já corri de vento em popa
   Bb/C C7   F
Mas agora, com que roupa ?

Estribilho

Vingança

Samba-canção - Dó Maior **Lupicínio Rodrigues**

G7(13)   C
Eu gostei tanto,
A7(5+)   Dm
Tanto, quando me contaram
G7   Dm7
Que lhe encontraram

Bebendo, chorando
     G7   C
Na mesa de um bar,
    C7M
E que quando os amigos do peito
   Am7   Dm
Por mim perguntaram
G7   Dm   G7
Um soluço cortou sua voz,
            C
Não lhe deixou falar.

G7(13)   C6
Eu gostei tanto,
A7(5+)   Dm
Tanto, quando me contaram
A7   Dm
Que tive mesmo que fazer esforço
   G7   C
Pra ninguém notar.
G7   C7M   A7
O remorso talvez seja a causa
     Dm7
Do seu desespero
              G7
Ela deve estar bem consciente
    C C7M
Do que praticou,
G7 C   A7(5+)
Me fazer passar tanta vergonha
   A7   Dm
Com um companheiro

E a vergonha
         G7   C
É a herança maior que meu pai me deixou;
  C7M   A7
Mas enquanto houver voz no meu peito

Vingança (continuação)

Eu não quero mais na{Dm7}da
De pra todos os santos vin{G7}gança
Vin{C}gança cla{C7M}mar,
{G7}Ela {C}há de rolar qual as {A7(5+)}pedras
Que {A7}rolam na es{Dm}trada
{G7}Sem ter {Dm7}nunca um cantinho de {G7}seu
Pra poder des{C6}cansar.

Saudade da Bahia

Samba - Fá Maior　　　　　　　　　　　　　**Dorival Caymmi**

Introdução: Gm7　Bb/C　C7　F7M　Eb7　Am7(5-)　D7(9-)　Gm/Bb　Gm7
Bb/C　C7(9)　F7M　C7(9)　F6

F7M　　　　　Em7　　　　　　　A7　　Dm7　Am7(5-)　D7(9-)
Ai, que saudade eu tenho da Bahia
Gm7　　　　　D7(9-)　　　　　　　　Gm7　Cm7　F7(13)
Ai, se eu escutasse o que mamãe dizia
Bb7M　　　　　　B°　　　　　　　F7M/C　F7M(9)
Bem, não vai deixar a sua mãe aflita
　　　　　Eb6(11+)　　　　　D7　　Gm7
A gente faz　o que o coração dita
　　　　　A°　　　　　　D7　　　G7　G7(13) Bb/C　C7
Mas, esse mundo é feito de maldade,　 ilusão
F7M　　　　　Em7　　　　　A7　　Dm7　D7(9-)
Ai, se eu escutasse, hoje não sofria
Gm　　D7(9-)　　　　　　　G7　　Cm7　F7(13)
Ai, esta saudade dentro do meu peito
Bb　Bb7M　　　　　B°　　　　　F7M/C
Ai, se　ter saudade é algum　defeito
　　　　　F/Eb　　　　　D7　　Gm7
Eu, pelo menos, mereço o direito
　　　　　Bb/C　　　　C7　　　　　F7M　Bbm6　F　D7(9-)
De ter alguém com quem eu fosse me confessar

Gm7　　　　　　　C7
Ponha-se no meu lugar
　　　　F7M　　　　　Gm7　　　　　Am7
E veja como sofre um homem infeliz
D7(9-)　Gm　　　　　Bb/C
Que teve que desabafar
C7　　　　F　　　　　　　　　Gm7　　　　　Am7
Dizendo a todo mundo o que ninguém diz
D7　Gm　　　　C7
Veja que situação
　　　　F7M　　　　　Eb7　D7
E veja como sofre um pobre coração
Gm7　　　　　C7
Pobre de quem acredita
　　　　F/C　　　　　Bb/C　F7M　C7(9-)
Na glória e no dinheiro para ser feliz.

Na rua, na chuva, na fazenda (Casinha de sapê)

Ré Maior *Hyldon*

Introdução: D Bb7M Gm7 D (2 vezes)

Gm7
Não estou disposto
          D
A esquecer seu rosto de vez
              D
E acho que é tão normal
Gm7
Dizem que sou louco
              D
Por eu ter um gosto assim
D
Gostar de quem não gosta de mim

Gm7   C7   Gm7
Jogue suas mãos para o céu
           C7   F
E agradeça se acaso tiver
            Bb   F7M
Alguém que você gostaria que
Bb   Em7
Estivesse sempre com você   **BIS**
       A7   Em7
Na rua, na chuva, na fazenda
         A7   D
Ou numa casinha de sapê.

D Bb7M Gm7 D

Morro velho

Sol Maior   ***Milton Nascimento***

[G]No sertão da minha [Gm7]terra
[G]Fazenda é o camarada
[G]Que ao chão se [Gm7]deu
[G]Fez a obrigação com [Gm7]força
[Gm7]Parece até que tudo aquilo ali [G7]é [C7M]seu
[C7M]Só poder sentar no [Cm7]morro
E ver tudo ver[G]dinho
Lindo a cres[Gm7]cer
Orgulhoso cama[G]rada
De viola em vez de en[Gm7]xada
[G]Filho de branco e do [Gm7]preto
Correndo pela es[G]trada
Atrás de passa[Gm7]rinho
[G]Pela plantação a[Gm7]dentro
Crescendo, os dois me[G]ninos
Sempre peque[C7M]ninos
Peixe bom dá no ri[Cm6]acho
De água tão lim[G]pinha
Dá pro fundo [Gm7]ver
[G]Orgulhoso cama[Gm7]rada
Conta histórias pra mo[G7]çada
[Em7]Filho do [Gm7]sinhô vai em[Em7]bora
[Gm7]É tempo de [Em7]estudos na [Gm]cidade [Em]grande

Morro velho (continuação)

[Gm7]Parte, tem os olhos [Em7]tristes
[Gm7]Deixando o companhe[Em7]iro na esta[Gm7]ção dis[Em7]tante
[G]Não me es[Fm7]queça, amigo
[F7M]Eu vou vol[Em7]tar
[G]Some longe o [A/G]trenzinho
[F7M]Ao Deus-d[Am]ará [D7(9-)]
[G]Quando volta já é [Gm7]outro
[Gm]Trouxe até sinhá [G]mocinha pra apresen[Gm7]tar
[G]Linda como a luz da [Gm7]lua
Que em lugar [G]nenhum rebrilha como [C7M]lá
Já tem nome de [Cm6]doutor
E agora na fa[G]zenda
É quem vai man[Gm7]dar
E [G]seu velho cama[Gm7]rada
[Gm7]Já não brinca, mas tra[G]balha.

Chora tua tristeza

Fá Maior **Oscar Castro Neves e Luvercy Fiorini**

```
    F7M              Em7(9)  A7
Chora, que a triste__ za
    Dm7          Cm7
Foge do teu olhar
F7(13)   Bb7M         Bbm6(9)    F7M/A      Dm7
Brincando de esquecer,   saudade vai passar
    G7           Gm7  G7(5+)
E amor já vai chegar
    F7M              Em7(9)  A7
Então...canta, que a bele__ za
    Dm7          Cm7
Volta pra te encantar
F7(13)    Bb7M        Eb7
Num sonho tão pequeno
        F7M      D7        G7(13) G7(13)-  Gm7 C7    F   Bm7  E7(9-)
Que o dia escondeu, guardan_do            pra te dar
Am7       Am/G       B7      E7(9-)   Am7
É tão bonito gostar e querer ficar
        D7(9)            Gm7    C7
Com alguém pra quem possa dizer
    F7M             Em7  A7
Olha, quantas estre_las
    Dm7           Cm7
Nascem pra te encontrar,
F7    Bb7M         Bbm6(9)
Depois do céu azul
        F7M       D7
A noite vai chegar
    G7(13) G7(13-) Gm7  A7(13)  A7(13-)  D7(9-)
E eu     pra   te amar
    G7(13) G7(13-) C7    F      D7
E eu     pra   te amar.
```

Copyright 1967 by Warner Chappell Edições Musicais Ltda.

Mocinho bonito

Samba-choro - Dó Maior **Billy Blanco**

C7M
Mocinho bonito
     Dm7   **Em7**
Perfeito improviso do falso grã-fino
    A7   **Dm7**
No corpo é atleta, no crânio é menino
       G7   **C7M** **Ab7(13)** **Db7M**
Que além do ABC, nada mais aprendeu
 G7   **C7M**
Queimado de sol
    Dm7   **Em7**
Cabelo assanhado com muito cuidado
     A7   **Dm**
Na pinta de conde se esconde um coitado,
     G7(13)   **Gm7** **C7(9)**
Um pobre farsante que a sorte esqueceu.
     F7M
Contando vantagem
   Gm7   **Am7**
Que vive de renda e mora em palácio
 Gm7   **F7M**   **Fm7**
Procura esquecer um barraco no Estácio
  Bb7   **Eb7M**
Lugar de origem que há pouco deixou
Dm7 **G7**   **C7M**
Mocinho bonito
    Dm7   **Em7**
Que é falso malandro de Copacabana
    A7   **Dm**
O mais que consegue é "vintão" por semana
 Dm   **G7** C^6_9
Que a mama "do peito" jamais lhe negou.

Meu bem, meu mal

Fá Maior *Caetano Veloso*

Introdução: Gm7 C7(9-) F Bb/C

    F   Em7(5-)
Você é meu caminho
A7   Dm   Cm7
Meu vinho, meu vício
F7   Bb7M   Bbm6
Desde o início, estava você
C7(13) F   Em7(5-)
Meu bálsamo benigno
A7   Dm   G7   Cm7
Meu signo,   meu guru
F7   Bb7M   Eb7
Porto seguro onde eu vou ter
   Am7(5-)   D7(9-)
Meu mar e minha mãe
   G7   Gm7
Meu medo e meu champanhe
  Am7(5-) D7(9-)   Gm7M Gm7
Visão do espaço sideral
Bbm6   Gm7(5-) C7(9-)
Onde o que eu sou se afoga
  Am7   D7
Meu fumo e minha ioga
Gm7   C7
Você é minha droga
C7(9) Cm   B7
Paixão e carnaval
Bb7M   C7(9-)   F7M
Meu zen, meu bem, meu mal. **(4 vezes)**

Só louco

Samba-canção - Dó Maior **Dorival Caymmi**

       C   C6/9 C7M
Só louco
               Em7
Amou como eu amei
A7   Dm
Só louco
Dm7   F/G G7
Quis o bem que eu quis
Am7   Am/G
Oh ! insensato coração
Dm/F   F/G G7
Por que me fizeste sofrer
C7M   Bb7(9,11+)   G/A
Por que, de amor   para entender
A7   D7
É preciso amar,
  Dm7(5-)
Por quê ?

Agora é cinza

Samba - Dó Maior   **Bide e Marçal**

 G7   C7M A7 Dm
Você   partiu
                G7
Saudades me deixou
       C7M
Eu chorei
 6
 C9   Em7
O nosso amor
Am7   Dm7
Foi uma chama,
            G7M
O sopro do passado
   Gm/Bb
Desfaz
A7   Dm7
Agora é cinza
G7   6
       C9
Tudo acabado
    C   9
          C7M Dm
E nada mais !...
G7(13) 9
       C7M
Você
    A7   Dm7
Partiu de madrugada
D7   G7
E não me disse nada
Dm7 G7   C7M
Isto não se faz
      A7   Dm
Me deixou   cheio de saudade
E paixão
  D7(9)
Me conformo
  G7(13)   C   G7
Com sua ingratidão !

(Chorei porque)
 C7M
Agora
     A7   Dm7
Desfeito o nosso amor
 D7   G7
Eu vou chorar de dor
Dm7   G7   C7M
Não posso esquecer

Copyright 1933 by Irmãos Vitale S.A. Ind. e Com.

Agora é cinza (continuação)

Vou viver   ^(A7)distante dos teus ^(Dm)olhos

Oh ! querida
Não me deu ^(D7(9))
^(G7(13))Um adeus por ^(C)despedida ^(Dm7)! ^(G7)

(Chorei porque)

Os alquimistas estão chegando

Jorge Ben

Samba - Ré Maior

Introdução: G A7 D G A7 D

       A7   D
Os alquimistas estão chegando,
G7   A7   D7
Estão chegando os alquimistas
   G   A7   D
Os alquimistas estão chegando,
     G   A7 D
Estão chegando os alquimistas

    G7   A7
Oh, Oh, Oh, Oh,
    G7   A7
Oh, Oh, Oh, Oh,
   G   A7
Eh, Eh, Eh, Eh,
G   A7
Eles são discretos e silenciosos
G   A7
Moram bem longe dos homens
G   A7
Escolhem com carinho a hora e o tempo

Do seu precioso trabalho
        G   A7
São pacientes assíduos e perseverantes
    G   A7
Executam segundo as regras herméticas
      G   A7
Desde a trituração, a fixação
       G   A7
A destilação e a coagulação
G   A7
Trazem consigo cadinhos, vasos de vidro
    A7   G
Potes de louça, todos bem iluminados
 G   A7
Evitam qualquer relação com pessoas
           G
De temperamento sórdido
G   A7
De temperamento sórdido

Os alquimistas estão chegando (continuação)

A7 G A7
Eh, Eh, Eh, Eh,
G A7
Eh, Eh, Eh, Eh,
    A7   D
Os alquimistas estão chegando | BIS
G   A7   D
Estão chegando os alquimistas
  G7   A7
Oh, Oh, Oh, Oh,
  G7   A7
Oh, Oh, Oh, Oh.

Aquele abraço

Ré Maior *Gilberto Gil*

Introdução: D7 G7 D7M

[D7M]O Rio de Janeiro [G]continua [D7]lindo [G7(13)]
[D7]O Rio de Janeiro [G]continua [D7]sendo [G7]
[D7]O Rio de Janeiro, [G]fevereiro, [D]março
Alô, alô, [E7]Realengo
[Bm7]Aquele abraço
Alô, torcida do [E7]Flamengo
[Bm7]Aquele abraço
Alô, alô, [E7]Realengo
[Bm7]Aquele abraço
Alô, torcida do [E7]Flamengo
[A7]Aquele [Em7]abraço [A7] [D]
Chacrinha [G]continua balançando a [D7]pança
[D7]Buzinando a [G7]moça
[D7]Comandando a [D7]massa
E continua [G7]dando as ordens no [D]terreiro
Alô, alô, seu [E7]Chacrinha
[Bm7]Velho guerreiro
Alô, alô, [E7]Terezinha
[Bm7]Rio de Janeiro
Alô, alô, seu [E7]Chacrinha
[Bm7]Velho palhaço
Alô, alô, [E7]Terezinha
[A7]Aquele abraço

Aquele abraço (continuação)

     D   Bm7 E7   E7(9)
Alô, moça da favela
Em7 A7   D
Aquele abraço
    D   Bm7   E7
Todo mundo da Portela
G/A A7   D
Aquele abraço
    D   Bm7 E7   E7(9)
Todo mês de fevereiro
Em7 A7   D
Aquele passo
      D   E7
Alô, Banda de Ipanema
G/A A7   D
Aquele abraço
        A7   Bm7
Meu caminho pelo mundo
        E7
Eu mesmo traço
G/A   A7 Bm7
A Bahia já me deu
      E7
Régua e compasso
G/A   A7   Bm7
Quem sabe de mim sou eu
     E7
Aquele abraço
G/A   A7   Bm7
Pra você que me esqueceu
    E7
Aquele abraço
 A7   Bm7
Alô, Rio de Janeiro
    E7
Aquele abraço
    A7   Bm7
Todo povo brasileiro
   E7
Aquele abraço.

Se não for amor

Samba - Lá menor   **Benito di Paula**

  Am7   E7
Você me olha deste jeito
                 Gm6
Meus direitos e defeitos
A7   Dm7 Dm/C Bm7(5-)
Querem se modificar
         E7   Am7
Meu pensamento se transforma
C7   F7M
Me transporto, simplesmente
       F#º
Penso coisa diferente
B7(9-)   E7
Vejo em você meu amor
Am7   E7
Se não for nada disso
    E7   Gm6
Fique perto, dou um jeito

E tudo certo
A7   Dm   Dm/C Bm7(5-)
Não precisa   se preocupar
           E7
Dê mais um sorriso
      Am
E vá embora
  C7   F7M
Por favor, volte outra hora
 E7   Am
Eu só quero ver você voltar.
  E7   A
Mas se não for amor
    E7/G#   A/G
Não diga nada, por favor
F#7   Bm7
Não apague esse sonho
      E7
Pois meu coração
   A6   E7
Nunca sofreu de amor.

BIS

Reza

Mi menor   *Edu Lobo e Ruy Guerra*

Introdução: Am7 B7(9) E/G# Em/G C#m7(5-) C7M Bm7 Em7

A7(13) Em7 A7(13) Em7 A7(13)

```
    Em7            A7
Por amor andei, já
    Em7            A7
Tanto chão e mar
        Am    D7(9)      E/G#    Em/G
Senhor, já nem sei
    Em7             A7
Se o amor não é mais
    Em7            A7
Bastante pra vencer
       Am          D7(9)
Eu já sei o que fazer
          Em/G              G6
Meu Senhor, uma oração
        C#m7(5-)           C7M    Bm7  Em7  A7(13)
Vou cantar para ver se vai valer,
    Em7   A7       Em7        A7
Laia, ladaia, sabatana, Ave Maria
Em7     A7       Em7        A7
Laia, ladaia, sabatana, Ave Maria
    Gm7    C7   Gm7   C7
O meu santo defensor
    Gm7        C7
Traga o meu amor
Em7     A7       Em7        A7
Laia, ladaia, sabatana, Ave Maria
Em7     A7       Em7        A7
Laia, ladaia, sabatana, Ave Maria
    Gm7  C7   Gm7  C7
Se é fraca a ora_ção
    Gm7        C7
Mil vezes cantarei
Em7     A7       Em7        A7
Laia, ladaia, sabatana, Ave Maria
Em7     A7       Em7         A7  Em7  A7  Em7
Laia, ladaia, sabatana, Ave Maria.
```

Se você jurar

Samba - Mi menor

Francisco Alves, Ismael Silva e Nilton Bastos

Se você jurar [G]
Que me tem amor [B7]
Eu posso me regenerar, [Em] [B7]
Mas se é [E7]
Para fingir, mulher, [Am]
A orgia, assim, não vou deixar [Em7] [B7] [Em]
Muito tenho sofrido [Am7] [Em]
Por minha lealdade [C7] [B7]
Agora estou sabido [F#m7(5-)] [B7]

BIS

Não vou atrás de amizade [F#7] [B7] [Em]
A minha vida é boa [Bm7(5-)]
Não tenho em que pensar [E7] [Am7]
Por uma coisa à toa [F#m7(5-)] [B7] [Em]
Não vou me regenerar. [F#7] [B7] [Em]
A mulher é um jogo [Am7] [Em]
Difícil de acertar [C7] [B7]
E o homem, como um bobo [F#m7(5-)] [B7]
Não se cansa de jogar. [F#7] [B7] [Em]
O que eu posso fazer [Bm7(5-)]
É, se você jurar, [E7] [Am7]
Arriscar a perder [F#m7(5-)] [B7] [Em]
Ou desta vez então ganhar. [F#7] [B7] [Em]

Copyright 1930 by Mangione & Filhos Comp. Ltda.

Fala, Mangueira

Samba - Mi menor   *Mirabeau e Milton de Oliveira*

Em   **B7**
Fala, Mangueira, fala.
    C7   **B7**   **Em**
Mostra a força da sua tradição,
            D7
Com licença da Portela, favela,
  C7   **B7**
Mangueira mora no meu coração.

BIS

Em7   **Am7**
Suas cabrochas gingando,
    B7   **Em**
Seus tamborins repicando,
C7   **B7** **E7** **Am7**
É monumental.
    F#m7(5-)B7   **Em**   **Em/D**
Estou falando da Mangueira
C7   **B7**   **Em**
A velha Mangueira tradicional.

Ponteio

Mi menor   *Edu Lobo e Capinan*

Introdução: Em7 F7M Em7 F7M

Em
Era um, era dois, era cem
                F7M
Era o mundo chegando e ninguém
Que soubesse que eu sou violeiro
                Em7
Que me desse ou amor ou dinheiro
Era um, era dois, era cem
        F7M
E vieram pra me perguntar
Ô, você, de onde vai, de onde vem
               Am7
Diga logo o que tem pra contar
     Am/G
Parado no meio do mundo
         C7M
Senti chegar meu momento
  C/B   Am7
Olhei pro mundo e nem via
      Am/G   F#m7 B7
Nem sombra, nem sol, nem vento

Refrão:
           D
Quem me dera agora
 E   D
Eu tivesse a viola pra cantar   (4 vezes)

Em7
Era um dia, era claro, quase meio
           F7M
Era um canto calado sem ponteio
Violência, viola, violeiro
               Em7
Era morte em redor do mundo inteiro
Era um dia, era claro, quase meio
        F7M
Tinha um que jurou me quebrar

Copyright 1967 by Warner Chappell Edições Musicais Ltda.

Ponteio (continuação)

Mas não me lembro de dor nem receio
                    Am
Só sabia das ondas do mar
                   Am/G
Jogaram a viola, no mundo
               C7M
Mas fui lá no fundo buscar
    C/B   Am
Se tomo a viola eu ponteio
            Am/G   F#m7 B7
Meu canto não posso parar

Refrão

Em7
Era um dia, era dois, era cem
                    F7M
Era um dia, era claro, quase meio

Encerrar meu cantar, já convém
                   Em7
Prometendo um novo ponteio

Certo dia que sei por inteiro
                F7M
Eu espero não vá demorar

Este dia estou certo que vem
                Am
Digo logo que vim pra buscar
                 Am/G
Correndo no meio do mundo
             C7M
Não deixo a viola de lado
    C/B   Am7
Vou ver o tempo mudado
        Am/G   F#m7 B7
E um novo lugar pra contar.

Refrão

Tristezas do jeca

Toada - Ré Maior　　　　　　　　　　　*Angelino de Oliveira*

Introdução: D A7 D A7

  D   G   D
Nestes versos tão singelo
        A7   D
Minha bela, meu amô
  D   G   D
Pra mecê quero contá
       A7   D D7
O meu sofrê, a minha dô

  G   A7   D
Eu sou como o sabiá
     Bm   Em7
Que quando canta é só tristeza　　　　　　**BIS**
        A7   D
Desde o gáio onde ele está, tá
A7
Nesta viola eu canto e gemo de verdade
A7   D
Cada toada representa uma sodade

  D   G   D
Eu nasci naquela serra
       A7   D
Num ranchinho à bera chão
  D   G   D
Todo cheio de buraco
       A7   D D7
Donde a lua faz clarão

  G   A7   D
E quando chega a madrugada
    Bm   Em7
Lá no mato a passarada　　　　　　　**BIS**
      A7   D
Principia o barulhão
A7
Nesta viola, etc., etc.

Tristezas do jeca (continuação)

[D]Lá no mato [G]tudo é [D]triste
Desd'o [A7]jeito de fa[D]lá
[D]Quando riscam [G]na vi[D]ola
Dá [A7]vontade de cho[D]rá [D7]

[G]Não tem um que [A7]cante ale[D]gre
[Bm]Tudo vive pade[Em7]ceno
Cantando [A7]pra se alivi[D]á
[A7]Nesta viola, etc., etc.

BIS

[D]Vou pará co'a [G]minha vi[D]ola
Já não [A7]posso mais can[D]tá
[D]Pois o jeca [G]quando can[D]ta
Tem [A7]vontade de cho[D]rá [D7]

[G]E o choro [A7]que vai ca[D]indo
[Bm]Devagar vai-se su[Em7]mindo
Como as [A7]águas vai pro [D]mar.

BIS

Samba do avião

Mib Maior *Antonio Carlos Jobim*

Eb7M/G   B7/F#   Fm7   F#°
Minha alma can_ta
Gm7   G7   Ab7M Db7/Ab
Vejo o Rio de   Janei__ro
Gm7   Gb°   Gm7(5-) C7
Estou morrendo de sauda__de
F7(13)   F7(13-)   F7   F7(11+)
Rio, teu mar, praias sem fim
Db7/4(9)   Bb7(9)   Bbm7   Bb7
Rio, você foi feito pra mim
Eb7M/G   B7/F#   Fm7   F#°   Gm7   G7   Ab7M Db7/Ab
Cristo Redentor,   braços abertos sobre a Guanaba__ra
Ab7(9)   Abm6
Este samba é só porque
Eb6/G   F°   Ab7(9)
Rio, eu gosto de você
              Abm6
A morena vai   sambar
Gm7   C7   Fm7   Bb7(9-)
Seu corpo todo balançar
Gm7   C7(9-)   Fm7
Rio de sol, de céu, de mar

Dentro de mais um minuto

Estaremos no Galeão
F7(9)
Rio de Janeiro, Rio de Janeiro

Rio de Janeiro, Rio de Janeiro
Eb7M/G B7/F# Fm7 F#° Gm7   G7   Ab7M Db7/Ab
Cristo Redentor,   braços abertos sobre a Guanaba__ra
Ab7(9)   Abm6
Este samba é só porque
Eb/G   F°   Ab7(9)
Rio, eu gosto de você
Ab7(9)   Abm6
A morena vai sambar
Gm7   C7   Fm7   Bb7(9-)
Seu corpo todo balançar
Gm7   C7(9-)   Fm7
Aperte o cinto, vamos chegar

Água brilhando, olha a pista chegando ...E vamos nós...
F7(9) E7(9+) Eb6
A___ter__rar.

Samba do teleco-teco

Samba - Fá Maior   ***João Roberto Kelly***

```
     F7M               D7      Gm7
Samba que não tem    teleco-teco
                    C7
Lá no morro é chaveco
              F7M      C7(13)
Não é samba, não...
     F          Dm7
A turma bate o samba
G7      C7M
No original
Am7     Dm
Pra mostrar
          G7              Gm     C7        C7(5+)
Que o malandro é cem por cento nacional
Bb7M          Bbm6
Samba americanizado
C/Bb    Am7  Dm   Am7
Lá não tem opinião
         Gm7         C7        F
Porque o morro não aceita importação...
Gm              C7
Deixa a cuíca roncar
F7M             Dm7
Para a mulata gingar
         Am7      C7
Ser patriota é zelar
                    F
Pelo que é nosso e do país.
     F7         Bb
Fazer um samba dissonante
      F7M        D7       Gm
É vestir uma cabrocha elegante
         C7         F
Com modelos de Paris...
                    F
```
Para terminar: de Paris

Rosa

Valsa - Dó Maior *Pixinguinha*

Introdução: F7M C9(6) A7 Dm7 G7 C G7

    C   G7
Tu és divina e graciosa, estátua majestosa,
    C   C7M   G7   F#° G7/F   E7
Do amor,   por Deus esculturada e formada com o ardor
                    Am   A7
Da alma da mais linda flor de mais ativo olor
      Dm   D7 G7
Que na vida é preferida pelo beija-flor.
  C   G7
Se Deus me fora tão clemente, aqui neste ambiente
  C7   F
De luz formada numa tela, deslumbrante e bela
F   Fm   C   A7   Dm
O teu coração, junto ao meu, lanceado, pregado
    G7   C
E crucificado sobre a rósea cruz do arfante peito teu.

    Am Am/G F#7(9-)   Dm/F
Tu és a forma ideal, estátua magistral
     E7   Am7
Oh! alma perenal do meu primeiro amor, sublime amor
   Em7(5-) A7   Dm
Tu és de Deus   a soberana flor
      B7   E7
Tu és de Deus a criação, que em todo coração
       Am Am/G   F#7(9-)   Dm/F
Sepultas o amor,   o riso, a fé e a dor em sândalos olentes
    E7 E7/D
Cheios de sabor,
        A7/C#   A7
em vozes tão dolentes como um sonho em flor
Dm6   Dm   Am
És láctea estrela, és mãe da realeza,
 E7
És tudo, enfim, que tem de belo
              Am   G7(13)
Em todo o resplendor da santa natureza.

  C   G7
Perdão, se ouso confessar-te, eu hei de sempre amar-te
  C   C7M   G7
Oh! flor, meu peito não resiste,
 F#°   G7   E7
Oh! meu Deus, quanto é triste

Rosa (continuação)

            Am   **A7**
A incerteza de um amor que mais me faz penar
   Dm   **D7** **G7**
Em esperar em conduzir-te, um dia, ao pé do altar
C   **G7**
Jurar, aos pés do Onipotente em preces comoventes
  C7   **F**
De dor, e receber a unção de tua gratidão
F **Fm**   **C**   **A7**   **Dm**
Depois de remir meus desejos em nuvens de beijos
       G7   **C**
Hei de te envolver até meu padecer, de todo o fenecer.

Samurai

Djavan

Lá menor

Introdução: Am E/G# Am D7 F E/G# Am D7

Am E/G#
Ai...
Am7　　　　　D7(9)
Quanto querer
F　　　　　E7　　Am　　C7
Cabe em meu coração
F7M　　E/G#
Ai...
Am7　　　　　D7(9)
Me faz sofrer
F7M　　　　　E/G#
Paz que me mata
　　　Am　　　C7
E se não mata, fere...
F7M　　E/G#
Vai...
Am　　　　D7(9)
Sem me dizer
F7M　　　E/G#　　Am　　C7
Na casa da paixão
F7M　　E/G#
Sai...
Am7　　　　　D7(9)
Quando bem quer
F7M　　　　E/G#
Traz uma praga
　　　　Am7　　C7
E me afaga a pele...

F7M　　E/G# Am
Crescei,　　luar
　　　D7　　　　　Gm7
Para iluminar as trevas
Fm7　　Bb　　C7
Fundas da paixão
F　　　E/G#
Eu quis lutar
　　　　Am　　　Bb
Contra o poder do amor
　　Bb　　　　　E7
Caí nos pés do vencedor
　　　F
Para ser o serviçal
　　　E7　Am
De um samurai

Samurai (continuação)

C7   Am
Mas eu estou tão feliz!
           E/G#
Dizem que o amor
Am
Atrai.

Rosa de maio

Fox - Dó menor   **Custódio Mesquita e Ewaldo Ruy**

    Cm7 G7 Cm7
Rosa de maio
  D7
É meu desejo
         Gm7 C7
Mandar-te um beijo
  Fm
Nesta canção...
  G7
Rosa de maio...
  Cm
Deste poema
  Am7(5-) D7
Tu és o tema
  G7
E a inspiração
  Cm7
Rosa de maio
  D7
Já não consigo
    Gm7 C7
Guardar comigo
  Fm
Tanta paixão!
  Dm7(5-) G7
Rosa de maio
        Cm
Por qualquer preço
  D7
Eu te ofereço
G7(5+)   Cm
Meu coração!...

Recado

Samba - Ré Maior **Paulinho da Viola e Casquinha**

```
      D    A7    D
     Era um recado
C7(11+) D7M                     F#m7  Em  B7   Em
     A quem me deu tanto dissabor
                  A7              D7M
     Diz que eu fico bem melhor assim
Bm7           E7         Em7
     E que no passado fui um sofredor
A7            E7
     E hoje já não sou                         BIS
A7   F#m7 B7    E7     A7  D    B7
     O que    passou... passou
                     E7
     E hoje já não sou
A7   F#m7 B7    E7     A7  D   F#m7 Fm7
     O que    passou... passou
```

```
Em7       A7         D    B7
     Vá dizer à minha ex-amada
Em7         A7           B7
     Que é feliz meu coração
Em              A7             F#m7
     Mas que nas minhas madrugadas
B7            Em     A7    D
     Eu não me esqueço dela não.
                              Em
                (leva o recado)
```

Que será?

Sib Maior   *Marino Pinto e Mario Rossi*

Cm7
Que será
     F7   **Bb7M**
Da minha vida sem o teu amor
Dm7   **Gm7**   **Cm7** **F7**
Da minha boca sem os beijos teus
Cm7   **F7**   **Bb7M** **Dm7** **Fm7**
Da minha alma sem o teu   calor?
Bb7(13) **Eb7M**   **Cm7**
Que será
     F7   **Bb7M**
Da luz difusa do abajur lilás
Dm   **Gm7**   **Cm7** **F7**
Se nunca mais vier a iluminar
F7   **Bb6**
Outras noites iguais?

Fm7
Procurar
Bb7   **Eb7M**
Uma nova ilusão, não sei...
Gm7
Outro lar
C7   **Cm7**   **F7**
Não quero ter além daquele que sonhei,
Bb7 **Eb7M**   **Eb/F**
Meu amor
        F7   **Bb7M**
Ninguém seria mais feliz que eu
Dm7   **Gm7**   **Cm7** **F7**
Se tu voltasses a gostar de mim,
Cm7   **F7**   **Bb7M**   **Dm7(5-)**
Se o teu carinho se juntasse ao meu
G7 **Cm7**   **Cm7/F**
Eu errei
        F7   **Bb7M**
Mas se me ouvires me darás   razão
Dm7(5-) **Gm7**   **Cm7** **F7**
Foi o ciúme que se debruçou
Cm7   **F7**   **Bb6**
Sobre o meu coração.

Copyright 1950 by Irmãos Vitale S.A. Ind. e Com.

Atiraste uma pedra

Samba-canção - Dó menor **Herivelto Martins e David Nasser**

Cm   Fm7   Fm/Eb   Dm7(5-)
Atiraste uma pedra no peito de quem
     G7   Cm   G7(5+)
Só te fez tanto bem
Cm   Cm/Bb   Fm/Ab
E quebraste um telhado
      G7
Perdeste um abrigo
    Cm7M Cm7
Feriste um amigo
   C7   Gm7(5-)
Conseguiste magoar
     C7   Fm7
Quem das mágoas te livrou
Dm7(5-) G7   Cm
Atiraste uma pedra
    Cm7/Bb   Fm/Ab
Com as mãos que esta boca
    G7   Cm7
Tantas vezes te beijou.
     Fm6
Quebraste o telhado
     G7
Que nas noites de frio
    Cm
Te serviu de abrigo
  C7(9-)   Gm7(5-)
Perdeste um amigo
       C7
Que os teus erros não viu
     Fm
E o teu pranto enxugou
 Fm/Eb   Dm7(5-)
Mas acima de tudo
    G7
Atiraste uma pedra
   Cm
Turvando esta água
Cm   Cm/Bb
Esta água que um dia
    Fm/Ab
Por estranha ironia
 G7   Cm
Tua sede matou.

Pivete

Francis Hime e
Chico Buarque de Hollanda

Fá Maior

Introdução: C7 F/C C7 Bb C7 F

C7 　　　Gm
No sinal fechado
　　C7　　　　　F
Ele vende chiclete
　　C　　　　　Bb/C
Capricha na flanela
　　C7
E se chama Pelé

　C7　　　　F
Pinta na janela
　E7(4)　　　　E7
Batalha algum trocado
　　A
Aponta um canivete
D　　　　E7
E até
A/E　　　　　　D7M
Dobra a Carioca, olerê
Eb7　　　　　　Ab7
Desce a Frei Caneca, olará
　　　　　Db
Se manda pra Tijuca
G7(9-) Cm7　　F7
Sobe o Borel
　　　　　Bb
Meio se maloca
　　D7
Agita numa boca
　　　　　Bm7　C#°
Descola uma mutuca
Cm7　　　　F7
E um papel
Bb　　　　Eb
Sonha aquela mina, olerê
E7　　　A
Prancha, parafina, olará
A7　　　D　　Db7
Dorme gente fina
C7　　　　　Gm
Acorda pinel
　C7　　　　F
Zanza na sarjeta
　C7　　　　F
Fatura uma besteira

Copyright 1978 by Três Marias Editora Musical Ltda.

Pivete (continuação)

[C]E tem as pernas [Bb/C]tortas
[C7]E se chama Mané

[C7]Arromba uma [Bb/C]porta
[C7]Faz ligação direta
[E7]Engata uma primeira
E [A]até
[D]Dobra a Ca[E7]rioca, olerê
[A]Desce a Frei [D7]Caneca, olará
[Eb7]Se manda pra [Ab7]Tijuca
Na contra[Db]mão [G7(9-)]
[Cm7]Dança pára-[F7]lama
Já era pára-[Bb]choque
[D7]Agora ele se chama
E[Bm7]mer[C#°]são
[Cm7]Sobe no Pas[F7]seio, olerê
[Bb]Pega no Re[Eb]creio, olará
[E7]Não se liga em [A]freio [A7]
Nem dire[D]ção
[C7]No sinal fe[Gm]chado
Ele [C7]transa chi[F]clete
[C]E se chama [Bb/C]Pivete

[C7]E pinta na janela
[C7]Capricha na flanela

Pivete (continuação)

C7
Descola uma bereta
C7
Batalha na sarjeta
C7
E tem as pernas tortas.

(4 últimas frases ad libitum)

Água de beber

Samba-bossa - Mi menor

*Antonio C. Jobim
e Vinicius de Moraes*

Introdução: **Em7 F#7 B7(13-) Em7**

    F#7   **B7**   **Em7** **A7(9)**
Eu quis amar, mas tive medo
  Am7   **D7**   **G7M**
E quis salvar meu coração
    F#7   **B7**   **Em7** **A7(9)**
Mas do amor guarde um segredo
F#7   **B7**   **Em7**   **E7**
O medo pode matar o seu coração
   A7 **Am7**
Água de beber
   Em7   **E7**
Água de beber, camará
   A7 **Am7**
Água de beber
   Em7
Água de beber, camará

(voltar à introdução)

    F#7   **B7**   **Em7** **A7(9)**
Eu nunca fiz coisa tão certa
   Am7 **D7**   **G7M**
Entrei pra escola do perdão
  F#7   **B7**   **Em7**
A minha ca_sa vive aberta
F#7   **B7**   **Em7**   **E7**
Abri todas as portas do coração
   A7 **Am7**
Água de beber
   Em7   **E7**
Água de beber, camará
   A7 **Am7**
Água de beber
   Em7
Água de beber, camará.

Debaixo dos caracóis dos seus cabelos

Sol Maior — **Roberto Carlos e Erasmo Carlos**

Introdução: G G4 G D7 G G4 G D7

   G   C
Um dia areia branca seus pés irão tocar
  D7   G   C   G
E vai molhar seus cabelos a água azul do mar
 G   C
Janelas e portas vão se abrir pra ver você chegar
  D7   G   C   G
E ao se sentir em casa, sorrindo vai chorar.
 G   Am
Debaixo dos caracóis dos seus cabelos
        D7   G   D7
Uma história pra contar de um mundo tão distante
 G   Am
Debaixo dos caracóis dos seus cabelos
       D7   G G4 G D7
Um soluço e a vontade de ficar mais um instante
 G   C
As luzes e o colorido que você vê agora
  D7   G   C   G
Nas ruas por onde anda, na casa onde mora
                      C
Você olha tudo e nada lhe faz ficar contente
  D7   G   C G
Você só deseja, agora, voltar pra sua gente
 G   Am
Debaixo dos caracóis dos seus cabelos
        D7   G   D7
Uma história pra contar de um mundo tão distante
 G   Am
Debaixo dos caracóis dos seus cabelos
       D7   G G4 G D7
Um soluço e a vontade de ficar mais um instante
 G   C
Você anda pela tarde e o seu olhar tristonho
  D7   G   C   G
Deixa sangrar no peito uma saudade, um sonho
 G   C
Um dia vou ver você chegando num sorriso
  D7   G C G
Pisando a areia branca que é seu paraíso
 G   Am
Debaixo dos caracóis dos seus cabelos...

O moço velho

Sib Maior   *Silvio Cesar*

Introdução: Am7(5-) D7 Gm7 Eb7M Cm F7 Bb Am7(5-) D7

D7   Gm
Eu sou
          F7(13)   Bb7M
Um livro aberto sem histórias
Eb7M   Am7(5-)
Um sonho incerto sem memórias
D7   Gm   Am7(5-)
Do meu passado que ficou
D7   Gm
Eu sou
       F7(13)   Bb7M
Um porto amigo sem navios
Eb7M   Am7(5-)
Um mar abrigo a muitos rios
          D7   Gm
Eu sou apenas o que sou
Eb7M   Dm7
Eu sou um moço velho
Am7(5-)   D7 Gm
Que já viveu muito
Eb7M Cm   Eb7M
Que já sofreu tudo
D7(9-)   Gm7
E já morreu cedo
Eb7M   Dm
Eu sou um moço velho
Am7(5-)   D7(9-) Gm
Que não viveu cedo
Bb   Bb7M Am7(5-) D7(9-)
Que não sofreu muito
          Gm
Mas não morreu tudo
Bb   Dm   Cm
Eu sou alguém livre
Am7(5-)   D7(9-)
Não sou escravo
    Gm
E nunca fui senhor
Eb7M   Cm   F7
Eu simplesmente sou um homem
Cm   F7   Bb
Que ainda crê no amor.

Berimbau

Samba - Mi menor

**Baden Powell
e Vinicius de Moraes**

Introdução: (4 compassos de ritmo em Em7)

Em7
Quem é homem de bem, não trai
                Bm7

              Em7
O amor que lhe quer seu bem

                Bm7
Quem diz muito que vai, não vai

              Em7
Assim como não vai, não vem

                Bm7
Quem de dentro de si não sai

            Em7
Vai morrer sem amar ninguém

Em7   Bm7
O dinheiro de quem não dá

                Em7
É o trabalho de quem não tem

             Bm7
Capoeira que é bom, não cai

Mas se um dia ele cai

  Em7
Cai bem

  A/E Em7 A/E Em7

Estribilho

Am7   D7(9)   G7M
Capoeira me mandou

  G7   C7
Dizer que já chegou

  B7   F7M(9)
Chegou para lutar

Am7   D7(9)   G7M
Berimbau me confirmou

  G7   C7
Vai ter briga de amor

  B7   Em7
Tristeza acabará.

Conselho

Samba-canção - Dó menor

*Denis Brean
e O. Guilherme*

    Cm   **D7**
Se você me encontrar pelas ruas
   G7   **Cm7**
Não precisa mudar de calçada
                     G7
Pense logo que somos estranhos
  G7   **Cm**
E que nunca entre nós houve nada...
      C7   **Fm**
Não precisa baixar a cabeça
    Bb7   **Eb7M**
Pra não ver os meus olhos nos seus
  G7   **Cm**
Passarei por você sem rancor
    G7   **Cm**
Sem lembrar que entre nós houve adeus.
  Fm7   **Bb7**   **Eb7M**
Nossos sonhos são tão diferentes
Ab7   **G7**
  O remédio é mesmo deixar
      Dm7(5-)   **G7**   **Cm**
Que este amor se desfaça com o tempo
  D7   **G7**
Sem que seja preciso chorar...
  Fm7   **Bb7**   **Eb7M**
Entre nós não há culpa nem nada
Ab7   **G7**
  O destino que assim escreveu

    Dm7(5-)   **G7**   **Cm**
Poderemos achar noutros braços | **BIS**
    Dm7(5-)   **G7**   **Cm**
Esse amor que entre nós não viveu.
           Cm
Para terminar: viveu...

Nossa canção

Bolero lento - Dó Maior

Luiz Ayrão

Introdução: C C4 C (3 vezes)

  C   E7
Olha aqui, preste atenção
Am   G7   C
   Essa é a nossa canção
  F   G
Vou cantá-la seja onde for
  F   G   F
Para nunca esquecer o nosso amor
  G
Nosso amor.
  C   E7
Veja bem, foi você
Am   G7   C
A razão e o porquê
  F   G
De nascer esta canção assim
  F   G
Pois você é o amor que existe
    C
Em mim.
    E7   Am
Você partiu e me deixou
    E7   Am
Nunca mais você voltou
    G7   C
Pra me tirar da solidão
Dm   E7
E até você voltar
Dm   E7   G
Meu bem, eu vou cantar
       C
Esta nossa canção.

Folhetim

Samba-canção - Dó Maior   **Chico Buarque de Hollanda**

Introdução: C7(13) F F#° C/G C7(5+) F/C G7 C

  C   F/G   Gm7
Se acaso me quiseres
  C7   F7M   Fm   C/G G#° Am7
Sou dessas mulheres que só dizem sim
    C7   F7M
Por uma coisa à toa
   F#°   C/G
Uma noitada boa
A7   Dm7   F/G   C7M
Um cinema, um botequim
  F/G   Gm7
E se tiveres renda
 C7   F7M
Aceito uma prenda
Fm   C/G G#° Am7
Qualquer coisa assim
     C7   F7M
Como uma pedra falsa
  F#°   C/G
Um Sonho de Valsa
A7   Dm7   F/G C7M
Ou um corte de cetim
E7   Am/C
Que eu te farei as vontades
             Dm7
Direi minhas verdades
    G7   C
Sempre à meia-luz
Bm7(5-) E7(9-) Am7
E te farei vaidoso
B7   E7
Supor que és o maior
        G7(13)
E que me possuis
C9⁶ Gm7   C7
Mas na manhã seguinte
           F7M
Não conta até vinte
Fm   C/G G#° Am7
Te afasta de mim
      C7   F7M
Pois já não vales nada
 F#°   C/G
És página virada
A7   Dm7   G7   C C7(13) F7M F#° C/G C7(5+) F G7 C9⁶
Descartada do meu folhetim.

Zelão

Samba médio - Dó menor *Sérgio Ricardo*

    Cm7   **Fm7**
Todo o morro entendeu
   F#°   **G7(5+)**
Quando Zelão chorou
   Cm7   **Dm7(5-)**   **BIS**
Ninguém riu nem brincou
G7 **Cm**   **Dm7(5-) G7**
E era Carnaval
        Cm
2ª vez: Carnaval

Cm7   **Fm7**
No fogo de um barracão
Bb7   **Eb7M**
Só se cozinha ilusão
Ab7M   **Db7(11+)**   **Cm7**
Restos que a feira deixou
      Dm7(5-)
Que ainda é pouco, só.
G7   **Cm7**
Mas, assim mesmo, Zelão
  Fm7
Dizia sempre a sorrir
         Ab7M
Que um pobre ajuda outro pobre
Db7   **A7(9-)**
Até melhorar

    Dm7 **G7**   **Dm7** **G7**
Choveu,   choveu
   Dm7   **G7**   **Dm7**
A chuva jogou seu barraco no chão
G7 Dm7   **G7**   **Dm7**
Nem foi possível salvar o violão
  Gm7   **C7(9-) F7M**
Que acompanhou morro abaixo a canção
  Fm7   **Bb7**   **Eb7M**
Das coisas todas que a chuva levou
  Ebm7   **D7(11+)** **Db7M**
Pedaços tristes do seu coração.

Copyright 1960 by Editora Nossa Terra Ltda.

Você

Bossa-nova - Sol Maior

**Roberto Menescal
e Ronaldo Bôscoli**

Introdução: C7M Cm7 Cm7/F Bm7 Em7 Am D7

  G7M
Você, manhã de tudo meu
  C7(9)
Você, que cedo entardeceu
  G7M
Você, de quem a vida eu sou
  Bm7   E7(9-)
E sem mais eu serei...
  Am7
Você, um beijo bom de sal,
  Cm7   F7(9)
Você, de cada tarde vã,
  Bm7 Bb°   Am7
Virá sorrindo de manhã
D7(9-) G7M
Você, um riso lindo à luz
  C7(9)
Você, a paz de céus azuis,
  G7M
Você, sereno bem de amar
  Dm7 G7(9-)
Em mim
  C#m7(5-)   Cm7   F7(9)
Você, tristeza que eu criei
  Bm7   Bb°
Sonhei você pra mim
Am7   D7(9-)
Bem mais pra mim
  G7M
Mas só...

Manias

Samba-canção - Fá Maior

Celso e Flávio Cavalcanti

Introdução: **F Bb7M Am7 D7 Gm7 Gm6 F C7(9-)**

F7M **Gm7** **Am7** **D7(9-)**
Dentre as manias que eu te__nho
Gm7 **C7(9)**
Uma é gostar de você
F7M **Gm7** **Am7** **D7(9-)**
Mania é coisa que a gen__te
Gm7 **Bb/C** **C7**
Tem mas não sabe porque
Cm7 **F7(13)**
Mania de querer bem
Bb7M(9) **Em7** **A7**
As vezes, de falar mal
Dm7 **F/G** **G7**
Mania de não deitar
Gm7 **Bb/C** **C7(9-)**
Sem antes ler um jornal
F7M **Gm7** **Am7** **D7(9-)**
De só entrar no chuvei_ro
Gm7 **Bb/C** **C7(9-)**
Cantando a mesma canção
F7M **Gm7** **Am7** **D7(9-)**
De só pedir o cinzei_ro
Gm7 **Bb/C** **C7**
Depois das cinzas no chão

Cm7 **F7(13)**
Eu tenho várias manias
Bb7M **Em7** **A7**
Delas não faço segredo
Dm7 **F/C** **G7**
Quem pode ver tinta fresca
Gm7 **C7(9)**
Sem logo passar o dedo
F7M **Gm7** **Am7** **D7(9-)**
De contar sempre aumenta__do
Gm7 **Bb/C** **C7(9)**
Tudo o que disse ou que fez
F7M **Gm7** **Am7** **D7(9-)**
De guardar fósforo usa__do
Gm7 **Bb/C** **C7**
Dentro da caixa outra vez
Cm7 **F7(13)**
Mania é coisa que a gente
Bb7M **Eb7**
Tem mas não sabe porque

Manias (continuação)

   F7M   Gm7   Am7 D7(9-)
Dentre as manias que eu te__nho
Gm7   C7   F Dm7 Gm7 C7(13)
Uma é gostar de você

Para terminar, 2ª vez:
Gm7   C7   F7M
Uma é gostar de você.

Quem te viu, quem te vê

Samba - Dó menor *Chico Buarque de Hollanda*

Introdução: Cm Fm7 Dm7(5-) G7(5+) Cm7

C7(9-) Fm7 G7 Cm
Você era a mais bonita das cabrochas dessa ala
Cm/Bb Fm7 Bb7 Eb7M
Você era a favorita onde eu era o mestre-sala
Cm7 A° F#° G7
Hoje a gente nem se fala mas a festa continua
Dm7(5-) G7 Ebm7 Ab7 Dm7(5-)
Suas noites são de gala, nosso samba ainda é na rua.

Refrão:

G7 C F7M Dm7(9) G7(9) Bm7
Hoje o samba saiu, lá iá lá iá, procurando você
E7(5+) Am7 Dm7 G7(13) Em7
Quem te viu, quem te vê
A7 Dm/F Dm7(9) G7(13) Bb7
Quem não a conhece não pode mais ver pra crer
A7 Dm G7(13) C
Quem jamais a esquece não pode reconhecer

C7(9-) Fm7 G7 Cm
Quando o samba começava, você era a mais brilhante
Cm/Bb Fm7 Bb7 Eb7M
E se a gente se cansava, você só seguia adiante
Cm7 A° F#° G7
Hoje a gente anda distante do calor do seu gingado
Dm7(5-) G7 Ebm7 Ab7 Dm7(5-)
Você só dá chá dançante onde eu não sou convidado

Refrão

C7(9-) Fm7 G7 Cm
O meu samba se marcava na cadência dos seus passos
Cm/Bb Fm7 Bb7 Eb7M
O meu sono se embalava no carinho dos seus braços
Cm7 A° F#° G7
Hoje de teimoso eu passo bem em frente ao seu portão
Dm7(5-) G7 Ebm7 Ab7 Dm7(5-)
Pra lembrar que sobra espaço no barraco e no cordão.

Quem te viu, quem te vê (continuação)

Refrão

Todo ano eu lhe fazia uma cabrocha de alta classe
   C7(9-)   Fm7   G7   Cm

De dourado lhe vestia pra que o povo admirasse
  Cm/Bb   Fm7   Bb7   Eb7M

Eu não sei bem com certeza por que foi que um belo dia
  Cm7   A°   F#°   G7

Quem brincava de princesa acostumou na fantasia
  Dm7(5-) G7   Ebm7   Ab7   Dm7(5-)

Refrão

Hoje eu vou sambar na pista, você vai de galeria
  C7(9-)   Fm7   G7   Cm

Quero que você assista na mais fina companhia
  Cm/Bb   Fm7   Bb7   Eb7M

Se você sentir saudade, por favor, não dê na vista
  Cm   A°   F#°   G7

Bate palmas com vontade, faz de conta que é turista.
  Dm7(5-)   G7   Ebm7   Ab7   Dm7(5-)

Refrão

Que pena

Samba - Dó Maior **Jorge Ben**

C7M   A7   Dm7 G7 C7M
Ela já não gosta mais de mim
      A7   Dm7 G7(13)
Mas eu gosto dela mesmo assim
C7M A7   Dm7 G7 C7M
Que pena,   que pena
    A7   Dm7   G7
Ela já não é mais a minha pequena
C7M A7   Dm7 G7
Que pena,   que pena
C7M Dm7   G7   C7M
Pois   não é fácil recuperar
       F/G   G7   Em7   Dm7
Um grande amor   perdido
      G7   C
Pois ela era uma rosa
      A7   Dm7
Ela era uma rosa
          G7   C7M
E as outras eram manjericão
       A7   Dm7
As outras eram manjericão
   G7   C7M
Ela era uma rosa
   A7   Dm7
Ela era uma rosa
            G7   C7M   G7(13)
Que mandava no meu coração
   Dm G7 C7M
Coração,   coração

      A7   Dm7 G7 C7M
Ela já não gosta mais de mim
      A7   Dm7 G7(13)
Mas eu gosto dela mesmo assim
C7M A7   Dm7 G7 C7M
Que pena,   que pena
    A7   Dm7   G7
Ela já não é mais a minha pequena
C7M A7   Dm7 G7
Que pena,   que pena
Dm7 G7   C7M   A7   Dm7
Mas eu não vou chorar
  F/G   C7M
Eu vou é cantar

Que pena (continuação)

Pois a vida con[G7]ti[C7M]nua
Pois a [A7]vida con[Dm7]tinua
E eu não vou ficar so[G7]zinho no meio da [C7M]rua
No [A7]meio da [Dm7]rua
Esperando que al[G7]guém me dê a [C7M]mão
[A7]Me dê a [Dm7]mão, [B7] a [E7M]mão[G7(13)] [C7M]
[C7M]Ela já não [A7]gosta mais de [Dm7]mim [G7] [C7M]
Mas eu gosto [A7]dela mesmo as[Dm7]sim [G7(13)]
[C7M]Que pe[A7]na, que [Dm7]pe[G7]na [C7M]
Ela já não é [A7]mais a minha pe[Dm7]quena [G7]
[C7M]Que pe[A7]na, que [Dm7]pe[G7]na[C7M].

(ad libitum)

Primavera

Carlos Lyra e
Vinicius de Moraes

Bossa - Dó Maior

    C/E Eb°   Dm7 G/F
O meu amor sozi__nho
     C/E   Eb°   Dm7
É assim como um jardim sem flor
G7   C/E Cm/Eb   Dm Bm7(5-)
Só queria ir   dizer a e__la
E7   Am7   D7   G/F
Como é triste se sentir saudade
    C/E   Eb°   Dm7 G/F
É que eu gosto tanto de__la
    C/E   Eb°   Dm7
Que é capaz dela gostar de mim
G7   C7   C7(9)
E acontece que eu estou
         F7M
Mais longe dela
E7   Am7   D7   G/F
Que da estrela a reluzir na tarde
    C/E Ab/Eb   Dm7 G7(9)
Estrela, eu lhe diri__a
    C7
Desce à terra
   C/Bb F/A Fm/Ab
O amor existe
    C/G
E a poesia
Fm   C/E
Só espera ver
    G/F   C/E   F7M
Nascer a primavera
D7/F#   G/F C/E
Para não morrer
    C/E   Eb°   Dm7 G/F
Não há amor sozi__nho
   C/E   Eb°   Dm7
É juntinho que ele fica bom
G7(9) C/E
E eu queria é dar-lhe
Cm/Eb   Dm7
Todo o meu carinho
E7   Am7   D7 Fm6 G/F
Eu queria ter felicida__de
    C/E   Eb°   Dm7 G7
É que o meu amor é tan__to
    C/E   Eb°   Dm7
É um encanto que não tem mais fim

Copyright by MCK Produções Artísticas Ltda. (50%) e Tonga (BMG Music Publishing Brasil Ltda.) (50%)

Primavera (continuação)

  G7   C7/4(9)
E no entanto
        C7(9)   F7M
Ele nem sabe que isso existe
E7(9-) Am7   D7   Fm G/F
É tão triste se sentir saudade
 C/E   Eb° Dm7 G7
Amor, eu lhe direi
        C7   C/Bb F7M/A
Amor que eu tanto procu__rei
Fm/Ab   C/G
Ai, quem me dera
 Fm6   C/E
Eu pudesse ser
 G/F   C/E F7M
A tua primavera
D7/F# G7/F C/E
E depois morrer.

O amor em paz

Antonio Carlos Jobim e
Vinicius de Moraes

Bossa-nova - Ré menor

Gm7 C7(9) F7M   F#°
Eu   amei
    Gm7
E amei, ai de mim,
      G#°   Am7
Muito mais do que devia amar
Fm7 Bb7(9)   Eb7M Eb6
E   chorei
   Em7(5-)   A7   D7M   D7
Ao sentir   que eu iria sofrer e me desesperar
Gm7 C7(9) F7M F#°   Gm7   G#°
Foi   então   que da minha infinita tristeza
Am7
Aconteceu você
Fm7 Bb7(9) Eb7M Eb9^6 Em7(5-)
En_contrei   em você
       A7
A razão de viver
   D7M
E de amar em paz
G7   C7M
E não sofrer mais
F7   Bb7M
Nunca mais
  B°   Bbm6
Pois o amor é a coisa mais triste
     Dm7
Quando se desfaz

Para terminar:

    Dm7
Quando se desfaz.

Paz do meu amor

Prelúdio nº 2 - Dó Maior   *Luiz Vieira*

      C
Você é isso
E7   Am
Uma beleza imensa
           Dm
Toda a recompensa
     G7   C   C7
De um amor sem fim,
     F
Você é isso
A/C#   Dm
Uma nuvem calma
           Am7
No céu de minh'alma
D7   F/G G7
É ternura em mim,
     Dm
Você é isso
A7   Dm G
Estrela matutina
        Em7
Luz que descortina
Em7(5-)   A7
Um mundo encantador,
    Dm
Você é isso
G7   C
Parto de ternura
Am   F
Lágrima que é pura
G7   C Dm7 G7
Paz do meu amor!
          G7   C
Para terminar: Paz do meu amor.

Tem mais samba

Samba-bossa - Ré menor **Chico Buarque de Hollanda**

Mais samba
Dm   **Dm7**   **Cm7**
Tem mais samba no encontro que na espera
             F7   **Dm**
Tem mais samba a maldade que a ferida
           G7   **Cm7**
Tem mais samba no porto que na vela
           F7   **Dm**
Tem mais samba o perdão que a despedida
           F7   **G7**
Tem mais samba nas mãos do que nos olhos
          Bb   **Bbm6** **Dm**
Tem mais samba no chão do que na lua
          F7   **G7**
Tem mais samba no homem que trabalha
          Bb   **Bbm6** **Dm**
Tem mais samba no som que vem da rua
          C7   **F**
Tem mais samba no peito de quem chora
          F7(9)   **Bb**
Tem mais samba no pranto de quem vê
         Em7(5-) **A7** **Dm**
Que o bom samba não tem lugar nem hora
       E7
O coração de fora
         A7
Samba sem querer
Dm **C7(13)** **F7M**
Vem, que passa
Em7 **A7**   **D7M**
Teu   sofrer
Dm7
Se todo mundo sambasse
     E7   **A7**
Seria tão fácil viver.

Primavera no Rio

Marcha - Dó Maior *João de Barro*

Introdução: C G7(13)

O **[C7M]** Rio amanheceu **[G7]** can **[C7M]** tando
Toda a **[Em7]** cidade amanheceu **[A7]** em **[Dm7]** flor
E os namorados **[G7]** vêm pra rua **[E7]** em **[Am]** bando
Porque a **[A7]** primavera **[D7]** é a estação **[G7]** do **[C]** amor
[C7M] Rio
[G7] Lindo sonho **[C7M]** de fadas
Noites sempre estreladas
[Am7] E **[Dm]** praias azuis
[A7] **[Dm]** Rio
Dos meus **[G7]** sonhos dou **[Dm7]** ra **[G7]** dos
[Dm7] Berço **[G7]** dos namo **[Dm7]** ra **[G7]** dos
[Dm7] Cida **[G7]** de de **[C7M]** luz **[G7]**
[C7M] Rio
[G7] Das manhãs pra **[C7M]** teadas
[C] Das morenas quei **[C7]** madas
Ao brilho **[F]** do sol
[Fm] Rio
[G7] És cidade **[C]** desejo
[A7] Tens a ardência de um **[D7]** beijo
Em **[G7]** cada arre **[C]** bol.

Copyright 1935 by Mangione & Filhos Comp. Ltda.

Me deixe em paz

Fá Maior

Ivan Lins e
Ronaldo Monteiro de Souza

C7   **F7M**
Me deixa em paz
                Cm7
Que eu já não agüento mais
F7   **Bb**
Me deixa em paz   **BIS**
    C7
Sai de mim
        F **C7**
Me deixa em paz

F
Vai...
Cm7   **Eb/F**   **Bb7M**
Hoje o fogo se apagou
Em7(5-) **A7**   **Dm7**
Nosso jogo terminou
G7 **Cm7** **F7**   **Bb**
Vai   pra onde Deus quiser
    A7   **Dm7**
Já é hora de
    C7   **F7M**
De você partir
Bb7M **Em7(5-)** **A7**   **Am7** **Dm7** **G7** **Gm7** **C7(13)**
Não adianta mais   ficar.

Copyright 1971 by Warner Chappell Edições Musicais Ltda.

A distância

Roberto Carlos e Erasmo Carlos

Dó menor

Introdução: (4 vezes) Cm Cm(7M)

   Cm   Fm
Nunca mais você ouviu falar de mim
   Bb7   Eb G7
Mas eu continuei a ter você
   Cm   Fm
Em toda esta saudade que ficou...
               Dm7(5-)   G7
Tanto tempo já passou e eu não te esqueci.

   C   Dm G7
Quantas vezes eu pensei voltar
Dm   G7   C
E dizer que o meu amor nada mudou
C   Em   F
Mas o seu silêncio foi maior

E, na distância, morro
C   G7   C
Todo dia sem você saber
   Cm   Fm
O que restou do nosso amor ficou
   Bb7   Eb G7
No tempo, esquecido por você...
   Cm   Fm
Vivendo do que fomos ainda estou
            Dm7(5-)   G7
Tanta coisa já mudou, só eu não te esqueci
C
Quantas vezes, etc.

   Cm   Fm
Eu só queria lhe dizer que eu
   Bb7   Eb   G7
Tentei deixar de amar, não consegui
   Cm   Fm
Se alguma vez você pensar em mim
           Dm7(5-)
Não se esqueça de lembrar
         G7
Que eu nunca te esqueci.

                         C   Dm
Para terminar: Quantas vezes eu pensei voltar, etc.

Casa de caboclo

Canção - Ré Maior

*Hekel Tavares
e Luiz Peixoto*

   D   B7   Em7
Você tá vendo essa casinha simplezinha
G/A   A7   D   A7
Toda branca de sapê
D   Bm   A7
Diz que ela véve no abandono, não tem dono
Bm7   E7   Em7 A7
E se tem, ninguém não vê
D   B7   Em7
Uma roseira cobre a banda da varanda
G/A   A7   D   D7
E n'um pé de cambucá
G   B7
Quando o dia se alevanta, Virge Santa
Em7   A7   D   F#7
Fica assim de sabiá
Bm   C#7   F#7
Deixa falá toda essa gente maldizente
Bm   G7   F#7
Bem que tem um moradô
B7   E7
Sabe quem mora dentro dela: Zé Gazela
Em   A7   D
O maió dos cantadô.
D   B7   Em7
Quando Gazela viu siá Rita tão bonita
G/A   A7   D   A7
Pôs a mão no coração
D   A7
Ela pegou, não disse nada, deu risada
Bm   E7   Em7 A7
Pondo os oinho no chão
D   B7   Em
E se casaram, mais um dia, que agonia
G/A   A7   D   D7
Quando em casa ele voltou
G   B7
Zé Gazela viu siá Rita muito aflita
Em7   A7   D   F#7
Tava lá Mané Sinhô
Bm   C#7   F#7
Tem duas cruz entrelaçada bem na estrada
Bm   G7   F#7
Escrevero por detrás:

Casa de caboclo (continuação)

"Numa casa de caboclo, um é pouco
   B7   E7
Dois é bom, três é demais".
Em   A7   D

Boiadeiro

Xote - Ré Maior

*Armando Cavalcante
e Klecius Caldas*

```
     D
De manhãzinha, quando eu sigo pela estrada,
     D           B7              Em
Minha boiada pra invernada eu vou levar
           A7
São dez cabeça, é muito pouco, é quasi nada
                                    D
Mas não tem outras mais bonitas no lugar.
D       G         A7     D
Vai boiadeiro, que o dia já vem,
        G            A7              D
Leva o teu gado e vai pensando no teu bem.


       D
De tardezinha, quando eu venho pela estrada,
    D        B7       Em
A fiarada tá todinha a me esperar
           A7
São dez filinho, é muito pouco, quasi nada
           A7                       D
Mas não tem outros mais bonitos no lugar.
D       G         A7     D
Vai boiadeiro, que a tarde já vem
        G            A7              D
Leva o teu gado e vai pensando no teu bem.


            D
E quando chego na cancela da morada,
       D           B7             Em
Minha Rosinha vem correndo me abraçar
            A7
É pequenina, é miudinha, é quasi nada
                                   D
Mas não tem outra mais bonita no lugar.
D       G         A7     D
Vai boiadeiro, que a noite já vem
         G            A7                D
Guarda o teu gado e vai pra junto do teu bem !
```

Copyright 1950 by Irmãos Vitale S.A. Ind. e Com.

Barracão

Luiz Antonio e
Oldemar Magalhães

Samba - Sol menor

Introdução: Gm Am7(5-) D7

Gm   Cm7
Ai, barracão
Am7(5-)   D7   Gm
Pendurado no morro
     Gm7   F7
E pedindo socorro
  Eb7   D7
A cidade a seus pés

Gm   Cm7
Ai, barracão
Am7(5-) D7   Gm
Tua voz eu escuto
     Gm7   F7
Não esqueço um minuto
  Eb7   D7
Porque sei que tu és

   D7   Gm
Barracão de zinco
 Cm   D7
Tradição do meu país
Am7(5-) D7   Gm
Barracão de zinco
 Cm   D7
Pobretão infeliz.

Cansei de ilusões

Ré Maior *Tito Madi*

     D7M   **Bm7**
Mentira, foi tudo mentira
     G7M
Você não me amou
A7(13) **D7M**   **Bm7**
Mentira, foi tanta mentira
   G#7   **C#m7**
Que você contou
F#7 **F#m7(5-)**   **B7**
Tão meigos, seus olhos
  Em7   **B7**   **Em7**
Por Deus, eu nem desconfiei
  G#m7(5-) **C#7**   **F#m7**
História tão triste, você   contou...
B7   **E7**
E acreditei... Pois quase chorei
A7 **D7M**   **Bm7**
E agora, desfeita a farsa
        Em7
Só resta esquecer
A7 **D7M**   **Bm7**
Mentiras, que calam na alma
Bm7   **C#m7** **F#7**
Fazendo sofrer
  F#m7(5-) **B7**
Rasguei suas cartas,
  Em7   **Gm7**
Queimei suas recordações
  F#m7 **F7(9)** **Em7(9)**
Menti___ras...
  Eb7(9)   **D7M** **A7(13)**
Cansei de ilusões.
                     D7M
(para terminar)   ilusões

Exaltação à Mangueira

Samba - Fá Maior

*Enéas B. da Silva
e Aloísio A. da Costa*

    F
Mangueira, teu cenário é uma beleza
         Gm7 D7   Gm7 D7   Gm7
Que a nature__za criou, ô...ô...
                                  C7(9)
O morro com seus barracões de zinco
        F/A   Bbm6   F7M
Quando amanhece, que esplendor!
                  F7   Bb
Todo mundo te conhece ao longe
  6
Bb9   Bbm6
Pelo som dos seus tamborins
   F   C7
E o rufar do teu tambor

     F7M   Eb7   C/D
Chegou, ô...ô...ô...
       D7(9-)   Gm7 C7 F
A Mangueira chegou, ô...ô... | **BIS**

     Gm7   Dm7   Gm/Bb Am7
Mangueira, teu passado de glória
Gm7   C7   F7M
Está gravado na história
D7   Gm
É verde-rosa a cor da sua bandeira
   Dm7
Pra mostrar a essa gente
G7   Gm7   C7
Que o samba é lá em Mangueira.

O pequeno burguês

Samba - Sib Maior *Martinho da Vila*

Introdução: Cm F7 Bb F7 Bb

Bb   G7   Cm
Felicidade, passei no vestibular
         F7   Bb
Mas a faculdade é particular
       Bb G7   Cm
Particular, ela é particular
       F7   Bb
Particular, ela é particular
                             G7   Cm
Livros tão caros, tanta taxa pra pagar
                         F7   Bb
Meu dinheiro, muito raro, alguém teve que emprestar
F7   Bb   G7   Cm
  O meu dinheiro alguém teve que emprestar
            F7   Bb
  O meu dinheiro alguém teve que emprestar
F7   Bb   G7   Cm
  Morei no subúrbio, andei de trem atrasado
                    F7   Bb
  Do trabalho ia pra aula sem jantar e bem cansado
                     Bb
Mas lá em casa, à meia-noite
      G7   Cm
Tinha sempre a me esperar
                     F7   Bb
Um punhado de problemas e crianças pra criar
F7   Bb
  Para criar
     G7   Cm
Só crianças pra criar
      F7
  Para criar
     G7   Bb
Só crianças pra criar
F7   Bb   G7   Cm
  Mas felizmente eu consegui me formar
                         F7   Bb
Mas da minha formatura não cheguei participar
F7   Bb   G7   Cm
  Faltou dinheiro pra beca e também pro meu anel
                F7   Bb
  Nem o diretor careca entregou o meu papel
F7   Bb   G7   Cm
  O meu papel, meu canudo de papel

O pequeno burguês (continuação)

O meu papel, meu canudo de papel [F7] [Bb]
E depois de tantos anos, só decepções, desenganos [G7] [Cm]
Dizem que sou um burguês muito privilegiado [F7] [Bb]
Mas burgueses são vocês [Cm]
Eu não passo de um pobre coitado [F7] [Bb]
E quem quiser ser como eu [Cm]
Vai ter que penar um bocado [F7] [Bb]
Um bom bocado, vai penar um bom bocado [Cm] [F7] [Bb]
Um bom bocado, vai penar um bom bocado. [Cm] [F7] [Bb]

Grito de alerta

Gonzaga Júnior

Ré Maior

   D7M   F#m/C#
Primeiro você me azucrina
             D7
Me entorta a cabeça
   D7(9)   D/C
E me bota na boca
          G/B   G7
Um gosto amargo de fel
Gm   Gm7M   Em7(5-)
Depois vem chorando desculpas
         Em7
Assim meio pedindo
        A7   D   D7M
Querendo ganhar um bocado de mel
 G7M   G6   A7
Não vê que então eu me rasgo
         A/G
Engasgo, engulo, reflito
   F#m7   B7(9-)
E estendo a mão
Em7   C7M
E assim nossa vida é um rio e secando

As pedras cortando
   Em7   G/A
E eu vou perguntando:
A7/C#
Até quando?
D7M   F#m/C#
São tantas coisinhas miúdas
     D7
Roendo, comendo,
   D/C   G/B
arrasando aos poucos com o nosso ideal
  Gm7   Em7(5-)
São frases perdidas num mundo de gritos e gestos
  A7   D7 D13⁷
Num jogo de culpa que faz tanto mal
G7M   Em7   F#m7
Não quero a razão pois eu sei o quanto estou errado
Bm7   B7   B7(9-)
E o quanto já fiz destruir
Em7   C/E   A/E
Só sinto no ar um momento em que o copo está cheio
              Am7 D7
E que já não dá mais pra engolir

Copyright 1980 by Edições Musicais Moleque Ltda.

Grito de alerta (continuação)

G7M   **G/A**   **F#m7**
Veja bem, nosso caso é uma porta entreaberta
B7(13)   **Em7**
E eu busquei a palavra mais certa
A7(13)   **D7M**   **C/D**
Vê se entende o meu grito de alerta
D7 G7M   **F#m7**
Veja bem, é o amor agitando o meu coração
B7(13)   **Em7**
Há um lado carente dizendo que sim
A7   **Am7**   **C/D D7**
E essa vida da gente gritando que não.   (1ª vez)

BIS

Procissão

Samba - Fá Maior *Gilberto Gil*

Introdução: F C7 F

[F]
        [C7]   [F]
Olha, lá vai passando a procissão
                 [C7]   [F]
Se arrastando que nem cobra pelo chão
   [F7]   [Bb]   [F]
As pessoas que nela vão passando
  [F7]   [Bb]   [F]
Acreditam nas coisas lá do céu
  [F7]   [Bb]   [F]
As mulheres cantando, tiram versos
             [Bb]
E os homens escutando
      [F]
Tiram o chapéu
         [Bb]
Eles vivem penando
     [F]
Aqui na terra, esperando
    [Bb]   [C7] [F] [Gm7] [Am7] [Gm7]
O que Jesus prometeu
[F]   [Bb]   [F]
E Jesus prometeu vida melhor
    [F7]   [Bb]   [F]
Pra quem vive neste mundo sem amor
  [F7]   [Bb]   [F]
Só depois de entregar o corpo do chão
         [Bb]   [F]
Só depois de morrer neste sertão
             [Bb]   [F/A]
Eu também estou do lado de Jesus
          [Bb]   [F/A]
Só que acho que ele esqueceu de dizer
  [Bb]   [F]
Que na terra a gente tem que arranjar
    [Bb]   [C7] [F] [Gm7] [Am7] [Gm7] [F]
Um jeitinho pra viver
[F]   [Bb]   [F]
Muita gente se arvora a ser Deus
  [F7]   [Bb]   [F]
E promete tanta coisa pro sertão
          [Bb]   [F]
Que vai dar um vestido pra Maria
  [F7]   [Bb]   [F]
E promete um roçado pro João
  [F7]   [Bb]   [F]
Entra ano e sai ano e nada vem

Procissão (continuação)

Meu sertão continua ao [Bb]Deus [F]dará
Mas se existe [Bb7]Jesus no fir[F/A]mamento
[Dm7]Cá na [Gm7]terra isto [C7]tem [F]que [Gm7]se [Am7]aca[Gm7]ba[F]r.

Favela

*Roberto Martins
e Waldemar Silva*

Samba-canção - Mi menor

Introdução: Am7 F#m7(5-) B7 Em B7 Em

         B7   Em
Favela, oi,   favela
  Am   F#m7(5-) B7 Em
Favela que trago no meu coração
E7(9-) Am7   F#m7(5-) B7
Ao recordar com saudade
  Em
A minha felicidade
F#m7(5-)   B7
Favela dos sonhos de amor
          Em
E do samba-canção.

BIS

B7
Hoje, tão longe de ti
Em
Se vejo a lua surgir
F#m7(5-)   B7
Eu relembro a batucada
        Bm7(5-)
E começo a chorar
E7 Am   F#m7(5-)
Favela das noites de samba
B7 Em
Berço dourado dos bambas
     F#m7(5-)   B7   Em
Favela, és tudo o que eu posso falar
B7   Em
Minha favela querida
Em   Em7
Onde eu senti minha vida
F#m7(5-)   B7
Presa a um romance de amor
      Bm7(5-)
Numa doce ilusão
E7 Am   F#m7(5-)
Em uma saudade bem rara
B7 Em
Na distância que nos separa
        F#m7(5-) B7 Em
Eu guardo de ti esta recordação.

Copyright 1936 by Irmãos Vitale S.A. Ind. e Com.

Eu e a brisa

Fá Maior *Johnny Alf*

Introdução: F7M Bbm/F

F7M   Gm7(5-)   F7M
Ah! Se a juventude que esta brisa canta
       Cm7   F7   Bb7M
Ficasse aqui comigo mais um pouco
     Dm7   G7(9-)   C7M   Gm7   C7(9)
Eu poderia esquecer a dor de ser tão só
           F7M
Pra ser um sonho
   Gm7(5-)   F7M
E aí, então, quem sabe, alguém chegasse
         Cm7   F7   Bb7M
Buscando um sonho em forma de desejo
    Dm7   G7(9-)   C7M   F7(11+)   Em7   Am7(9)
Felicidade, então, pra nós seria
F7M   Bm   E7(9-)   Am7
E depois que a tarde nos trouxesse a lua
       F#m7(5-)   B7   Em
Se o amor chegasse, eu não resistiria
    C#m7(5-)   F#7   Bm7   Gm7   C7(9-)
E a madrugada acalentaria nossa paz
F7M   Gm7(5-)
Fica, oh! brisa fica
             F7M
Pois, talvez, quem sabe
      Cm7   F7   Bb7M
O inesperado faça uma surpresa
    Dm7   G7(9-)   C7M
E traga alguém que queira te escutar
    Gm7   F7M
E junto a mim queira ficar
Bb/C   F7M
Queira ficar
Bb7(9)   A7M(9)
Queira ficar.

Estrela-do-mar
(Um pequenino grão de areia)

Marino Pinto e Paulo Soledade

Marcha-rancho - Dó menor

Introdução: Fm Dm7(5-) G7 Cm7 Dm7(5-) G7 Cm Dm7(5-) G7

Cm   Dm7(5-) G7
   Um pequenino grão de arei__a
Cm   Gm   C7
   Que era um pobre sonhador
                                Fm
   Olhando o céu, viu uma estrela
Bb7   Eb   Dm7(5-) G7   Cm
   E imaginou coisas de amor ô ô ô
                          Dm7(5-) G7   Cm
   Passaram anos, muitos a__nos
                    Gm   C7
   Ela no céu, ele no mar
                              Fm
   Dizem que nunca o pobrezinho
G7   Cm
   Pôde com ela encontrar
Fm
   Se houve ou se não houve
                 Cm
   Alguma coisa entre eles dois
Fm7   Bb7   Eb
   Ninguém soube até hoje explicar
Dm7(5-)   G7
   O que há de verdade
                 Cm
   É que depois, muito depois
D7   G7   Cm   Fm6   Cm
   Apareceu a estrela-do-mar.

É com esse que eu vou

Samba - Sol Maior   *Pedro Caetano*

Introdução: G Am D7 G

É com esse que eu [G]vou

Sambar até cair no chão

[Am]É com esse que eu vou

Desabafar com a multidão

[D7]Se ninguém se animar

Eu vou quebrar meu tam[G]borim

[Em7]Mas se a turma gos[Am7]tar

[D7]Vai ser pra [G]mim [C/D]

2ª vez: pra [G]mim

Quero [D7]ver

No ronca-ronca da cu[G]íca

[Em7]Gente pobre, gente [Am]rica

[D7]Deputado e sena[G7M]dor

[G7]Oi, quebra-[C]quebra

[D7]Quero ver cabrocha [Bm7]boa

No [E7(9-)]piano da pa[Am7]troa

[D7]Batucando: É com esse que eu [G]vou!...

Com açúcar, com afeto

Samba-bossa - Ré menor *Chico Buarque de Hollanda*

Em7(5-) A7   Dm
Com açú__car, com afeto
A7   Dm
Fiz seu doce predileto
F°   A7
Pra você parar em casa
Em7(5-) A7   Bb7M
Qual   o quê
Gm7   Dm
Com seu terno mais bonito
Bb7M   Bm7(5-)
Você sai, não acredito
E7   A7
Quando diz que não se atrasa
Em7(5-)   A7   Dm
Você diz que é operário
Em7(5-) A7   Dm
Sai em bus_ca do salário
F°   A7
Pra poder me sustentar
Em7(5-) A7   Bb7M
Qual   o quê
Gm7   Dm
No caminho da oficina
Dm7   Bm7(5-)
Existe um bar em cada esquina
E7   A7
Pra você comemorar
A7   D7M
Sei lá o quê
G/A   A7   D
Sei que alguém vai sentar junto
D7   Am
Você vai puxar assunto
B7   E7
Discutindo futebol
A7   Em7   F°   F#m7
E ficar olhando as saias
D   A7
De quem vive pelas praias
B7   E7   A7
Coloridas pelo sol
D7M   G/A   A7(13)   D
Vem a noite, mais um copo
D7M   D   A
Sei que alegre "ma non troppo"

Com açúcar, com afeto (continuação)

[Am] Você vai querer cantar [B7]   [Em7] [A7]
Na caixinha, um novo amigo [D]
[D7] Vai bater um samba antigo [Am7]
[B7] Pra você rememorar [E7] [C7]
[F] Quando a noite, [G°] enfim, lhe cansa [F]
Você vem [Em7(5-)][A7] feito criança [Dm]
Pra chorar [F°] o meu perdão [A7]
[Em7] Qual [A7] o quê [Bb7M]
Diz pra eu não [Gm7] ficar sentida [Dm]
Diz que vai [Dm7] mudar de vida [Bm7(5-)]
Pra agradar [E7] meu coração [Am7]
[F7M] E ao lhe ver [C7(9-)] assim cansado [F]
Maltrapilho [Em7(5-)] [A7] e maltratado [Dm]
Ainda quis [F°] me aborrecer [A7]
[A7] Qual [D7] o quê
Logo vou esquentar seu [Gm7] prato
Dou um beijo [E7] em seu retrato [A7]
Abro os meus braços pra vo[Dm]cê.

Opinião

Samba - Ré menor   *Zé Keti*

   A7(5+)   Dm7
Podem me prender
 C7   F   A7
Podem me bater
Dm   Gm7   Em7(5-) Dm
Podem até deixar-me sem comer
        Gm7   G7   Dm
Que eu não mudo de opinião
Dm7   Em7(5-)   A7   Dm
Daqui do morro eu não saio, não
      Gm/Bb   A7   Dm
Daqui do morro eu não saio, não
Cm7   F7   Bb
Se não tem água
A7   Dm
Eu furo um poço
Cm7   G/B
Se não tem carne
Bb7M   A7(5+)   Dm
Eu compro um osso e ponho na sopa
 A7   Dm   A7   Dm Am7   Dm
E deixa andar, deixa andar, deixa andar
Am7(5-) D7
Fale de mim
     G7
Quem quiser falar
 Gm7   C7   F7M Em7(5-)
Aqui eu não pago aluguel
A7 Dm   Dm7 Gm7   C7
Se eu morrer amanhã, seu doutor
Em7(5-) A7   Dm A7(5+)
Estou pertinho do céu.

Repetir ad libitum

Morena flor

Samba - Fá Maior

Toquinho e
Vinicius de Moraes

    F7M C/Bb Am7
More__na   flor
  D7(9)   **G7(9)**
Me dê um cheirinho
 C7
Cheirinho de amor
  F7M C/Bb Am7
Depois, tam_bém
   Dm7   **G7(9)**
Me dê todo esse denguinho
 C7   **F** **C7(9)**
Que só você tem
           C7   **F**   **Gm7** **C7**
2ª vez: Que só você tem

BIS

 F   **E7**   **Am**
Sem vo__cê
   Em7(5-) A7 Dm7   **Dm/C**
O que ia ser   de mim?
 Bb B°   **F/C**
Eu ia ficar tão triste
D7   **G7**   **Gm7**   **C7 (solo: Gm7 C7 F)**
Tudo ia ser tão ruim...
    E7   **Am D7**   **G7**
Acontece que a Bahia fez você
      Gm7 **C7**
Todinha assim

    F7M C/Bb Am7
More__na   flor etc...

Amada amante

Ré Maior

Roberto Carlos e Erasmo Carlos

Introdução: D Em7 A7 D Em7 A7

D   Em
Esse amor demais antigo
              A7
Amor demais amigo
                    D   A7
Que de tanto amor viveu
D   Em
Que manteve acesa a chama
                 A7
Da verdade de quem ama
                 D
Antes e depois do amor
F#7   Bm
E você, amada amante
              E7
Faz da vida um instante
                A7
Ser demais para nós dois
D   Em
Esse amor sem preconceito
              A7
Sem saber o que é direito
                D   A7
Faz as suas próprias leis
D   Em
Que flutua no meu leito
                A7
Que explode no meu peito
               D
E supera o que já fez
F#7   Bm
Nesse mundo desamante
              E7
Só você, amada amante
               A7
Faz o mundo de nós dois
D D7M   Em   A7   D
Amada amante, amada amante
D D7M   Em   A7   D   A7
Amada amante, amada amante
F#7   Bm
E você, amada amante
              E7
Faz da vida um instante
                A7
Ser demais para nós dois

Amada amante (continuação)

[D]Esse amor sem preconc[Em]eito
Sem saber o que é dir[A7]eito
Faz as suas próprias l[D]e[A7]is
[D]Que flutua no meu l[Em]eito
Que explode no meu p[A7]eito
E supera o que já f[D]ez
[F#7]Nesse mundo desam[Bm]ante
Só você, amada am[E7]ante
Faz o mundo de nós d[A7]ois.

[D] [D7M]Amada am[Em]ante, etc...

Realejo

Samba-canção - Mi menor   *Chico Buarque de Hollanda*

Introdução: Em7   B7   C7   B7   Em

Estribilho:
       B7   E
Estou vendendo um realejo
G7   C7M
Quem vai levar?
     E7(4)   Am7
Quem vai levar?
       B7
Quem vai levar?

             E
Já vendi tanta alegria
    G7   C
Vendi sonhos a varejo
C7M   A°   B7   E
Ninguém mais quer hoje em dia
G#7   C#m7 A7 D
Acreditar no realejo
   D7   G
Sua sorte, seu desejo
    G7   C
Ninguém mais veio tirar
    C7M   F#7 C#m7
Então eu vendo um reale__jo
     B7
Quem vai levar?

Estribilho:
      B7   E
Estou vendendo um realejo... etc.

       B7   E
Quando eu punha na calçada
    G7   C
Sua valsa encantadora
C7M   A°   B7   E
Vinha moça apaixonada
G#7   C#m7 A7 D
Vinha moça casadoura
   D7   G
Hoje em dia, já não vejo
   G7   C
Serventia em seu cantar

Copyright 1967 by Editora Musical Arlequim Ltda.

Realejo (continuação)

       C7M   **F#7** **C#m7**
Então eu vendo um reale__jo
      B7
Quem vai levar?

Estribilho:
    B7   **E**
Estou vendendo um realejo... etc.

      B7   **E**
Quem comprar, leva consigo
    G7   **C**
Todo encanto que ele traz
C7M   **A°**   **B7**   **E**
Leva o mar, a amada, o amigo
G#7   **C#m7**   **A7**   **D**
O ouro, a prata, a praça, a paz
    D7   **G**
E, de quebra, leva o arpejo
    G7   **C**
Da sua valsa, se agradar
     C7M   **F#7**
Estou vendendo um realejo
    B7
Quem vai levar?
G7   **C**
Quem vai levar?
    E7(4) **Am7**
Quem vai levar?
    B7
Quem vai levar?

Rosa dos ventos

Bolero - Mi menor *Chico Buarque de Hollanda*

Introdução: Am7 D7 G7M Em7 Am7 F#m7(5-) B7

Em7   Am7
E do amor, gritou-se o escândalo
   C/D   G
Do medo, criou-se o trágico
   C7M   F#m7(5-)
No rosto pintou-se o pálido
B7   Em
E não rolou uma lágrima
        Eb7(9)   D7
Nem uma lástima, pra socorrer
Gm   Cm
E na gente deu o hábito
F7   Bb7M
De caminhar pelas trevas
                   Am7(5-)
De murmurar entre as pregas
D7   Gm
De tirar leite das pedras
F#m7(5-)   B7(9-)   Em7
De ver o tempo correr
           Em/D   Am
Mas, sob o solo dos séculos,
D7   G7M   C7M   F#m7(5-)
Amanheceu o espetáculo como a chuva de pétalas
B7   Em
Como se o céu, vendo as penas,
           Eb7   Ab7M
Morresse de pena e chovesse o perdão
                  Gm7
E a prudência dos sábios
       C7(9-)   Fm
Nem ousou conter nos lábios
           F#m7(5-) B7
O sorriso e a paixão
Em   Am7
Pois transbordando de flores
   D7   G
A calma dos lagos zangou-se
   C9   F#m7(5-)
A rosa dos ventos danou-se
   B7   Em
O leito dos rios fartou-se
               Eb7
E inundou a água doce
        D7   Gm
A amargura do mar

Rosa-dos-ventos (continuação)

[Gm]   [Cm7]
Numa enchente amazônica
[F7]   [Bb]
Numa explosão atlântica
[Cm7]   [Am7(5-)]
E a multidão vendo em pânico
[D7]   [Gm]
E a multidão vendo atônita
       [B7]   [Em] [E7]
Ainda que tarde, o seu despertar.

O portão

Roberto Carlos e
Erasmo Carlos

Fá Maior

Introdução: F F7M F6 F7M

 F   F7M   F6 F7M
Eu cheguei em frente ao portão
 F   F7M   F6   F7M
Meu cachorro me sorriu, latindo
Gm   C7
Minhas malas coloquei no chão
   F F7M F6 F7M
Eu voltei
F   F7M   F6
Tudo estava igual como era antes
F   F7M F6 F7M
Quase nada se modificou
Gm   C7
Acho que só eu mesmo mudei
   F F7M F6 F7M
E voltei...
  Gm   C7
Eu voltei, agora pra ficar
     F
Porque aqui, aqui é o meu lugar
  Gm   C7
Eu voltei pras coisas que eu deixei
   F
Eu voltei...
F   F7M   F6 F7M
Fui abrindo a porta devagar
F   F7M   F6   F7M
Mas deixei a luz entrar primeiro
Gm   C7
Todo meu passado iluminei
   F F7M F6 F7M
E entrei...
F   F7M   F6 F7M
Meu retrato ainda na parede
F   F7M   F6   F7M
Meio amarelado pelo tempo
Gm   C7
Como a perguntar por onde andei
   F F7M F6 F7M
E eu falei...
   Gm   C7
Onde andei não deu para ficar
     F
Porque aqui, aqui é o meu lugar
  Gm   C7
Eu voltei pras coisas que eu deixei

O portão (continuação)

     F **F7M** **F6** **F7M**
Eu voltei...
F   **F7M**   **F6**   **F7M**
Sem saber, depois de tanto tempo,
F   **F7M**   **F6** **F7M**
Se havia alguém à minha espera
Gm   **C7**
Passos indecisos caminhei
    F **F7M** **F6** **F7M**
E parei...
F   **F7M**   **F6**   **F7M**
Quando vi que dois braços abertos
F   **F7M**   **F6**   **F7M**
Me abraçaram como antigamente
Gm   **C7**
Tanto quis dizer e não falei
    F **F7M** **F6** **F7M**
E chorei
     Gm   **C7**
Eu voltei, agora pra ficar
       F   **F6**
Porque aqui, aqui é o meu lugar
       Gm   **C7**
Eu voltei pras coisas que eu deixei
   F **F7M** **F6** **F7M**
Eu voltei...
F   **F7M**   **F6**
Eu cheguei em frente ao portão...

A Rita

Samba - Dó Maior   *Chico Buarque de Hollanda*

[C7M] A Rita levou meu [Dm7] sorriso
[G7] No sorriso [C7M] dela,
Meu assunto
Levou junto com e[Gm7]la,
E o que me é de di[C7]reito
Arrancou-me do [F7M] peito,
Tem mais:
Levou seu re[Fm7]trato, seu trapo, seu prato,
Que [A7] papel!
Uma imagem de São Fran[D7]cisco
E um bom disco de [Dm7] Noel.
[G7] A Rita [Dm7] matou nosso amor de vin[G7]gança,
Nem he[C7M]rança restou.
Não levou um tos[Gm7]tão
Porque não [C7] tinha, não
Mas causou perdas e [F7M] danos.
[Fm] Levou os meus planos,
Meus pobres enganos,
Os meus vinte [A7] anos,
O meu cora[D7(9)]ção,
E, além de [Dm7] tudo,
Me deixou [D7] mudo um [G7] vio[C]lão.

Bodas de prata

Roberto Martins e Mário Rossi

Valsa - Dó Maior

    C7M   G7(5+)   C7M   G7(5+)
Beijando teus lindos cabelos
   C/E   A7   Dm7   A7
Que a neve do tempo marcou
  Dm7   A7   Dm7
Eu tenho nos olhos molhados
 Dm7   G7   C7M G7(13)
A imagem que nada mudou:
  C7M   G7(5+)   C7M
Estavas vestida de noiva,
   Gm7   C7   F7M
Sorrindo e querendo chorar
 Fm7   Fm6
Feliz... assim...
 Bb7   A7
Olhando para mim,
   Dm7   G7   C   G7(13)
Que nunca deixei de te amar
                  Db7M C9(6)
Para terminar: amar

G7(13)   C7M
  Vinte e cinco anos vamos festejar de união
Dm7   C7M   A7   Dm7
  E a felicidade continua em meu coração
G7   Dm7   G7   Dm7
  Vai crescendo sempre mais o meu amor por ti
G7   Dm7   G7   C7M
  Eu também fiquei mais velho e quase não senti.
G7(13)   C   G7
  Vinte e cinco anos de veneração e prazer,
C7M   Gm7   C7   F7M
  Pois, até nos momentos de dor
C7(13) F7M   F#m7(5-) B7 Em7   A7
  O teu coração   me faz compreender
      Dm   G7   C
  Que a vida é bem pequena para tanto amor.

Copyright 1945 by Irmãos Vitale S.A. Ind. e Com.

Nem eu

Dorival Caymmi

Samba-canção - Sib Maior

Introdução: Eb7M Dm7 Gm7 Cm7 F7 Bb G7(9-) Fm7 Bb7

   Eb7M   Em7(5-)
Não fazes favor nenhum
 A7   Dm7
Em gostar de alguém
G7   Cm7   F7(13)   Bb7M Fm7
Nem eu, nem eu, nem eu,
Bb7   Eb7M   Em7(5-)
Quem inventou o amor
 A7   Dm7   G7
Não fui eu, não fui eu,
        Cm   F7
Não fui eu, não fui eu,
    Bb   Fm
Nem ninguém.
Bb7   Eb7M   F/Eb   Dm7
O amor acontece na vida
  Gm7   Cm7
Estavas desprevinida
 F7   Bb7M Fm
E por acaso eu também
Bb7M Eb7M   F/Eb   Dm7
E como o acaso é importante, querida
 Gm7   C7
De nossas vidas a vida
     C7(9-)   Fm7 Bb7
Fez um brinquedo também.

Meu mundo caiu

Samba-canção - Mi menor **Maysa Matarazzo**

    B7   **Em**
Meu mundo caiu
     D7   **G7M**
E me fez ficar assim
C7M   **F#m7(5-)**
Você conseguiu
   B7   **E7**
E agora diz que tem pena de mim
            Am7
Não sei se me explico bem
E7   **Am7**
Eu nada pedi
   Am/G   **D7/F#**
Nem a você, nem a ninguém
        G7M
Não fui eu que caí
B7   **Em**
Sei que você me entendeu
    D7   **G7M**
Sei também que não vai se importar
B7   **Em**
Se meu mundo caiu
     B7   **Em**
Eu que aprenda a levantar.

Na Baixa do Sapateiro

Samba-jongo - Dó Maior　　　　　　　　　　**Ary Barroso**

Introdução: Gm C7 Gm C7 Gm C7 Gm C7

Gm　C7　Gm　C7　　　Gm7　　　　C7　Gm
Oi,　　　　o amô, ai, ai
C7　　Gm7　　　　　　C7　　　　　　Gm7
Amô, bobagem que a gente não explica, ai, ai
C7　　　　　　　　　F7M
Prova um bocadinho, oi
F　　　　　Bb7　　　Fm7
Fica envenenado, oi
Bb7　　　　　　　　Am7
E pro resto da vida
　　　　　　　　　　Em7(5-)
É um tal de sofrê
A7　　Dm7　　　G7(13)
O la-rá, ole-rê
Gm　C7　Gm　C7　　Gm　　　C7
Oi,　　　　Bahia, ai, ai
　　　Gm　　　　　　C7　　　　Gm
Bahia que não me sai do pensamento, ai, ai
C7　　　　　　　　F7M
Faço o meu lamento, oi
F　　　　　Bb7　　　Fm7
Na desesperança, oi
Bb7　　　　　　　　　　Am7
De encontrá pr'esse mundo
　　　　　　　　　Em7(5-) A7　　Dm7
O amô que eu perdi　　na Bahia
　　　G7　　C　Am7　D7　G7
Vou contá:
　　　　C6　　　　　　Gm6
Na Baixa do Sapateiro
　　　　G　　　　　Dm7
Encontrei um dia
G7　　　C6　　　　　Em7　Am7　　Dm7　　A7(5+)
O moreno mais frajola　da Bahia
Dm7　　　　　　F/G
Pediu-me um beijo

Não dei...
G7　　　C7M
Um abraço,

Sorri...
　　C6　　　　　B7
Pediu-me a mão
　　　　　　　F#m7(5-)
Não quis dar

Na Baixa do Sapateiro (continuação)

     B7 E7M
Fugi...
 G7   Ab7M Fm7 6/C9   B7   Em7
Bahia,   terra da felicidade
A7   F7M   Dm7
Moreno...
          G7   Bb7
Eu ando louca de saudade
A7   Dm
Meu Sinhô do Bonfim
   Fm   Em7 Am7 F/G G7
Arranje um moreno igualzinho
    Gm C7 Gm C7
Pra mim.

Noite cheia de estrelas

Mi menor *Cândido das Neves (Índio)*

Introdução: Am F#m7(5-) Em F#7 B7 Em

   B7   **Em**   **F#m7(5-) B7 Em**
Noite alta, céu risonho
F#m7(5-) B7   **Em**
A quietude é quase um sonho
                E7
O luar cai sobre a mata qual uma chuva de prata
             Am
De raríssimo esplendor.
                F#m7(5-) B7   **Em**
Só tu dormes, não escutas   o seu cantor
             F#m7(5-)   **B7**   **Em**
Revelando à lua airosa a história dolorosa desse amor.
Em   **B7**   **Em**   **E7**   **Am7**
Lua... manda a tua luz prateada despertar a minha amada.
                    C7 B7 C7M Am
Quero matar meus desejos, sufocá-la com os meus
F#m7(5-) B7
bei___jos.
Em   **B7**   **Em**   **E7**
Canto, e a mulher que eu amo tanto não me escuta,
      Am7
Está dormindo.
        F#m7(5-) **B7**   **Em**
Canto e por fim   nem a lua tem pena de mim
           F#m7(5-)   **B7**
Pois ao ver que quem te chama sou eu,
               Em
Entre a neblina se escondeu.
B7   **Em**   **F#m7(5-) B7 Em**
Lá no alto, a lua esquiva
F#m7(5-) B7 **Em**
Está no céu tão pensativa
                E7
As estrelas tão serenas qual dilúvio de falenas,
         Am
Andam tontas ao luar.
          F#m7(5-) B7   **Em**
Todo o astral ficou silente   para escutar
Em   **F#m7(5-)**   **B7**
O teu nome entre as endechas, as dolorosas queixas,
  Em
Ao luar.

Não tenho lágrimas

Samba - Dó Maior   **Max Bulhões e Milton de Oliveira**

Quero chorar [C]
Não tenho lágrimas [C7M]
Que me rolem nas faces [C]
Pra me socorrer [Am7] [Dm7]
Se eu chorasse [G7] [E7]
Talvez desabafasse [Am7]
O que sinto no peito [D7] [G7M]
E não pos_so dizer [Am7] [D7] [G]
Só porque não sei chorar [Dm]
Eu vivo triste a sofrer. [G7] [C] [C7M]
Estou certo que o riso [G7]
Não tem nenhum valor [C] [Am7]
A lágrima sentida [E7]
É o retrato de uma dor [Am]
O destino assim quis [Am/G] [F#°]
De mim te separar [F7M] [C9/6]
Eu quero chorar, não posso [A7] [Dm]
Vivo a implorar. [Dm7] [G7] [C] [G7]

Louvação

Baião - Sol Maior   ***Gilberto Gil e Torquato Neto***

Introdução: G (4 compassos de ritmo)

```
     G         D7 G  C  F            G
Vou fazer a louvação, louvação, louvação,
     G         C     D       C            D7
Do que deve ser louvado, ser louvado, ser louvado,
  C              G     F         G
Meu povo preste atenção, atenção, atenção,
       G       C    D7
E me escute com cuidado:
    C            B7      Em
Louvando o que bem merece
        A7           Em
Deixo o que é ruim de lado
    A7           D7      G
Louvando o que bem merece
        A7           Em  A7 Dm7 G7 C
Deixo o que é ruim de lado
  G             C
E louvo pra começar
     Gm      C7       F
Da vida o que é bem maior
             D7           B7  Em
Louvo a esperança da gente
 D7              G    C7
Na vida pra ser melhor


     F      Bb7        C
Quem espera sempre alcança              BIS
      A7         D7    G7    C
Três vezes salve a esperança


Gm            C7          F
Louvo quem espera sabendo
Am           D7      G
Que pra melhor esperar
Bbm7      Eb7              Ab
Procede bem quem não pára
Abm7         Db7        Gb
De sempre mais trabalhar
F#m        B7        E7
Que só espera sentado
G            C7         F
Quem se acha conformado
```

Louvação (continuação)

     G   D7 G   C F   G
Tô fazendo a louvação, louvação, louvação,
      G   C   D   C   D7
Do que deve ser louvado, ser louvado, ser louvado,
       C   G   F   G
Quem estiver me escutando, atenção, atenção,
     G   C   D7
Que me escute com cuidado.
   A7   B7   Em
Louvando o que bem merece
        A7   Em
Deixo o que é ruim de lado
  A7   D7   G
Louvando o que bem merece
        A7   Em A7 Dm7 G7 C
Deixo o que é ruim de lado
   G   C
Louvo agora e louvo sempre
  Gm   C7   F
Porque grande sempre é
 D7   B7   Em
Louvo a força do homem
D7   G   C7
A beleza da mulher
 F   Bb7   C
Louvo a paz pra haver na terra
A7   D7   G7   C
Louvo amor que espanta a guerra
Gm7   C7   F
Louvo a amizade do amigo
Am   D7   G
Que comigo há de morrer
Bbm7 Eb7   Ab
Louvo a vida merecida
Abm7   Db7   Gb
De quem morre pra viver
Fm   B7   E7
Louvo a luta repetida
G C7   F
Da vida pra não morrer
     G   D7 G   C F   G
Tô fazendo a louvação, louvação, louvação,
      G   C   D   C   D7
Do que deve ser louvado, ser louvado, ser louvado,
       C   G   F   G
Quem estiver me escutando, atenção, atenção,
    G   C   D7
Falo de peito lavado
   A7   B7   Em
Louvando o que bem merece

Louvação (continuação)

        A7   Em
Deixa o que é ruim de lado
A7   D7   G
Louvando o que bem merece
        A7   Em A7 Dm7 G7 C
Deixa o que é ruim de lado
     G   C
Louvo a casa onde se mora
    Gm   C7   F
E, junto da companheira,
    D7   B7   Em
Louvo o jardim que se planta
    D7   G   C7
Pra ver crescer a roseira

      F   Bb7   C
Louvo a canção que se canta | BIS
A7   D7   G7   C
Pra chamar a primavera

Gm   C7   F
Louvo quem canta e não canta
Am   D7   G
Porque não sabe cantar
Bbm7   Eb7   Ab
Mas que cantará na certa
Abm7   Db7   Gb
Quando, enfim, se apresentar
F#m   B7   E7
O dia certo é preciso
G   C7   F
De toda a gente cantar
       G   D7 G C F   G
E assim fiz a louvação, louvação, louvação,
    G   C   D   C   D7
Do que vi pra ser louvado, ser louvado, ser louvado,
    C   G F   G
Se me ouviram com atenção, atenção, atenção,
    G   C   D7
Saberão se estive errado
C   B7   Em
Louvando o que bem merece
A7   Em
Deixando o que é ruim de lado
A7   D7   G
Louvando o que bem merece
A7   D7   G D7 G
Deixando o ruim de lado.

Eu disse adeus

Mi menor   *Roberto Carlos e Erasmo Carlos*

Introdução: Em7 Am D7 G B7

[Em] Eu disse adeus

Nem mesmo eu acreditei, mas disse a[Am]deus

E vi cair no chão todos os so[D7]nhos meus

E disse adeus às ilusões tam[Em]bém

[B7] E aos sonhos meus

[Em] Eu disse adeus

E vi o mundo inteiro desa[Am]bar em mim

Queria ser feliz e aca[D7]bei assim

Me condenando a ter recorda[Em]ções

[B7] Recorda[Am]ções [D7] [G] [Em] [Am] [E7]

[Am7] Vai ser tão triste olhar so[D7]zinho

[G7M] Tudo, tudo que era de [B7] nós [Em] dois [E7]

[Am7] Mas foi melhor dizer adeus naquela [B7] hora

Pra não chorar depois

[Em] Eu disse adeus,

Nem mesmo assim eu acreditei, mas [Am] disse adeus

Pisei as ilusões e até [D7] os sonhos meus

Pisei o pranto e, mesmo assim, eu [Em] disse adeus

[B7] Eu disse a[Em]deus

General da banda

Batucada - Ré Maior

*Satyro de Melo,
Tancredo Silva e José Alcides*

D
Chegou o general da banda ê! ê!
Em   **G/A**   **A7 D**
Chegou o general da banda ê! á!
D
Chegou o general da banda ê! ê!
Em   **G/A**   **A7 D**
Chegou o general da banda ê! á!

BIS

B7   **Em7**
Mourão! Mourão!
     G/A   **D**
Vara madura que não cai
F#m7   **Em7**
Mourão! Mourão!
          A7
Oi, catuca por baixo
      D
Que ela vai (oba)

BIS

Pela luz dos olhos teus

Valsa - Sol Maior *Vinicius de Moraes*

G6 **G#°**
Quando a luz dos olhos meus
Am7
E a luz dos olhos teus
D7(9)
Resolvem se encontrar
Am7 **D7(9)**
Ai, que bom que isso é, meu Deus
G6
Que frio que me dá

O encontro desse olhar
Dm7 **G7(5+)**
Mas se a luz dos olhos teus
C7M
Resiste aos olhos meus
Cm6
Só pra me provocar
Am7 **D7(9)**
Meu amor, juro por Deus
G6 **F7**
Me sinto incendiar
Bb6 **B°**
Meu amor, juro por Deus
Cm7
Que a luz dos olhos meus
F7(9)
Já não pode esperar
Cm7 **F7(9)**
Quero a luz dos olhos meus
Bb6
Na luz dos olhos teus

Sem mais lara lá rá
Fm7 **Bb7(5+)**
Pela luz dos olhos teus
Eb7M
Eu acho, meu amor
Ebm6
E só se pode achar
Cm7 **F7(9)** **Bb6**
Que a luz dos olhos meus precisa se casar.

Copyright 1975 by Tonga Editora Musical Ltda.

Assum preto

Humberto Teixeira e Luiz Gonzaga

Baião - Ré menor

Introdução: Gm Dm A7 Dm Gm Dm A7 Dm

      Dm
Tudo em vorta, é só beleza!
         D7   **Gm**
Sol de abril e a mata em frô!
      Gm   **C7**   **F**
Mais assum preto,   cego dos óio,
Bb   **Em7(5-)** **A7**   **Dm** **D7**
Num vendo a luz, ai, canta de dô!   **BIS**
              Dm
2ª vez: canta de dô!

     Dm
Talvez por ignorânça
          D7   **Gm**
Ou mardade das pió,
     Gm **C7**   **F**
Furaro os óio   do assum preto,
Bb   **Em7(5-)** **A7**   **Dm** **D7**
Pra ele assim, ai, cantá mió...   **BIS**
           Dm
2ª vez: cantá mió

     Dm
Assum preto veve sorto,
        D7 **Gm**
Pois num pode avuá...
      Gm **C7**   **F**
Mil vez a sina   de uma gaiola,
Bb   **Em7(5-)** **A7**   **Dm** **D7**
Desde qui o céu, ai, pudesse oiá!   **BIS**
              Dm
2ª vez: pudesse oiá!

     Dm
Assum preto, o meu cantar,
     D7   **Gm**
É tão triste como o teu!
       Gm **C7**   **F**
Também roubaro   o meu amor,
Bb   **Em7(5-)** **A7**   **Dm** **D7**
Que era a luz, ai, dos óios meu... **BIS**
           Dm
2ª vez: dos óios meu...

É luxo só

Samba - Fá Maior **Ary Barroso e Luiz Peixoto**

[F7M] Olha
[F7M] Essa mulata [Dm7] quando [Gm] dança
[Gm7] [Gm7] É [Am7] luxo [D7] só
[Gm] Quando [D9-]
[Gm7] Todo o seu [C7] corpo se balança [F7M]
[Bb7M] É luxo [F7M] só
[Am5-] Tem... [D9-] Um não sei [Dsusp4] quê, que traz a [G7] confusão [Dm9] [G7]
[Gm7] O... [C7] Que [Gm] ela não tem, [Bbm6] meu Deus, é [F7M] compaixão [D7]
[Gm7] Esta morena [C7] bamba
[F7M] Olha
[F7M] Essa mulata [Dm7] quando [Gm] dança
[Gm7] [Gm7] É [Am7] luxo [D7] só
[Gm] Quando [D9-]
[Gm7] Todo o seu [C7] corpo se balança [F7M]
[Bb7M] É luxo [F7M] só
[A7] Po [Am5-] rém
[D7] Seu coração [Dsusp4] quando se [D9-] agita e [Gm7] palpita [B°] [Ab°]
[E7] Mais li [E9-] geiro [Am7] nunca [D7] vi
[Gm] Com [Gm7] passo [G7] tão brasi [F] leiro
Êta samba, cai pra [Bb7] lá, cai pra [F6] cá,
Cai pra [Bb7] lá, cai pra [F6] cá.
Mexe com as [D7] cadeiras, [Gm] [Bb] mulata
[C9] Seu reque [F] brado me [Ab°] maltrata, [Gm7] ai, [C9-] ai.

Copyright 1957 by Editora de Música Brasileira e Internacional S.A.

Tudo é magnífico

Samba-canção - Sol Maior   **Haroldo Barbosa e Luiz Reis**

Introdução: Am D7 G Am7 D7

Bm7(5-)   E7
Magnífica é aquela tragada
         Am
Puxada depois do café...
Am7(5-)   D7
Magnífica é a escola de bola
         G7M
D'um homem chamado Pelé
C#m7   F#7   C#m7
Magnífico é o papo da tarde
F#7   B7M
Na mesa de amigos, no bar...
A7   D6   B7   Em7
Magnífico é o barco voltando
     A7   D7
Depois dos castigos do mar...
Bm7(5-)   E7
Magnífico é a lágrima calma
      Am
Que tantos segredos contém
Am7(5-)   D7
Magnífico é o homem do espaço
     G7M
Que voa num céu de ninguém;
Dm7   G7
Formidável sou eu, que abraço
   C   Bb°
No espaço, a saudade de alguém
        Am7
Formidável sou eu esperando,
D7   G6
Sabendo que você não vem.

Menino do Rio

Ré Maior   **Caetano Veloso**

D
Menino do Rio
F°   　　　　　　**Em7**
Calor que provoca arrepio
　　　　　　A7(9)
Dragão tatuado no braço
Em7　　　　　**A7(9)**
Calção corpo aberto no espaço
Am　　**D7**　　**G7M**
Coração de eterno flerte
　　　　Gm6
Adoro ver-te
D
Menino vadio
F°
Tensão flutuante do Rio
Em7　　　　**A7(9)**　　**D**
Eu canto pra Deus proteger-te
F#m7　　**B7**　**E7**　**Em7**
O Havaí seja aqui
A7(9)　　　**D**　　**F#m7**
Tudo que sonhares
B7　　**Em7**　**F°**
Todos os lugares
　　　　　F#m　**B7**
As ondas dos mares
　　　　　　Bb
Pois quando eu te vejo

Eu desejo o teu desejo
D
Menino do Rio
F°　　　　　　**Em7**
Calor que provoca arrepio
　　　　A7(9)　　　　　**D**
Toma esta canção como um beijo.

Alma

Guarânia - Ré menor *Suely Costa e Abel Silva*

Introdução: Bb7M A/C# F7M/C C7(11+) C/Bb A7

Há almas que têm [A7] [Dm]

As dores secretas

As portas abertas [Dm/C]

Sempre pra dor [B7] [Bb7M] [Bb6]

Há almas que têm [Gm7]

Juízo e vontades [C7] [F7M]

Alguma bondade [E4] [E7]

A algum amor [A4]

Há almas que têm [A7] [Cm7]

Espaços vazios [F7] [Bb7M(5+)]

Amores vadios [Bb6] [Bb7(5+)]

Restos de emoções [E7] [A4]

Há almas que têm [A7] [Am7(5-)]

A mais louca alegria [D7(9-)] [Gm7]

Que é quase agonia [Gm/F] [Bm7(5-)]

Quase profissão [E7] [A7]

A minha alma tem [Gm7]

Um corpo moreno [C7] [F7M(5+)]

Nem sempre sereno [Bb7M] [E7(9-,11+)]

Nem sempre explosão [A7] [D9]

Feliz esta alma [D7(9-)] [G/B]

Que vive comigo [C9] [F7M]

Alma (continuação)

Que vai onde eu sigo
O meu coração
A minha alma tem
Um corpo moreno
Nem sempre sereno
Nem sempre explosão
Feliz esta alma
Que vive comigo
Que vai onde eu sigo
O meu coração.

Saudade de Itapoan

Baião-toada - Dó Maior   *Dorival Caymmi*

Introdução: C Gm7 C7 F B7 Em7 Am7 Dm G7 C Dm7 G7

C
Coqueiro de Itapoan

Coqueiro!
Dm7   **G7**
Areia de Itapoan
C7M **G7(13)**
Areia!
C7M
Morena de Itapoan

Morena!
Dm7   **G7**
Saudade de Itapoan
C
Me deixa...
C   **G7** **C**
O vento que faz contigo
C7   **F**   **C7**   **F**
Nas folhas, no alto do coqueiral!...
Dm7   **A7**   **Dm7**
O vento que ondula as águas
A7 **Dm7**   **G7**
Eu nunca tive saudade igual
Cm   **Fm**
Me traga boas notícias
Cm **Ab7**   **G7**
Daquela terra toda manhã
Cm   **Fm**
E jogue uma flor no colo
Cm **Ab7** **G7**
De uma morena de Itapoan.

Para terminar:
    G7 **C**
Me deixa, me deixa.

Se é tarde, me perdoa

Samba - Fá Maior   **Carlos Lyra e Ronaldo Bôscoli**

    F7M   Bb7(9)   F7M
Se é tarde,   me perdoa
Bb7M   F7M   A7(13-)
Mas eu não sabia que você sabia
              Bb7M Am7 D7(9-)
Que a vida é tão boa
Gm7   A7(5-) Dm7
Se é tarde, me perdoa
Dm7   G7(13)
Eu cheguei partindo
          G7
Eu cheguei mentindo
      C7/4(9) C7(9-)
Eu cheguei à toa
   F7M   Bb7(9)   F7M
Se é tarde,   me perdoa
Bb7M   F7M
Trago desencantos
          A7(13-)
De amores tantos
        Bb7M Am7 D7(9-)
Pela madrugada
Gm7   Bbm6 Am7 Abm7
Se é tarde, me perdoa
Gm7   C7(5+) F6
Vinha, só, cansado...

Como uma onda

Balada - Sol Maior   Lulu Santos e Nelson Motta

Introdução: G D7 G

G
Nada do que foi será
                Bm7   G
De novo do jeito que já foi um dia
  Bm7
Tudo passa
   Bb°   Am7 E7 Am
Tudo sempre passará
G#° Am   Am9   E7(9-)   D9(13)
A vida vem em ondas como o mar
A7(13)   A7(13)   Am7   C7M
Num indo e vindo infinito
D9(13) G   G7M
Tudo o que se vê,
                 Bm7
Não é igual ao que a gente viu
        G
Há um segundo
  Bm7   C#m7(5-) Cm6 B° E7
Tudo muda o tempo todo no mundo
Eb   Cm7
Não adianta fingir,
Cm6   G   E7
Nem mentir para si mesmo,
  Am   Eb   Cm7   Bm7
Agora há tanta vida lá fora
  E7(9-)
Aqui dentro,
Am   Am7
Sempre
Eb   F4   G
Como uma onda no mar,
Eb   F   G
Como uma onda no mar,
Eb   F   G9
Como uma onda no mar.

Você não sabe amar

Canção - Fá Maior

Carlos Guinle, Dorival Caymmi
e Hugo Lima

Introdução: Bb Bbm6 Am D7 G7 C7 F C7(13)

F   Em7(5-)   A7
Você não sabe amar, meu bem,
    Dm   G7   Cm7 F7
Não sabe o que é o amor
Bb7M   Bbm6 Am7   D7
Nunca viveu,   nunca sofreu
 G7   Gm7 C7
E quer saber mais que eu
 F   Em7(5-) A7
O nosso amor parou aqui
Dm   G7   Cm7 F7
E foi melhor assim
Bb7M   Bbm6 Am7   D7
Você esperava   e eu também
   G7   C7   F6
Que fosse esse seu fim
Cm7
Nosso amor
        F7
Não teve ferida
  Bb7M   Eb7   Bb6
As coisas boas   da vida
  Dm   G7   Dm   G7
E foi melhor para você
          Gm7   C7
E foi também melhor pra mim.
 F   Em7(5-) A7
O nosso amor parou aqui
  Dm   G7   Cm7 F7
E foi melhor assim
Bb7M   Bbm6 Am7   D7
Você esperava   e eu também
   G7   C7   F6
Que fosse esse seu fim.

Pega rapaz

Sib Maior   **Rita Lee e Roberto de Carvalho**

Introdução: B Eb/F

Bb
Pega rapaz
F4   Bb
Teu cabelo à la garçon
F4   Dm7
Prova o gosto desse ton-sur-ton do
Db   Cm   Dm7 G7
Meu batom na sua boca.

Cm
Alô, doçura
Dm7   G7   Cm   Dm7
Me puxa pela cintura
G7   Bb/C   C7(9)
Tem tudo a ver o meu pingüim
     F7   Bb
Com a tua geladeira.

Bb
Nós dois a fim
Eb/F   Bb
De cruzar a fronteira
F4   Bb7   Bb7(5+)   Eb
Numa cama voadora fazedora de amor
Ab/Eb Bb7   Ebm6
De frente, de trás
Bb   Ab7
Eu te amo cada vez mais.

Bb
Pega rapaz
F4   Bb
Teu cabelo à la garçon
F4   Dm7
Prova o gosto desse ton-sur-ton do
Db   Cm   Dm7 G7
Meu batom na sua boca.

Cm
Alô, doçura
Dm7   G7   Cm   Dm7
Me puxa pela cintura

Pega rapaz (continuação)

        Bb   C7(9)
Tem tudo a ver o teu xaxim
   F7   Eb   Bb F
Com a minha trepadeira.

Bb
Nós dois pra lá
Eb   Bb
Bem pra lá de nirvana
F4   Bb7   Bm7(5+) Eb
Numa cama voadora fazedora de amor
Bb/D Db Cm   Eb
Pega rapaz, pega rapaz.

Coração aprendiz

Ré menor *Sueli Costa e Abel Silva*

Introdução: Dm G Bb G Bb C A4 A A7

Dm A/C#
Uma criança insegura
Am/C B7(11+)
Segura a barra do mundo
Bb7M E7 G/A
Uma criança aprendendo a ser
Dm A/C#
O meu olhar sob o teu
Am/C B7
E este imprudente suspiro
Bb7M E7
Um passarinho inocente
G/A A7
Antes do tiro.

Gm9 C7
Amar é não é
F7M Bb
Cada noite, cada dia
Bm7(5-) E7(11+)
Quero aprender suavemente
G/A A A7
Tua real melodia
Gm7 C7 F7M
E quero te dar a esperança
Bb7M
Renovada a cada estação
Bm7(5-) E7(11+)
São tão potentes as fibras
A47 G/A A7
De um amante coração.
Dm A/C#
Não me afaste de ti
Am B7(11+)
Tu já não vives sem mim
Bb7M E7(11+)
Eu acho que amar
A7 Dm Am7 G
É viver assim.

Para terminar:
A7 Dm Am7 G
É viver assim.

O barquinho

Dó Maior

*Roberto Menescal
e Ronaldo Bôscoli*

C7M(9)
Dia de luz, festa de sol
    F#m7(11)   **B7(13)**
E o barquinho a deslizar, no macio azul do mar
Bb7M(9)
Tudo é verão e o amor se faz
   Em7(11)   **A7(13)**
Num barquinho pelo mar, que desliza sem parar
Ab7M(9)   **Dm7(11)**   **G7(13)**
Sem intenção, nossa canção vai saindo desse mar e o sol
  Em7   **A7(5+)** **Dm7** **G7(9-)**
Beijo o barco e luz, dias tão azuis
C7M(9)
Volta do mar, desmaia o sol
    F#m7(11)   **B7(13)**
E o barquinho a deslizar e a vontade de cantar
Bb7M(9)
Céu tão azul, ilhas do azul
   Em7(11)   **A7(13)**
E o barquinho e o coração, deslizando na canção
Ab7M(9)
Tudo isso é paz, tudo isso traz
 Dm7(11)   **G7(13)**
Uma calma de verão, e então
 Em7   **A7(5+)** **Dm7** **G7(9-)**
O barquinho vai, a tardinha cai

Repetir o final ad libitum
 Em7   **A7(5+)** **Dm7** **G7(9-)**
O barquinho vai, a tardinha cai.

Cotidiano

Lá menor   *Chico Buarque de Hollanda*

Introdução: C°

D#°   Am7
Todo dia ela faz tudo sempre igual
                        G7
Me sacode às seis horas da manhã
                F7/C
Me sorri um sorriso pontual
           E7/B   C°   D#°
E me beija com a boca de hortelã

                        Am7
Todo dia ela diz que é pra me cuidar
                  G7
E essas coisas que diz toda mulher
                    F7/C
Diz que está me esperando pro jantar
       E7/B   C°   D#°
E me beija com a boca de café

                      Am7
Todo dia eu só penso em poder parar
                  G7
Meio-dia eu só penso em dizer não
              F7/C
Depois penso na vida pra levar
     E7/B   C°   D#°
E me calo com a boca de feijão

                       Am7
Seis da tarde como era de se esperar
                Bm7(5-)
Ela pega e me espera no portão
Diz que está muito louca pra beijar
                 G#°
E me beija com a boca de paixão

      C°   Am7
Toda noite ela diz pra eu não me afastar
             G7
Meia-noite ela jura eterno amor
               F7/C
Me aperta pra eu quase sufocar

Cotidiano (continuação)

E me morde com a $\overset{\text{E7/B}}{\text{boca}}$ de $\overset{\text{C°}}{\text{pavor}}$

Todo dia ela $\overset{\text{D#°}}{\text{faz}}$ tudo sempre $\overset{\text{Am7}}{\text{igual}}$
Me sacode às seis horas da $\overset{\text{G7}}{\text{manhã}}$
Me sorri um sorriso $\overset{\text{F7/C}}{\text{pontual}}$
e me beija com a $\overset{\text{E7/B}}{\text{boca}}$ de $\overset{\text{C°}}{\text{hortelã}}$.

Lobo bobo

Samba - Dó Maior

Carlos Lyra e Ronaldo Bôscoli

[C7M] Era uma vez um [C#°] lobo mau
[Dm7] Que resolveu jantar [G7(13)] alguém
[Dm7] Estava sem vintém mas [G7(13)] arriscou [C7M]
[Am7] E logo se [Dm7] estrepou [G7]

[C7M] Um chapeuzinho de [C#°] maiô
[Dm7] Ouviu buzina, não [G7(13)] parou
[Dm7] Porém o lobo [G7(13)] insiste
[Em7(5-)] E faz cara de [A7(13-)] triste
[Dm7] Mas chapeuzinho [Fm7] ouviu
[Em7] Os conselhos da [Ebm7] vovó
[Dm7] Dizer que não pra [G7(13)] lobo
[C7M] Que com lobo [Bb7(9)] não sai [C6] só.

[Gm7] Lobo [C7(9-)] [F7M] canta [G#°]
[Gm7] Pede, [C7(9)] promete tudo, até [F6] amor
E diz que [Am7] fraco de [D7(9-)] lobo [G7M] [G°]
É ver um [Dm7] chapeuzinho de [A7(5+)] maiô [Dm7] [G7(5+)]
[C7M] Mas chapeuzinho [C#°] percebeu
[Dm7] Que o lobo mau se [G7(13)] derreteu
[Dm7] Pra ver você que [G7(13)] lobo
[Em7(5-)] Também faz papel de [A7(13-)] bobo
[Dm7] Só posso lhe [Fm7] dizer

Lobo bobo (continuação)

Chapeuzinho **Em7** agora traz **Ebm7**
Um **Dm7** bobo na coleira **G7(13)** que não janta **C7M** nunca **Bb7(9)** mais **C6**
Lobo bobo. **C7M**

Maninha

Chico Buarque de Hollanda

Valsa - Fá Maior

Introdução: D7 A7 Dm F7M C 7/4(9) C7 F C7

F
Se lembra da fogueira
           C/E
Dm7   Bbm6
Se lembra dos balões
F7M   E7   Am D7
Se lembra dos luares dos sertões
Gm   Gm7M
A roupa do varal
Gm7   Gm6
Feriado nacional
    Cm/G   Ab7(13)   Am7/5- D7
E as estrelas salpicadas nas canções
G7   Cm7
Se lembra quando toda modinha
  A7/C# Dm
Falava de amor
D/C   G7/B
Pois nunca mais cantei, oh ! maninha
C7   F
Depois que ele chegou
F   C/E
Se lembra da jaqueira
Dm7   Bbm6
A fruta no capim
F7M   E7   Am D7
O sonho que você contou pra mim
Gm   Gm7M
Os passos no porão
Gm7   Gm6
Lembra da assombração
  Cm/G   Ab7(13) Am7(5-) D7
E das almas com perfume de jasmim
G7   Cm7
Se lembra do jardim, oh ! maninha
 A7/C# Dm
Coberto de flor
C   G7/B
Pois hoje só dá erva daninha
C7   F
No chão que ele pisou
F   C/E
Se lembra do futuro
Dm7   Bbm6
Que a gente combinou
F7M   E7   Am D7
Eu era tão criança e ainda sou

Maninha (continuação)

    Gm   Gm7M
Querendo acreditar
Gm7   Gm6
Que o dia vai raiar
      Cm/G   Ab7(13)   Am(7)5- D7
Só porque uma cantiga anunciou
G7   Cm7
Mas não me deixe assim tão sozinha
   A7/C#   Dm
A me torturar
D/C   G7/B
Que um dia ele vai embora, maninha,
C7   F6
Pra nunca mais voltar.

Quando

Fá Maior   *Roberto Carlos*

Introdução: F

F
Quando
         C7
Você se separou de mim

Quase
                F
Que a minha vida teve fim
         Am7
Sofri, chorei
Gm7   C7
Tanto que nem sei
Gm7   C7
Tudo que chorei
   F   C7
Por você, por você... ô ô ô
F
Quando
         C7
Você se separou de mim

Eu
C7   F
Pensei que ia até morrer
        Am7
Depois, lutei
Gm7   C7
Tanto pra esquecer
Gm7   C7
Tudo que passei
   F   C7
Com você, com você
   F   F7
Com você...
Bb
E mesmo assim

Ainda eu não vou dizer
         F
Que já te esqueci
 C7
Se alguém vier me perguntar
   F   F7
Nem mesmo sei o que vou falar
Bb
Eu posso até dizer, ninguém te amou

Quando (continuação)

O tanto quanto eu te a[F]mei
[C7]Mas você não mereceu
O a[F]mor que eu te [C7]dei, oh, oh, oh
[F]Quando
Você se se[C7]parou de mim
Quase
Que a minha vida [F]teve fim
Agora, eu [Am7]
[Gm7]Nem quero lem[C7]brar
[Gm7]Que um dia [C7]eu
Te a[F]mei e sofri [C7]e cho[F]rei
Eu te amei e [C7]chorei... [F]oh, oh, oh
Por [C7]você eu cho[F]rei...

Pérola negra

Sol Maior *Luiz Melodia*

Introdução: G7M Bm7 Em7 Am7 D7

G   G7M   Bm7
Tente passar pelo que estou passando
Bm7(5-)   E7(9-)   Am7
Tente apagar este teu novo engano
Am7(5-)   D7   G7M
Tente me amar, pois estou te amando
A7   Am7 D7
Baby, te amo, nem sei se te amo
G7M   Bm7
Tente usar a roupa que estou usando
Bm7(5-)   E7(9-)   Am7
Tente esquecer em que ano estamos
Am7(5-)   D7   G7M
Arranje algum sangue, escreva no pano
A7   Am7 D7
Pérola negra, te amo, te amo.
G7M   Bm7
Rasgue a camisa, enxugue meu pranto
Bm7(5-)   E7(9-)
Como prova de amor
               Am7
Mostre seu novo canto
Am7(5-)   D7   G7M
Escreva no quadro em palavras gigantes
A7   Am7 D7
Pérola negra, te amo, te amo
G7M   Bm7
Tente entender tudo mais sobre o sexo
Bm7(5-)   E7(9-)
Peça-me um livro
               Am7
Querendo, te empresto
Am7(5-)   D7
Se inteire da coisa
           G7M
Sem haver engano
A7
Baby, te amo
         Am7 D7
Nem sei te amo.

Olhos nos olhos

Samba-canção - Lá menor **Chico Buarque de Hollanda**

Introdução: Am E7/G# Am/G F#m7(5-) F7M Em7 Dm7 G7(13)

C7M   Dm7   D#o   C/E
Quando você me deixou, meu bem
C7   F7M
Me disse para eu ser feliz
          Fm6
E passar bem
E7   Am7
Quis morrer de ciúmes

Quase enlouqueci
D7   Dm   G7(13)
Mas depois, como era de costume, obedeci
C7M   Dm7   D#o   C/E
Quando você me quiser rever
C7   F7M   G#o
Já vai me encontrar refeita, pode crer
Am7   G#o
Olhos nos olhos
   C/G   C/Bb
Quero ver o que você faz
Bm7(5-)   F7M   E7(9-)
Ao sentir que sem você eu passo bem demais
Am   E7/G#   Am/G
E que venho até remoçando
D/F#   Dm/F   E7   D#o
Me pego cantando   sem mais nem porquê
Am   Am/G
E tantas águas rolaram
D/F#   G7/F
Quantos homens me amaram
G7   Dm7   G7
Bem mais   e melhor que você
C7M   Dm   D#o   C/E
Quando talvez precisar de mim
C7   F7M
Se sabe que a casa é sempre sua
       E7
Venha sim
Am   G#o
Olhos nos olhos
   C/G   C/Bb
Quero ver o que você diz
Bm7(5-)   F7M   E7
Quero ver como suporta me ver tão feliz.

Upa neguinho

Edu Lobo e
Gianfrancesco Guarnieri

Samba - Fá Maior

Introdução: D D(#11) D D(#11) D D(#11)

D⁶/9 (7M)　　Am7(9)/D　　　　D⁶/9 (7M)
Upa, neguinho na estrada
　　　　　Am7(9)/D　　D⁶/9 (7M)
Upa, pra lá e pra cá　　　　　　　　| BIS
　　　　　Am7(9)/D　　　D⁶/9 (7M)
Virge que coisa mais linda
　　　　Am7(9)/D　　　　　D⁶/9 (7M)
Upa, neguinho começando a andar
　　　　　Am7(9)/D
Começando a andar
　　　　D⁶/9 (7M)　　Am7(9)/D　　D⁶/9 (7M)
Começando a andar
　　　　Am7(9)/D　　　Dm7　　Em7/D　Dm7　Em7/D
E já começa a apanhar

F#7/E　　　　B7　　　　　　　F#7/E
　Cresce neguinho me abraça
　　　　　　B7　　　　　D
Cresce e me ensina a cantar
　　　　Am7(9)/D　　　　D
Eu vim de tanta desgraça
　　　　Am7(9)/D　　　D
Mas muito te posso ensinar
　　　　Am7(9)/D　　D⁶/9 (7M)
Mas muito te posso ensinar
　　　　Am7(9)/D　　D⁶/9 (7M)
Capoeira, posso ensinar
　　　　Am7(9)/D　　D⁶/9 (7M)
Ziquizira, posso tirar
　　　　Am7(9)/D　　　　D
Valentia, posso emprestar
　　　E/D　　　　　　D　 D(#11)　D　D(#11)　D　D(#11)
Mas liberdade só posso esperar

Copyright 1972 by Irmãos Vitale S.A Ind. e Com.

Sumário de Cifras

Cifras
(noções)

A	B	C	D	E	F	G
lá	si	dó	ré	mi	fá	sol

As cifras são usadas para representar os acordes, para facilitar a leitura e agilizar a execução das harmonias em instrumentos como violão e teclado.

Regras básicas:

- A letra maiúscula sozinha representa um acorde perfeito maior. Ex: A (lá maior), C (dó maior), etc.

- A letra maiúscula acompanhada do "m" minúsculo representa um acorde perfeito menor. Ex: Bm (si menor), Gm (sol menor), etc.

- A letra acompanhada de um número representa o acorde perfeito maior ou menor acrescido de mais um som que é justamente o intervalo entre a "tônica" do acorde e este determinado som. Ex: Fm7 (fá menor com sétima), D7(9) (ré maior com sétima e nona), etc.

- A letra acompanhada de acidentes (sustenido ou bemol) segue a mesma regra das notas musicais. Ex: F# (fá sustenido maior), Cb7(9) (dó bemol com sétima e nona), etc.

- A letra acompanhada do termo "dim" ou símbolo "º" representa um acorde diminuto. Ex: G#dim (sol sustenido diminuto), Abº (lá bemol diminuto), etc.

Acordes Maiores

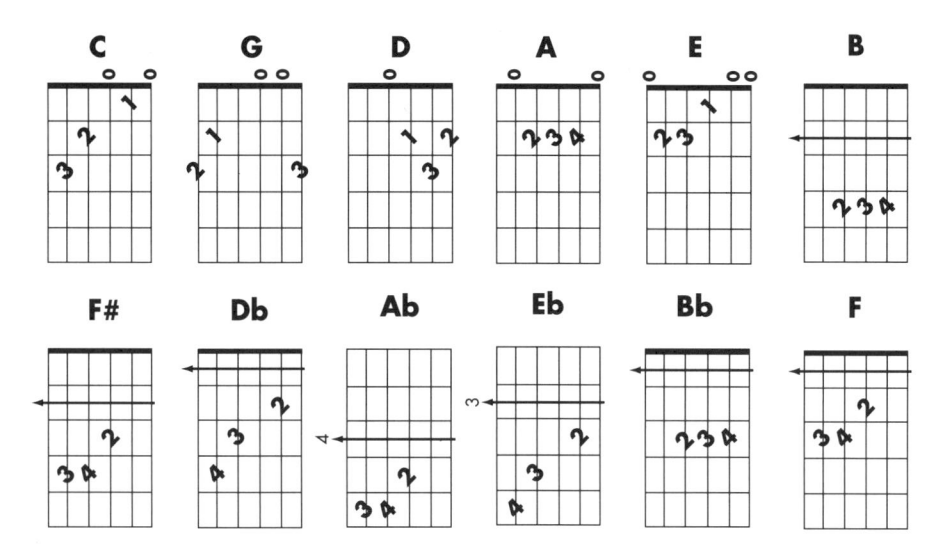

Acordes Menores

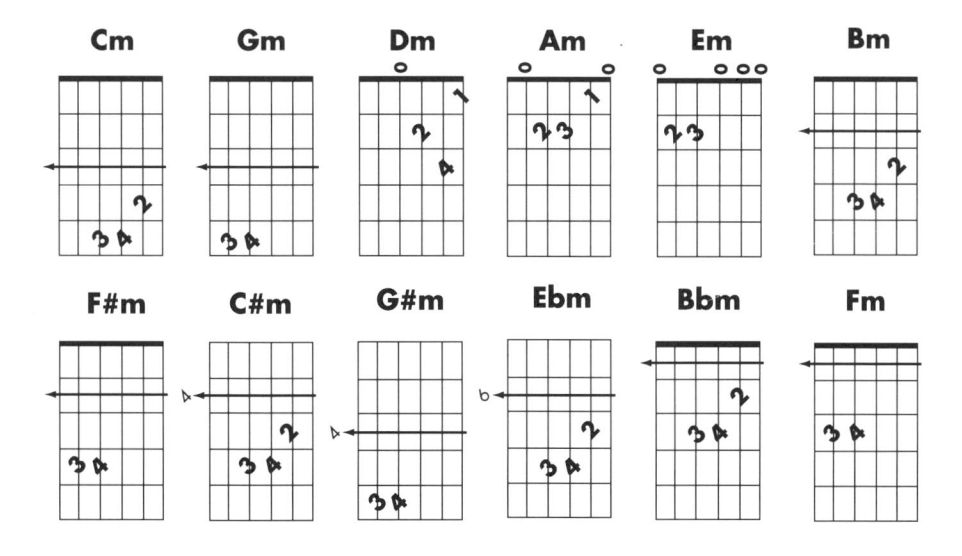

Acordes Maiores com 7ª (menor)

C7　　G7　　D7　　A7　　E7　　B7

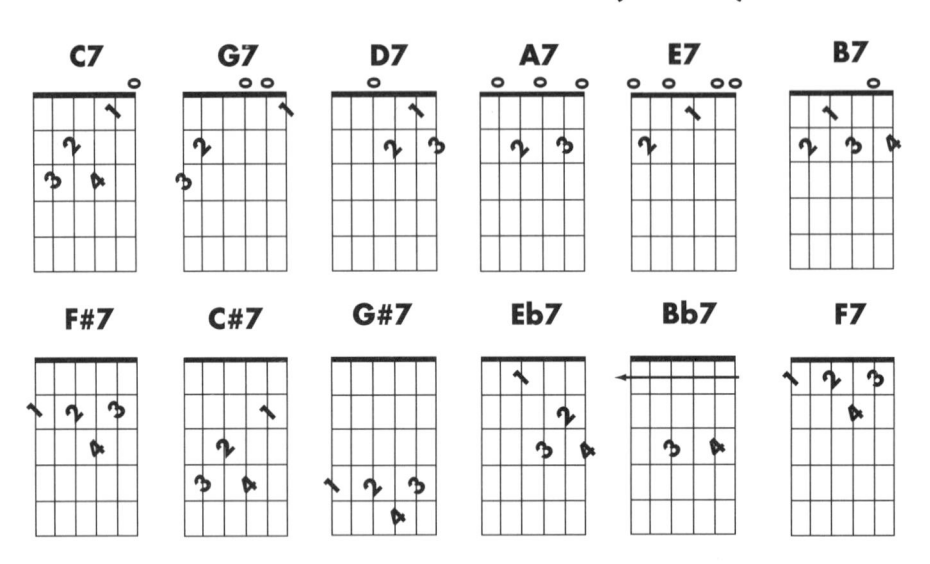

F#7　　C#7　　G#7　　Eb7　　Bb7　　F7

Acordes Menores com 7ª (menor)

Cm7　　Gm7　　Dm7　　Am7　　Em7　　Bm7

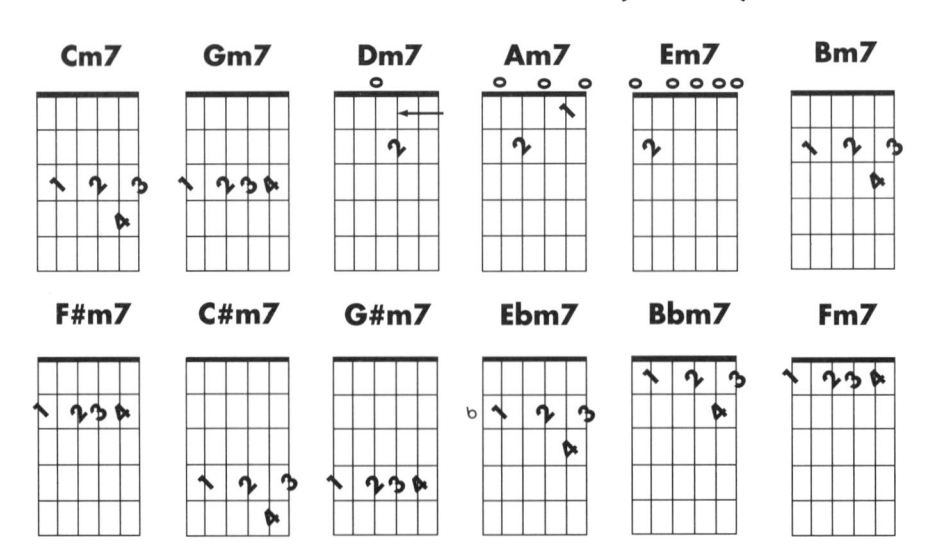

F#m7　　C#m7　　G#m7　　Ebm7　　Bbm7　　Fm7

Acordes Maiores com 7ª M (Maior)

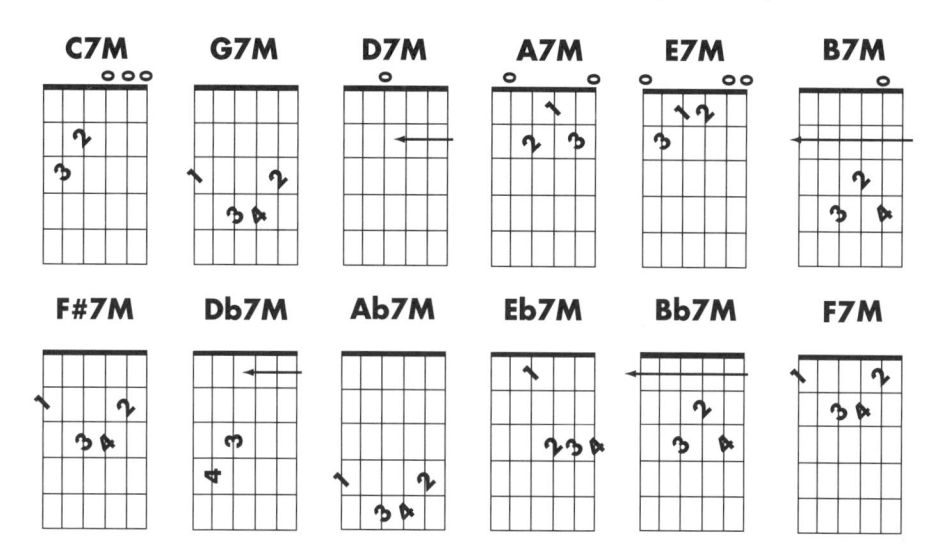

C7M G7M D7M A7M E7M B7M

F#7M Db7M Ab7M Eb7M Bb7M F7M

Acordes Maiores com 7ª (menor) e 5+ (5ª aumentada)

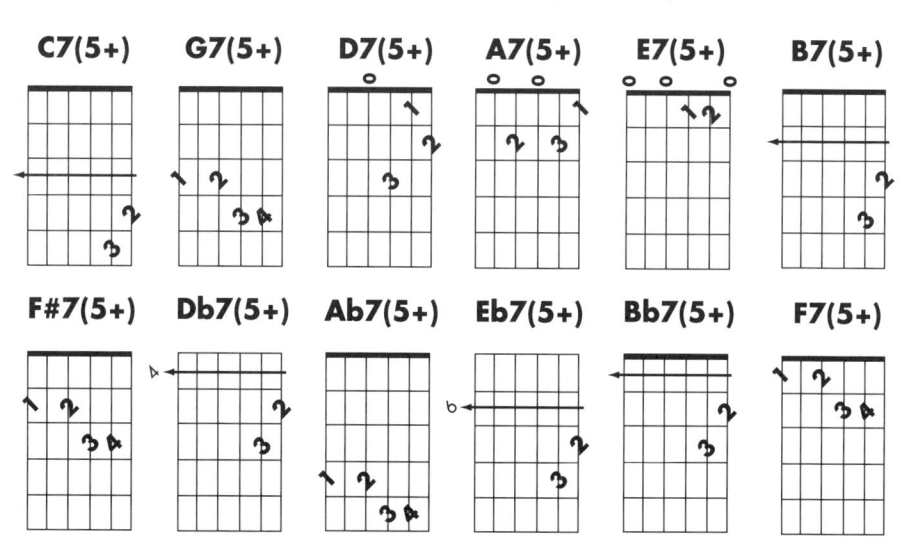

C7(5+) G7(5+) D7(5+) A7(5+) E7(5+) B7(5+)

F#7(5+) Db7(5+) Ab7(5+) Eb7(5+) Bb7(5+) F7(5+)

Acordes Maiores com 7ª (menor) e 9ª (Maior)

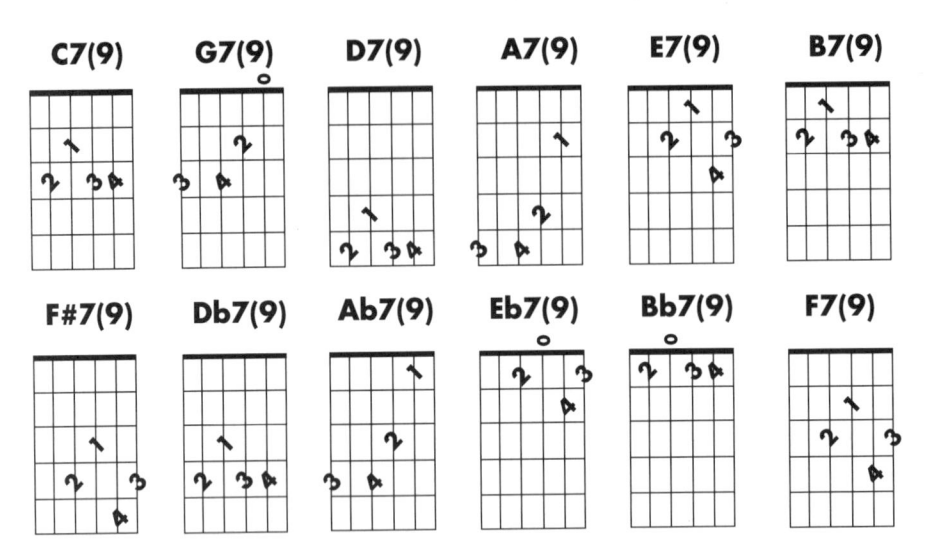

C7(9) G7(9) D7(9) A7(9) E7(9) B7(9)

F#7(9) Db7(9) Ab7(9) Eb7(9) Bb7(9) F7(9)

Acordes Menores com 7ª (menor) e 9ª (Maior)

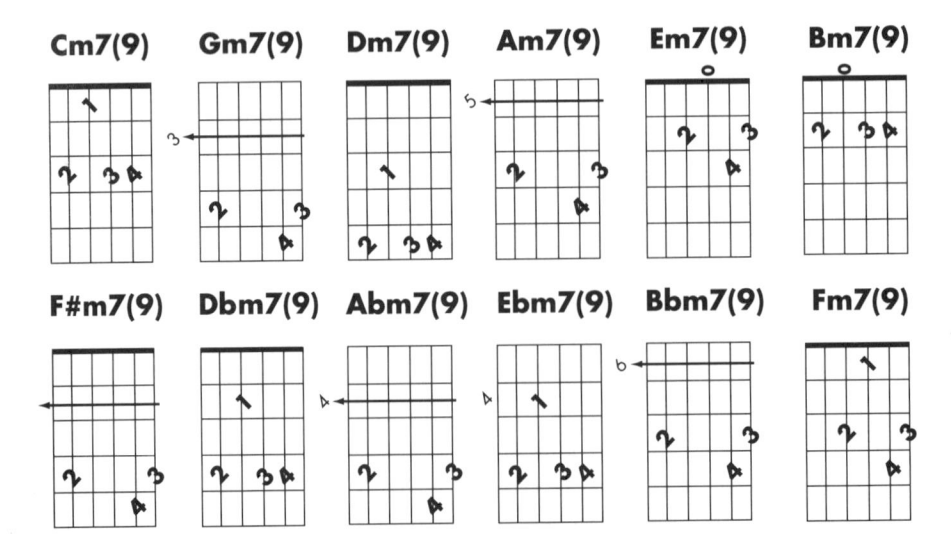

Cm7(9) Gm7(9) Dm7(9) Am7(9) Em7(9) Bm7(9)

F#m7(9) Dbm7(9) Abm7(9) Ebm7(9) Bbm7(9) Fm7(9)

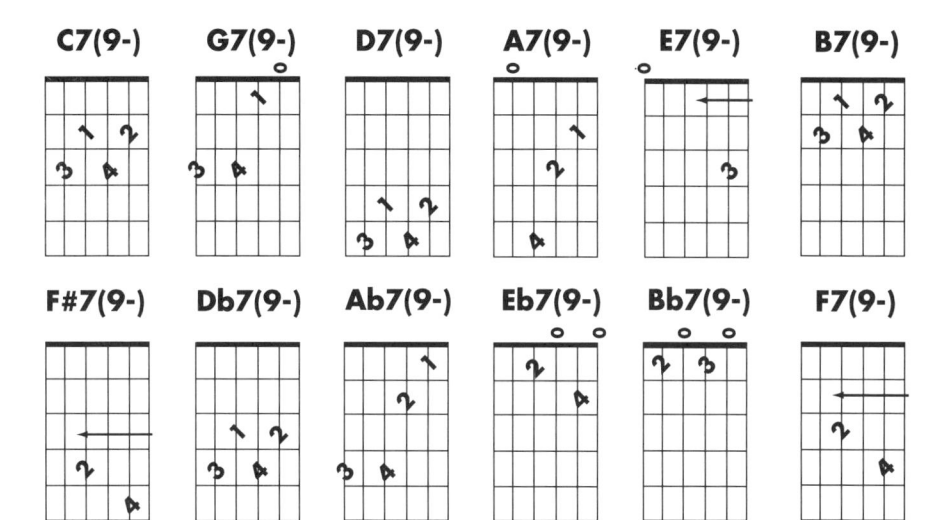

Acordes Maiores com 7º (menor) e 9ª (menor)

C7(9-) **G7(9-)** **D7(9-)** **A7(9-)** **E7(9-)** **B7(9-)**

F#7(9-) **Db7(9-)** **Ab7(9-)** **Eb7(9-)** **Bb7(9-)** **F7(9-)**

Acordes Maiores com 7ª (Maior) e 9ª (Maior)

C7M(9) **G7M(9)** **D7M(9)** **A7M(9)** **E7M(9)** **B7M(9)**

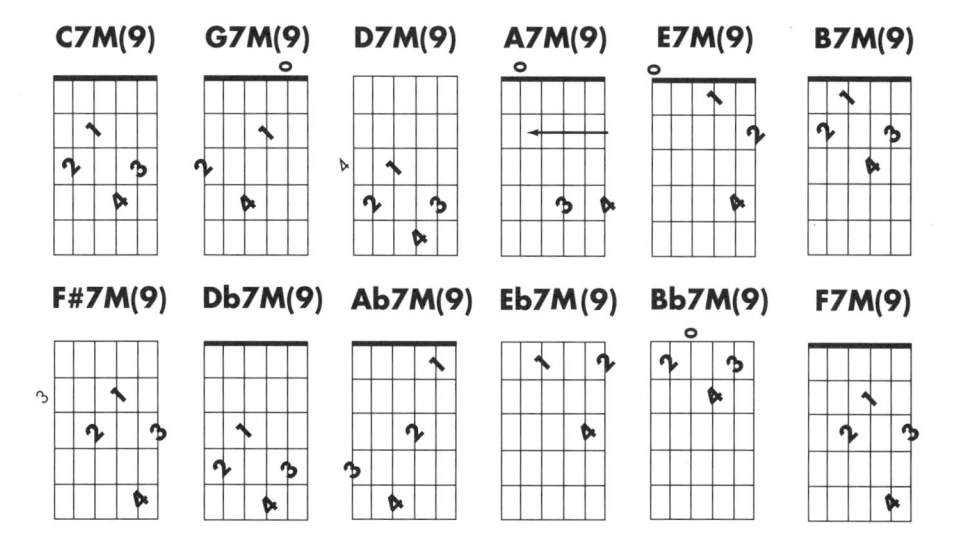

F#7M(9) **Db7M(9)** **Ab7M(9)** **Eb7M(9)** **Bb7M(9)** **F7M(9)**

Acordes Maiores com 7ª e 13ª

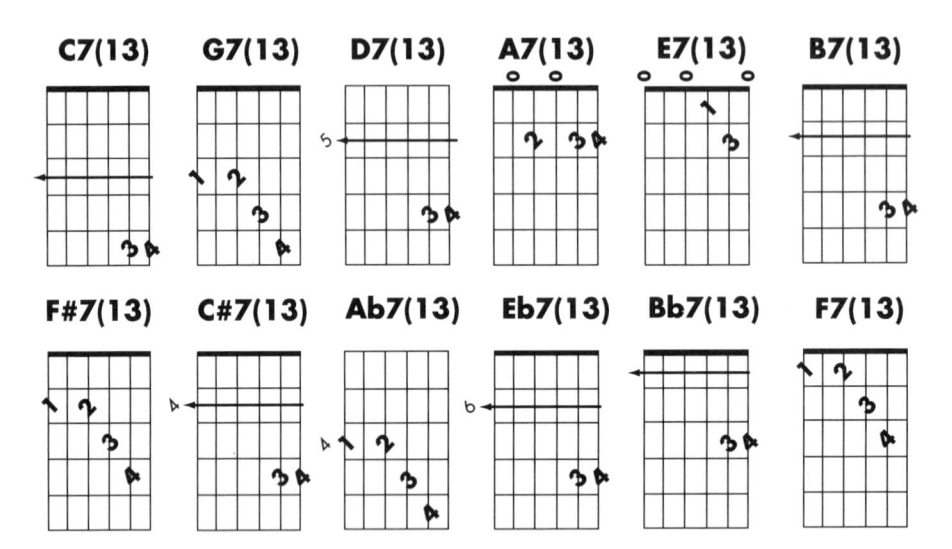

C7(13) G7(13) D7(13) A7(13) E7(13) B7(13)

F#7(13) C#7(13) Ab7(13) Eb7(13) Bb7(13) F7(13)

Acordes Maiores com 7ª (menor) e 11ª (aumentada)

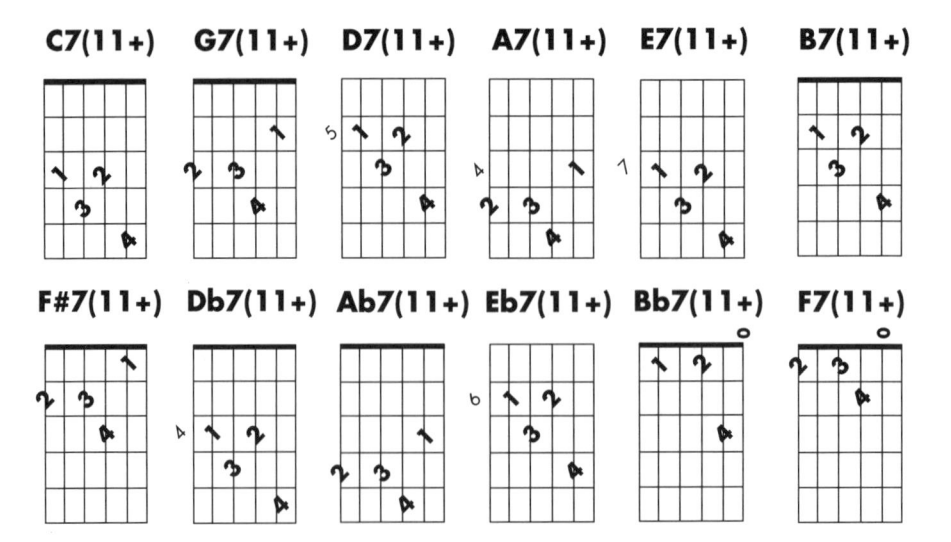

C7(11+) G7(11+) D7(11+) A7(11+) E7(11+) B7(11+)

F#7(11+) Db7(11+) Ab7(11+) Eb7(11+) Bb7(11+) F7(11+)

Acordes Maiores com 6ª

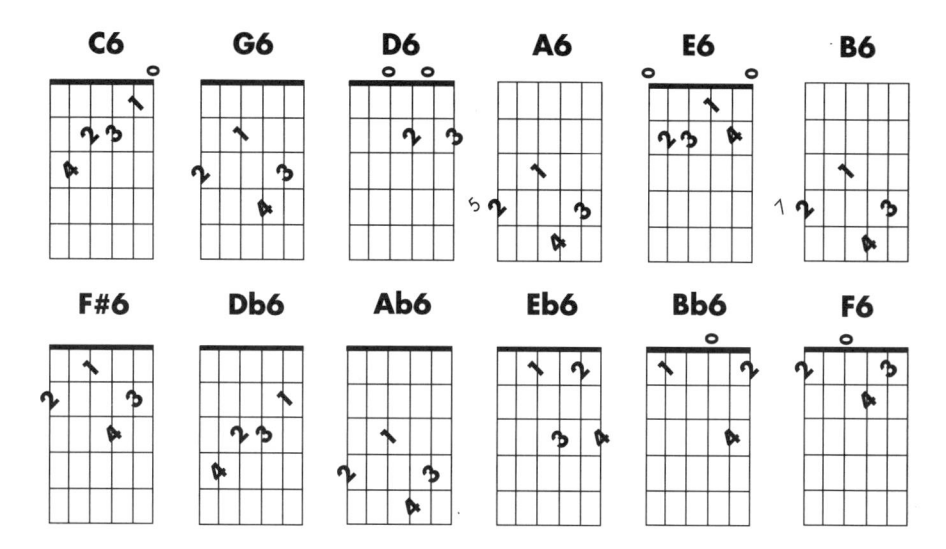

C6 G6 D6 A6 E6 B6

F#6 Db6 Ab6 Eb6 Bb6 F6

Acordes Menores com 6ª

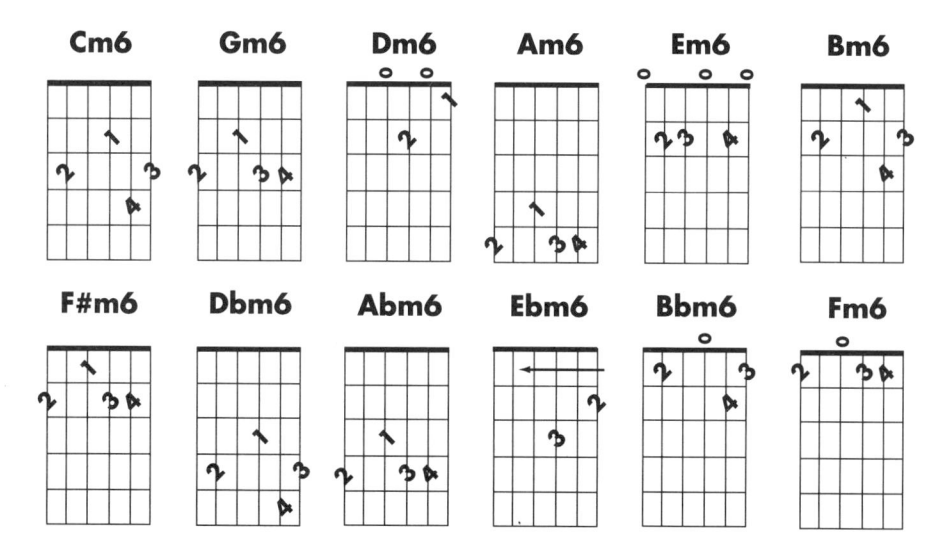

Cm6 Gm6 Dm6 Am6 Em6 Bm6

F#m6 Dbm6 Abm6 Ebm6 Bbm6 Fm6

Acordes Maiores com 6ª e 9ª

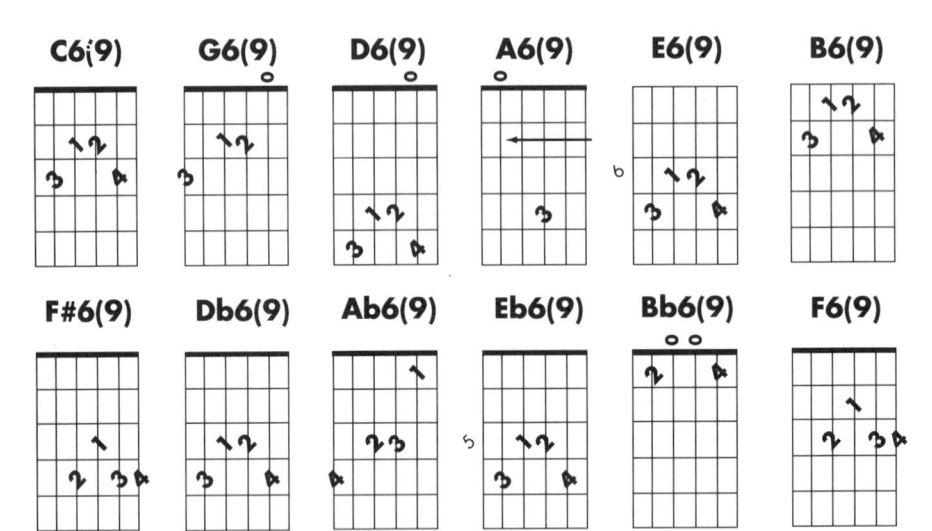

C6(9) G6(9) D6(9) A6(9) E6(9) B6(9)

F#6(9) Db6(9) Ab6(9) Eb6(9) Bb6(9) F6(9)

Acordes Diminutos

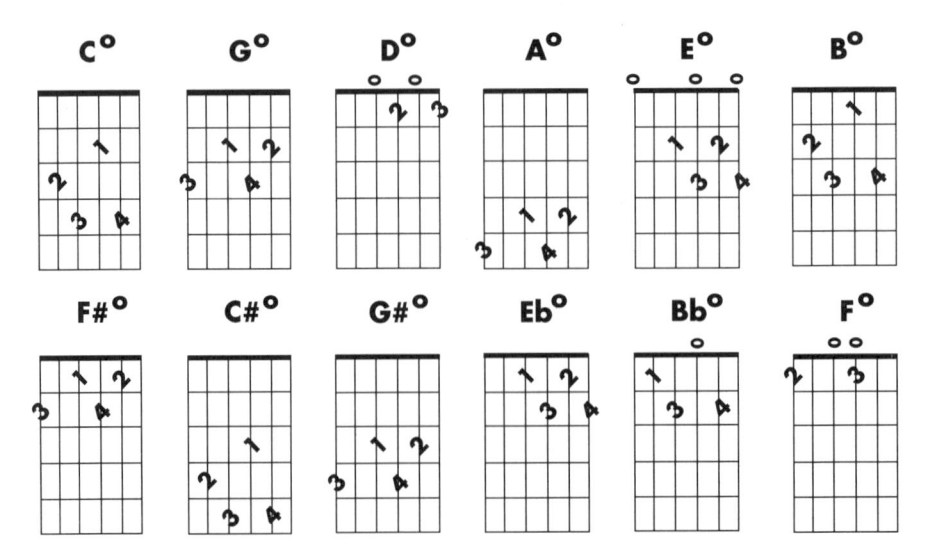

C° G° D° A° E° B°

F#° C#° G#° Eb° Bb° F°

Acordes meio diminutos

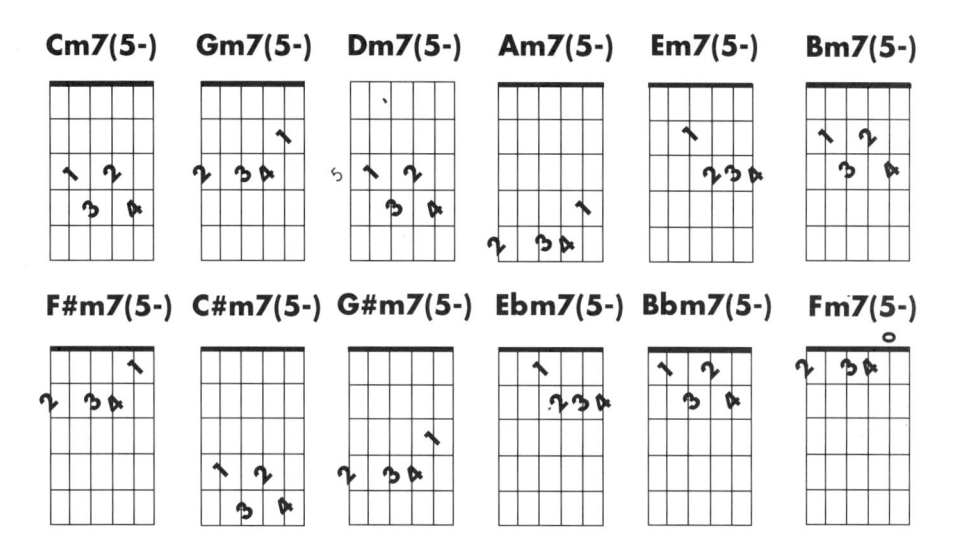

Acordes Sus 4

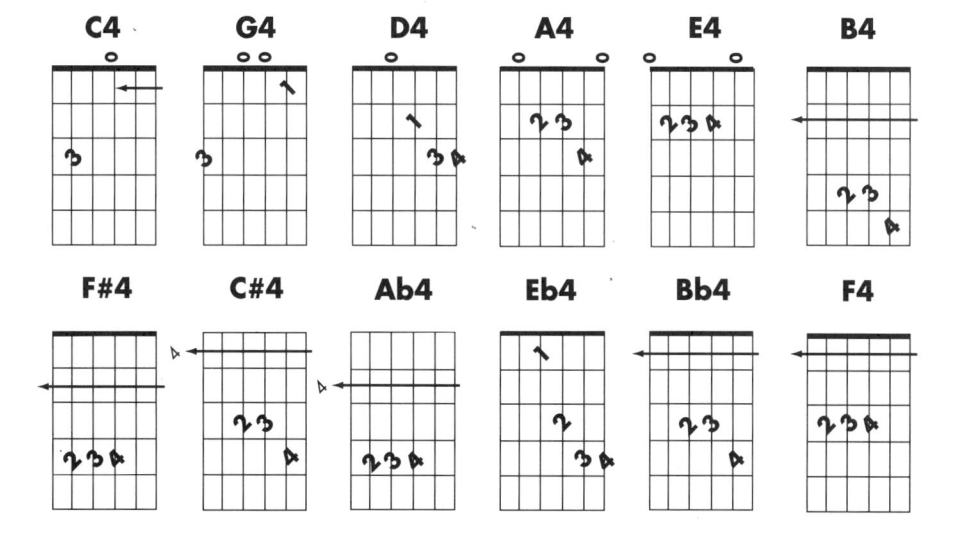

Acordes Sus 7/4

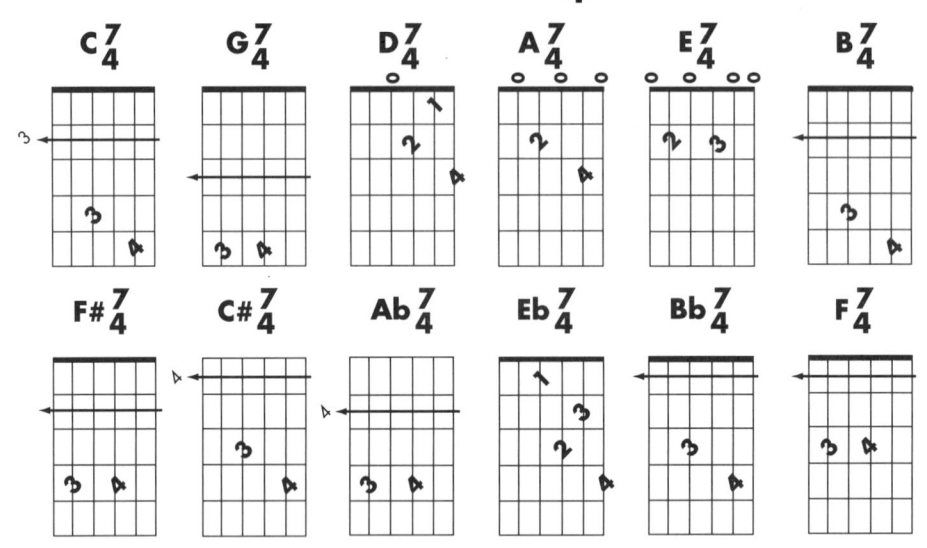

Acordes Sus 7/4 (9)

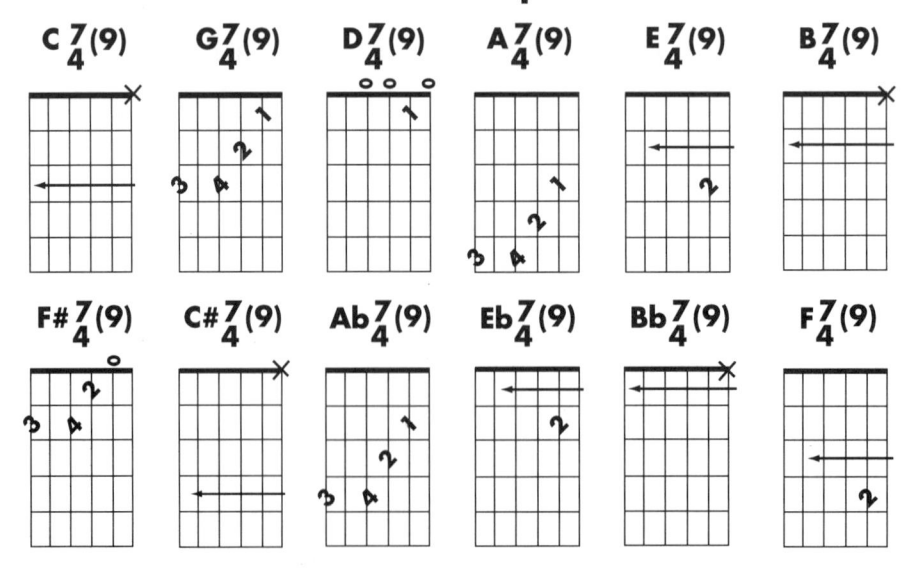

Acordes Maiores com a 3ª no baixo

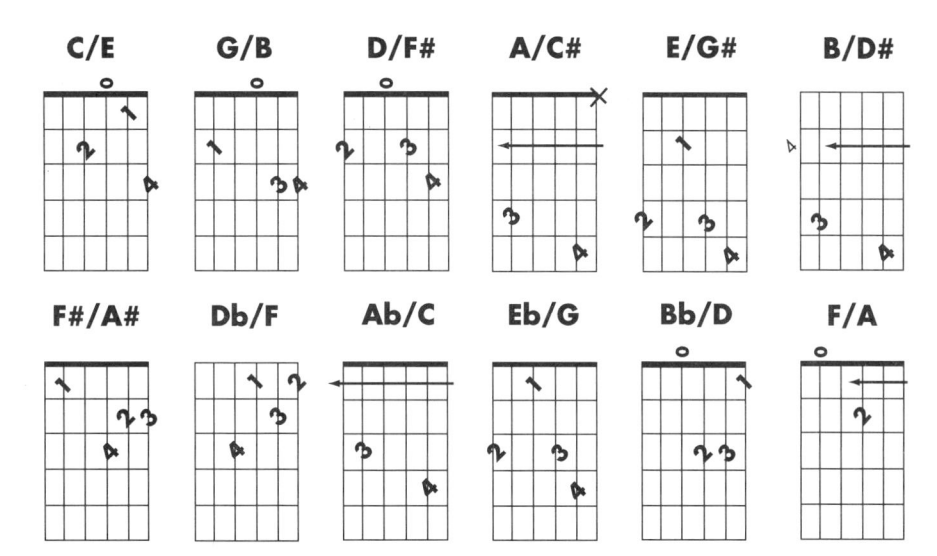

C/E   G/B   D/F#   A/C#   E/G#   B/D#

F#/A#   Db/F   Ab/C   Eb/G   Bb/D   F/A

Este livro foi impresso a partir de fotolitos
fornecidos pelo cliente, pela Prol Editora Gráfica,
em Março de 2009.